RELIURE SERREE
Absence de marges
intérieures

VALABLE POUR TOUT OU PARTIE
DU DOCUMENT REPRODUIT.

Couvertures supérieure et inférieure
manquantes

LA FÉE DES GRÈVES.

PUBLICATIONS
DE LA
SOCIÉTÉ GÉNÉRALE DE LIBRAIRIE CATHOLIQUE
V⁰ᵉ PALMÉ, rue de Grenelle-Saint-Germain, Paris

ŒUVRES DE PAUL FÉVAL
SOIGNEUSEMENT REVUES ET CORRIGÉES

POUR PARAITRE SOUS QUELQUES JOURS

L'HOMME DE FER

Un volume in-12 . . . . 3 fr

LES CONTES DE BRETAGNE

Un volume in-12 . . . . 3 fr.

CHATEAUPAUVRE

Un volume in-12 . . . . 3 fr.

SOUS PRESSE

LES ÉTAPES D'UNE CONVERSION

Un volume in-12 . . . . 3 fr.

St-Amand (Cher). — Imp. Destenay.

OEUVRES
DE
PAUL FÉVAL
SOIGNEUSEMENT REVUES ET CORRIGÉES

LA
FÉE DES GRÈVES

NOUVELLE ÉDITION

SOCIÉTÉ GÉNÉRALE DE LIBRAIRIE CATHOLIQUE

PARIS	BRUXELLES
VICTOR PALMÉ	G. LEBROCQUY
Directeur Général	Directeur de la succursale pour la Belgique et la Hollande
25, rue de Grenelle-Saint-Germain	5, place de Louvain, 5

1877

LA FÉE DES GRÈVES

I

LA CAVALCADE

Si vous descendez de nuit la dernière côte de la route de Saint-Malo à Dol, entre Saint-Benoît-des-Ondes et Cancale, pour peu qu'il y ait un léger voile de brume sur le sol plat du Marais, vous ne savez de quel côté de la digue est la grève, de quel côté la terre ferme. A droite et à gauche, c'est la même immensité morne et muette. Nul mouvement de terrain n'indique la campagne habitée ; vous diriez que la route court entre deux grandes mers.

C'est que les choses passées ont leurs spectres comme les hommes décédés ; c'est que la nuit évoque le fantôme des mondes transformés aussi bien que les ombres humaines.

Où passe à présent le chemin, la mer roula ses flots

rapides. Ce marais de Dol, aux moissons opulentes, qui étend à perte de vue son horizon de pommiers trapus, c'était une baie. Le mont Dol et Lilemer étaient deux îles, tout comme Saint-Michel et Tombelène. Pour trouver le village, il fallait gagner les abords de Châteauneuf, où la mare de Saint-Coulman reste comme une protestation de la mer expulsée.

Et, chose merveilleuse, car ce pays est tout plein de miracles, avant d'être une baie, c'était une forêt sauvage !

Une forêt qui n'arrêtait pas sa lisière à la ligne du rivage actuel, mais qui descendait la grève et plantait ses chênes géants jusque par delà les îles Chaussey.

La tradition et les antiquaires sont d'accord ; les manuscrits font foi : la forêt de Scissy couvrait dix lieues de mer, reliant la falaise de Cancale, en Bretagne, à la pointe normande de Carolles, par un arc de cercle qui englobait le petit archipel.

Quelque jour, on fera peut-être l'histoire de ces prodigieuses batailles où la mer, tour à tour victorieuse et vaincue, envahit le domaine terrestre en conquérant, puis se dérobe, fugitive, et se creuse dans les mystères de l'abîme une retraite plus profonde.

Au soleil, la digue fuit devant le voyageur, selon une ligne courbe qui attaque la terre ferme au village du Vivier.

Pour quiconque est étranger à la mer, cette digue semble ou superflue, ou impuissante. Le bas de l'eau est si loin et les marées sont si hautes ! Peut-on se figurer que cette barre bleuâtre qui ferme l'horizon va s'enfler; glisser sur le sable marneux, franchir des lieues et venir !

Venir de si loin, la mer ! pour s'arrêter, docile, devant quelques pierres amoncelées et clapoter au pied de la chaussée comme la bourgeoise naïade d'un étang !

Involontairement on se dit : Si la marée fait une fois ce grand voyage du bas de l'eau à la digue, que seront quatre ou cinq pieds de sable et de roche pour arrêter son élan ?

Mais la mer vient choquer les roches de la digue, et la digue reste debout depuis des siècles, protégeant toute une contrée conquise sur l'Océan.

Vers le centre de la courbe on aperçoit au lointain, comme dans un mirage, le Mont-Saint-Michel et Tombelène. Huit lieues de grèves sont entre ce point de la digue et le Mont.

De ce lieu, qui s'élève à peine de quelques mètres au-dessus du niveau de la mer, l'horizon est large comme au faîte des plus hautes montagnes. Au nord, c'est Cancale avec ses pêcheries qui courent en zig-zag dans les lagunes ; à l'est, la chaîne des collines allant de Châteauneuf au bout du promontoire breton ; au sud-est, le magnifique château de Bonnaban, bâti avec l'or des flottes malouines et tombé depuis en de nobles mains ; au sud, le Marais, Dol, la ville druidique, le mont Dol ; à l'ouest, les côtes normandes, par-delà Cherrueix, si connu des habitués de Chevet, et Pontorson le vieux fief de Bertrand Du Guesclin.

Œuvre des siècles intermédiaires, la digue semble placée là symboliquement, entre le château moderne et la forteresse antique. Au Mont-Saint-Michel, vieux suzerain des grèves, la gloire du passé ; au brillant manoir qui n'a point d'archives, le bien-être de la civilisation présente. Au milieu de ses riches futaies le roi des guérêts regarde le roi tout nu des sables. Tous deux ont la mer à leurs pieds.

Mais le château moderne, prudent comme notre âge, s'est mis du bon côté de la digue.

Personne n'ignore que les abords du Mont-Saint-Michel ont été, de tout temps fertiles en tragiques aventures,

Son nom lui-même (*le Mont-Saint-Michel au péril de la mer*) en dit plus qu'une longue dissertation.

Les gens du pays portent, de nos jours, à trente ou quarante le nombre des victimes ensevelies annuellement sous les sables.

Peut-être y a-t-il exagération. Jadis la croyance commune triplait ce chiffre.

La chose certaine, c'est que les routes qui rayonnent autour du Mont, variant d'une marée à l'autre et ne gardant pas plus la trace des pas que l'Océan ne conserve sur sa surface mobile la marque du sillage d'un navire, il faut toujours se fier à la douteuse intelligence d'un guide, et mettre son âme aux mains de Dieu.

On va de Cherrueix au Mont-Saint-Michel à travers les *tangues*, les *lises* et les *paumelles*[1], coupées d'innombrables cours d'eau qui rayent l'étendue des grèves ; on y va des Quatre-Salines et de Pontorson : ceci pour la Bretagne.

[1] Les *tangues* sont génériquement le sol de la grève, les *lises* sont des sables délayés par l'eau des rivières ou des courants souterrains, les *paumelles*, au contraire, sont des portions de grèves solides où le reflux imprime des rides régulières.

Les routes principales de Normandie sont celles des Pontaubault, d'Avranches et de Genet.

Suivant les *coquetiers* et les pêcheurs, la route de Pontorson est seule sans danger.

Encore y a-t-il plus d'une triste histoire qui prouve que cette route-là même, en temps de marée, ne rend pas tous les voyageurs que sa renommée de sécurité lui donne.

Le 8 juin 1450, toutes les cloches de la ville d'Avranches sonnèrent à grande volée, pendant que les portes du château s'ouvraient pour donner issue à une nombreuse et noble cavalcade.

Il était onze heures du matin.

Tout ce qu'Avranches avait de dames et de bourgeoises se penchait aux fenêtres pour voir passer le duc François de Bretagne, se rendant au pèlerinage du Mont-Saint-Michel.

Un coup de canon, tiré du Mont, à l'aide d'une de ces pièces énormes en fer soudé et cerclé, qui lançaient des boulets de granit, avait annoncé le bas de l'eau, tout exprès pour monseigneur le duc et sa suite.

Et ce n'était pas trop faire, que de mettre ces canons au service du riche duc, car ceux qui les avaient pris aux Anglais étaient des gens de Bretagne.

Bien peu de temps auparavant, le duc François avait envoyé les sieurs de Montauban et de Châteaubriand, avec René de Coëtquen, sire de Combourg, au secours du Mont-Saint-Michel, assiégé par les Anglais. A cette époque, le roi Charles VII, de France, avait déjà regagné une bonne part de son royaume, et rejeté Henri d'Angleterre loin du centre. Mais les côtes de la Manche restaient au pouvoir des hommes d'outre-mer, et le Mont-Saint-Michel était, depuis Granville jusqu'à Pontorson, le seul point où flottât encore la bannière des fleurs de lis.

Montauban, Châteaubriand, Combourg et bien d'autres Bretons passèrent le Couesnon, pendant que cinq navires malouins, commandés par Hue de Maurever, doublaient la pointe de Cancale et entraient dans la baie. Il resta deux mille Anglais morts sur les tangues, entre le Mont et Tombelène.

A l'heure où le duc François sortait du château d'Avranches, les Anglais ne gardaient plus en France que Calais, le comté de Guines et le petit rocher de Tombelène où ils avaient bâti une forteresse imprenable.

Mais ce n'était point pour célébrer une victoire déjà ancienne que le duc de Bretagne se rendait au monastère du Mont-Saint-Michel, comblé de ses bienfaits. François faisait le pèlerinage pour obtenir du ciel le repos et le salut de l'âme de monsieur Gilles, son frère, mort à quelque temps de là au château de la Hardouinays. Un service solennel se préparait dans l'église placée sous l'invocation de l'archange. Guillaume Robert, procureur du cardinal d'Estouteville, trente-deuxième abbé de Saint-Michel, avait promis de faire de son mieux pour cette fête de la piété fraternelle.

Le service était commandé pour midi.

François, ayant à ses côtés son favori Arthur de Montauban, Malestroit, Jean Budes, le sire de Rieux et Yvon Porhoët, bâtard de Bretagne, descendit la ville au pas de son cheval et gagna la porte qui s'ouvrait sur la rivière de Sée. Les sires de Thorigny et Du Homme, chevaliers normands, l'accompagnaient pour l'honneur de la province.

Derrière le duc, à peu près au centre de l'escorte, six nobles demoiselles, trois Normandes, trois Bretonnes, chevauchaient en grand deuil. Parmi elles nous ne citerons que Reine de Maurever, la fille unique du vaillant capitaine Hue, vainqueur des Anglais.

Le visage de Reine était voilé comme celui de ses compagnes. Mais quand la gaze funèbre se soulevait au vent qui venait du large, on apercevait l'ovale exquis de ses joues un peu pâles et la douce mélancolie de son sourire.

Reine avait seize ans. Elle était belle comme les anges.

Une fois son regard croisa celui d'un jeune gentilhomme, fièrement campé sur un cheval du Rouennais, à la housse d'hermine, et qui portait la bannière du deuil, aux armes voilées de Bretagne, avec le chiffre de feu monsieur Gilles.

Ce gentilhomme avait nom Aubry de Kergariou, bonne noblesse de Basse-Bretagne, et tenait une lance dans la compagnie du bâtard de Porhoët.

Quand le voile de Reine retomba, Aubry donna de l'éperon et gagna d'un temps la tête du cortége où était sa place marquée auprès du porte-étendard ducal.

On arrivait à la barrière de la ville. Ceux qui étaient superstitieux remarquèrent ceci; Aubry ne put arrêter sa monture assez à temps pour garder le passage libre à son compagnon, l'homme à la cotte d'hermine. Ce fut la bannière funèbre qui passa la première.

Sur les remparts et dans la rue, la foule criait :

— Bretagne-Malo ! Bretagne-Malo !

Et quatre gentilshommes, portant à l'arçon de leurs selles de vastes aumônières, jetaient de temps à autre des poignées de monnaies d'argent et répondaient :

— Largesse du riche Duc !

On dit que les bonnes gens de Normandie ont toujours fidèlement aimé le numéraire. En cette occasion, ils firent grand accueil à la munificence ducale et se battirent à coups de poings dans le ruisseau, comme de braves cœurs qu'ils étaient.

Tout le monde fut content, excepté un laid païen à la tête embéguinée de guenilles, qui n'avait eu pour sa part de l'aubaine que des horions et pas un carolus.

Le pauvre homme se releva en colère.

— Duc ! dit-il au moment où François passait devant lui, encore une poignée d'écus pour que Dieu t'oublie !

François tourna la tête et poussa son cheval.

D'ordinaire et pour moindre irrévérence, il eût donné de son gantelet sur la tête du pataud.

— Les six hommes d'armes du corps ! cria Goulaine, sénéchal de Bretagne, en s'arrêtant au dedans de la porte.

Les six hommes d'armes du corps étaient en quelque sorte les chevaliers d'honneur de la cérémonie. Ils devaient suivre immédiatement la bannière et mener le deuil.

C'étaient Hue de Maurever, père de Reine, qui avait été l'écuyer et l'ami du prince défunt ; Porhoët, pour le sang de Bretagne ; Thorigny, pour la Normandie ; La Hire, pour le roi Charles ; Châteaubriand, Le Bègue et Mauny.

Les cinq derniers se présentèrent.

— Où est le sire de Maurever? demanda Goulaine.

Il se fit un mouvement dans l'escorte, car cela semblait étrange à chacun que Monsieur Hue, le vaillant et le fidèle, manquât à l'heure sainte sous la bannière de son maître trépassé.

Un murmure courut de rang en rang.

Chacun répétait tout bas la question du sénéchal :

— Où est le sire de Maurever?

Son absence était comme une accusation terrible.

Contre qui?

Personne n'osait le dire ni peut-être le penser.

Mais du sein de la foule, la voix du vieux païen normand s'éleva de nouveau aigre et moqueuse.

Le grigou disait :

— Que Dieu t'oublie, duc! que Dieu t'oublie!

Le duc François eut le frisson sur sa selle.

Reine, tremblante, avait serré son voile autour de son visage.

François se redressa tout pâle, il fit signe à Montauban de prendre la place vide de Maurever, et le cortége passa au milieu des acclamations redoublées.

II

DEUX PORTE-BANNIÈRES

Au sortir de la porte d'Avranches, ce fut un spectacle magique et comme il n'est donné d'en offrir qu'à ces rivages merveilleux.

Un brouillard blanc, opaque, cotonneux, estompé d'ombres comme les nuages du ciel, s'étendait aux pieds des pèlerins depuis le bas de la colline jusqu'à l'autre rive de la baie, où les maisons de Cancale se montraient au lointain perdu.

De ce brouillard, le Mont semblait surgir tout entier, resplendissant de la base au faîte, sous l'or ruisselant du soleil de Juin.

Vous eussiez dit qu'il était bercé mollement dans son lit de nuées, cet édifice unique au monde! et quand la brume s'agitait, baissant son niveau sous la pression d'un souffle de brise, vous eussiez dit que le colosse, grandi tout à coup, allait toucher du front la voûte bleue :

La ville de Saint-Michel, collée au roc et surmontant le mur d'enceinte, la plate-forme dominant la ville, la muraille du château couronnant la plate-forme, le château hardiment lancé par-dessus la muraille, l'église perchée sur le château, et sur l'église l'audacieux campanile égaré dans le ciel !

Mais il est des instants où l'œil s'arrête avec indifférence sur la plus splendide de toutes les féeries. On ne voit pas, parce que l'esprit est ailleurs.

Le cortége qui accompagnait François de Bretagne au monastère descendait la montagne lentement. Chacun était silencieux et morne.

Ces mots bizarres, prononcés par le grigou, coiffé de lambeaux : « Duc, que Dieu t'oublie ! » étaient dans la mémoire de tous.

Et tous remarquaient l'absence de Monsieur Hue de Maurever, écuyer du prince défunt, absence qui était d'autant plus inexplicable que les domaines de Maurever se trouvaient dans le voisinage immédiat de Pontorson, à quelques lieues d'Avranches.

Or, en ce monde, il y a presque toujours une clef pour les choses inexplicables.

Quand il s'agit de criminels ordinaires, cette clef se dépose sur la table d'un greffe. Des juges s'assemblent. On pend un homme.

Quand il s'agit des puissants de la terre, personne n'ose toucher à cette clef, et le mot de l'énigme reste enfoui dans les consciences.

Si l'escorte du duc François se taisait, ce n'était pas qu'on n'y eût rien à se dire. C'est que nul n'osait ouvrir la bouche sur le sujet qui occupait tous les esprits.

Une partie de la foule avait suivi le cortége ; la foule n'avait pas pour se taire les mêmes raisons que les hommes d'armes.

Et Dieu sait qu'elle s'occupait du riche duc pour son argent !

Il y en avait, dans la foule, qui prononçaient le mot *sacrilége* en parlant de ce somptueux pèlerinage.

A l'entrée de la grève, douze guides prirent les devants pour sonder les lises et reconnaître les cours d'eau.

Le brouillard s'éclaircissait. Un coup de vent balaya les sables.

La cavalcade prit le trop, comme cela se fait sur les tangues, où la rapidité de la marche diminue toujours le danger.

Aubry de Kergariou et l'homme à la cotte d'hermine, qui se nommait Méloir, tenaient toujours la tête de la procession.

— .... Si mon frère me gênait, dit Méloir, continuant une conversation à voix basse, mon frère serait mon ennemi. Et mes ennemis, je les tue. Le duc a bien fait !

— Tais-toi, cousin, tais-toi ! murmura Aubry scandalisé.

. . . .

Les chevaux, lourdement équipés, hésitaient sur les sables mouvants de la Sée. Les guides crièrent :

— Au galop ! messeigneurs !

La cavalcade se lança et franchit l'obstacle.

Méloir était toujours aux côtés d'Aubry de Kergariou.

— Moi, dit-il, j'ai le double de ton âge, mon cousin. On me traite toujours en jouvenceau, parce que j'aime trop les dés et le vin de Guienne. Mais demain mes cheveux vont grisonner ; je suis sage. Ecoute : pour la dame de mes pensées, je ferais tout, excepté trahir mon seigneur, voilà ma morale!

— Elle est donc bien belle, ta dame, mon cousin Méloir? demanda Aubry avec distraction.

Les yeux du porte-étendard brillèrent sous la visière de son casque.

— C'est la plus belle! répliqua-t-il avec emphase.

C'était un homme de haute taille et de robuste apparence, qui portait comme il faut sa pesante armure. Sa figure eût été belle sans l'expression de brutale effronterie qui déparait son regard. Du reste, il se faisait tort à lui-même en disant qu'il commencerait à grisonner demain, car sa chevelure abondante et bouclée s'échappait de son casque en mèches plus noires que le jais.

Il pouvait avoir trente-cinq ans.

Aubry atteignait sa vingtième année.

Aubry était grand, et l'étroite cotte de mailles qui sonnait sur ses reins n'ôtait rien à la gracieuse souplesse de sa taille. Ses cheveux châtains, soyeux et doux tombaient en boucles molles sur ses épaules. Sa moustache naissait à peine, et la rude atmosphère des camps n'avait pas encore hâlé sa joue. Aubry était beau. Il avait le cœur d'un chevalier.

Méloir avait un père Normand et une mère Bretonne, Méloir ne valait pas beaucoup moins que le commun des hommes d'armes. La lance était légère comme une plume dans sa main. Quant à la chevalerie, ma foi! Méloir ne s'en souciait pas plus que d'un gobelet vide.

Nous disons un gobelet d'étain.

Il était brave parce que ses muscles étaient forts, et fidèle parce que son maître était puissant.

En prononçant ces mots : *C'est la plus belle*, Méloir s'était retourné involontairement et son regard avait cherché dans la cavalcade le groupe des six jeunes filles qui suivait immédiatement le duc.

Aubry fit comme lui.

Puis Aubry et lui se regardèrent.

— Elles sont six, dit Méloir, exprimant la pensée commune ; nous avons cinq chances contre une de ne pas nous rencontrer !

— Tu as dit que c'était la plus belle! repartit Aubry à voix basse.

— Je l'ai dit. Et je te dis, mon cousin Aubry, que je serais fâché de te trouver sur mon chemin.

Les cloches du Mont s'ébranlèrent, en même temps que les portes du monastère s'ouvraient pour donner passage aux moines qui venaient au-devant de François de Bretagne.

La portion des curieux qui était restée sur les remparts d'Avranches voyait maintenant le cortége ducal, et la foule qui le suivait comme une tache sombre sur la brillante immensité des grèves.

Il restait un quart de lieue à faire pour atteindre la base du roc.

— Haut les bannières, hommes d'armes! cria monsieur le sénéchal de Bretagne.

On était devant le Mont ; Méloir et Aubry relevèrent brusquement leurs hampes qui s'étaient inclinées dans le feu de la discussion. La bannière du couvent, qui portait la figure de l'archange, brodée sur fond d'or et l'écusson au revers, avec la fameuse devise du Mont-Saint-Michel : *Immensi tremor Oceani*[1], s'abaissa par trois fois. Guillaume Robert, procureur du cardinal-abbé, mit ses pieds dans le sable de la grève pour recevoir le prince, et les moines firent haie sur le roc.

En ce moment, où chacun descendait de cheval, il y eut dans l'escorte beaucoup de confusion ; la cohue qui était à la suite poussait en avant pour sortir de la grève. Le sable foulé se couvrait d'eau, et c'est à peine si les dames du deuil trouvèrent chacune un cavalier galant pour préserver leurs pieds délicats.

Aubry sentit une main légère qui touchait son épaule.

Il se retourna, Reine de Maurever était auprès de lui.

— Que Dieu vous bénisse, Aubry, dit la jeune fille dont la voix était triste et douce. Je sais que vous m'aimez... Ecoutez-moi. Avant qu'il soit une heure, mon père va risquer sa vie pour remplir son devoir.

— Sa vie ! répéta Aubry ; votre père !

Et ses yeux couraient dans la foule pour chercher l'absent.

— Ne cherchez pas, Aubry, reprit encore la jeune fille ; vous ne trouveriez point. Mais écoutez ceci : celui qui défendra mon père sera mon chevalier.

---

[1] Quelques années plus tard, le roi Louis XI devait prendre cette devise pour l'ordre de la chevalerie qu'il fonda sous l'invocation de Saint-Michel.

— Hommes d'armes ! en avant ! dit monsieur le sénéchal.

Reine sauta sur le sable et se confondit avec ses compagnes.

Aubry chancelait comme un homme ivre.

— Allons, mon petit cousin, lui dit Méloir : il n'y a pas de quoi tomber malade. N'est-ce pas que c'est bien la plus belle ?

Ce grand Méloir avait sous sa moustache un sourire méchant.

— Que veux-tu dire ? balbutia Aubry.

— Rien, rien, mon cousin.

— Est-ce que ce serait ?...

— Mort diable ! tu as une épée. Quand nous serons en terre ferme, il sera temps de causer de tout cela.

Aubry le regarda en face.

— Il y a deux moyens d'être heureux, reprit le porte-enseigne d'un ton doctoral : se faire aimer et se faire craindre. Un brave garçon n'a pas toujours le choix. Mais quand l'un des deux moyens lui échappe, il garde l'autre. Attention, mon cousin ; baisse ta hampe et rêve tout seul. Moi, j'ai à réfléchir.

Méloir prit les devants.

On passait sous la herse.

Le chœur des moines chantait le *Dies iræ* en montant l'escalier à pic qui donne entrée dans le château.

III

FRATRICIDE

François de Bretagne et sa suite, arrivés à la porte d'entrée du couvent de Saint-Michel, étaient à vingt-cinq toises environ du niveau de la grève.

François prit la tête du cortége et posa le premier son pied sur les marches de l'escalier.

Cet escalier, dont les degrés de pierre vont se plongeant dans un demi-jour obscur, s'ouvre entre les deux tourelles de défense, droites et hautes, percées chacune de deux créneaux séparés par une embrasure couverte, et conduit à la salle des gardes.

Il faut parler au passé quand il s'agit des hommes. Mais, pour les pierres, on peut employer le présent, car ces merveilles en granit sont debout, et c'est à peine si les fous furieux de 93, les Vandales de tous les âges, et quatre siècles accumulés ont pu mutiler quelques statues pieuses, écorcher quelques saints contours. Par exemple, le plâtre, plus fort que les révolutions et que les années; le plâtre, arme favorite d'Attila-directeur, et d'Erostrate-entrepreneur de maçonnerie ; a *rafraîchi* bien des *vieilleries*.

Mais il n'est pas besoin d'aller si loin de Paris pour voir de quoi le plâtre est capable !

Laissons le plâtre. Et pour cela, décidément, parlons au passé.

Vis-à-vis de l'escalier, une vaste cheminée que surmontait l'écusson abbatial, tenait le centre de la salle des gardes.

L'écusson du cardinal Guillaume d'Estouteville, trente-deuxième abbé de Saint-Michel, existe encore dans la nef et dans la salle des chevaliers. Il était écartelé : aux premier et dernier, burellé d'argent et de sable, au lion rampant du même, accolé d'or, armé et lampassé de gueules sur le tout ; aux deuxième et troisième, de gueules à deux fasces d'or, — l'écu timbré d'un chapeau de cardinal de gueules et lambrequins de même, surmonté de la croix archiépiscopale. En cœur, l'écu de France à la bande de gueules pour brisure.

Dans cette salle des gardes, monseigneur l'évêque de Dol, qui devait officier, attendait son souverain avec le prieur de Saint-Michel et les chanoines de Coutances.

Le prieur prit la gauche de Guillaume Robert, qui représentait le cardinal-abbé, et livra les clés au servant chargé d'ouvrir les portes.

Pour arriver à l'église de l'abbaye de Saint-Michel, on ne marchait pas, on montait toujours.

Il fallut d'abord traverser le grand réfectoire, énorme pièce de style roman, où la sobriété des détails fait naître une sorte de grandeur pesante qui impose et qui étonne, les dortoirs, de même style, qui règnent au-dessus, et la salle des chevaliers.

Elle était bien nommée, celle-là ! fière et robuste comme ces géants qui s'habillaient de fer ! lourde, mais bien campée sur ses vigoureux piliers et respirant, du sol à sa voûte, la majesté rude du soldat chrétien.

Comme style, c'était le roman arrivant au gothique, le pilier obèse se faisant plus musculeux, le cintre caressant la naissance de l'ogive.

Ils montèrent encore, lentement, les moines chantant les hymnes de mort, les hommes d'armes silencieux et recueillis, les femmes voilées, le duc pâle.

Le duc pâle, qui tremblait sous les voûtes froides, et qui murmurait au hasard une prière.

Son cœur ne savait pas que sa bouche parlait à Dieu.

Et Dieu n'écoutait pas.

Au-dessus de la salle des chevaliers, le cloître.

L'*Aire de Plomb*, comme on l'appelait, parce que la cour, comprise entre les quatre galeries, était recouverte en plomb, pour protéger la voûte de la salle inférieure.

A mesure qu'on montait, le roman disparaissait pour faire place au gothique, car l'histoire architecturale du Mont-Saint-Michel a ses pages en ordre, dont les feuillets se déroulent suivant l'exactitude chronologique.

Le soleil de midi éclairait le cloître, qui apparut aux pèlerins dans toute sa riche efflorescence ! Un carré parfait, à trois rangs de colonnettes isolées ou reliées en faisceaux qui se couronnent de voûtes ogivales, arrêtées par des nervures délicates et hardies.

Le prodige ici, c'est la variété des ornements dont le motif, toujours le même se modifie à l'infini dans l'exécution, et brode ses feuilles ou ses fleurs de mille façons différentes, de telle sorte que la symétrie respectée laisse le champ libre à la plus aimée de nos sensations artistiques : celle que fait naître la fantaisie.

Aussi, cette échelle de soixante pieds que nous venons de gravir, depuis la base des tourelles jusqu'à l'*aire de plomb*, en passant par la salle des gardes, le grand réfectoire, le dortoir, la salle des chevaliers, le cloître, avait-elle reçu, des visiteurs éblouis, le nom générique de la *Merveille*.

A l'angle nord du cloître, il y avait un tronc de bois sculpté, devant lequel monsieur le prieur s'arrêta en faisant sonner son bâton.

— Monsieur Gilles de Bretagne, dit-il, dont Dieu ait l'âme en sa miséricorde, mit dans ce tronc quarante écus nantais, en l'an trente-sept, le quatrième jour de février.

François prit une poignée d'or dans son escarcelle, la jeta dans le tronc, se signa et passa.

La procession tourna l'angle du cloître pour gagner la basilique.

Mais ce n'est pas le grand soleil qu'il faut à cette architecture sarrasine pour qu'elle répande tout ce qui est en elle de mystérieux et de pieux. Ses grâces un peu bizarres, ses effets imprévus en quelque sorte romanesques, ont plus besoin d'ombre encore que de lumière.

Et cela est si vrai, que nous assombrissons à plaisir les vitraux de nos cathédrales, afin que le jour glisse à la fois moins clair et plus chaud dans ces forêts de granit qui ont leurs racines sous le marbre de la nef et qui entrelacent à la voûte leurs branches feuillées ou fleuries.

La basilique de Saint-Michel n'était pas entièrement bâtie à l'époque où se passe notre histoire. Le couronnement du chœur manquait ; mais la nef et les bas côtés étaient déjà clos. L'autel se dressait sous la charpente même du chœur qui communiquait avec le dehors par les travaux et les échafaudages.

Le duc François s'arrêta là. Il ne monta point l'escalier du clocher qui conduit aux galeries, au grand et au petit *Tour des fous* et enfin à cette flèche audacieuse où l'archange saint Michel, tournant sur sa boule d'or, terrassait le dragon à quatre cents pieds au-dessus des grèves [1].

Les tentures funèbres cachaient la partie du chœur inachevée. Les moines se rangèrent en demi-cercle, autour de l'autel.

La grosse cloche du monastère tinta le glas.

Les six dames du deuil s'agenouillèrent sur des coussins de velours, derrière le dais qu'on avait tendu pour le duc François.

Jeanne de Bruc et Yvonne-Marie de Coëtlogon occupèrent les deux premiers coussins. Elles représentaient madame Isabelle d'Écosse, duchesse régnante et Françoise de Dinan, veuve du prince décédé.

---

[1] Le campanile et l'archange qu'il supportait ont été détruits par la foudre.

Parmi les gentilshommes, Malestroit représentait monsieur Pierre de Bretagne, frère du duc, et le vaillant Jean Budes, souche de la maison de Guébriant, se mit au lieu et place d'Arthur de Bretagne, connétable de Richemont, absent pour le service du roi de France.

Aux frises tendues de noir, la devise de Bretagne courait en festons sans fin, montrant, tantôt l'un, tantôt l'autre de ses quatre mots héroïques : *Malo mori quam fœdari*[1]..

La foule emplissait les bas côtés.

Dans la nef, les hommes d'armes étaient debout, séparés de leur souverain et des religieux par la balustrade du chœur.

Cette obscurité que nous demandions tout à l'heure pour les œuvres de l'art gothique, la basilique de Saint-Michel l'avait à profusion ce jour-là. Le noir des tentures, couvrant la demi-transparence des vitraux, laissait à peine passer quelques rayons, et la lueur des cierges luttait victorieusement contre ces pâles clartés.

Il régnait sous la voûte une tristesse grave et profonde.

Et aussi, mais nul n'aurait su dire pourquoi, une sorte de mystique terreur.

L'office commença.

François était juste en face du cercueil vide qui figurait la bière absente, pour les besoins de la cérémonie.

---

[1] Allusion au blanc écusson d'hermine : *J'aime mieux mourir que me salir.*

On dit qu'il tint les yeux baissés constamment et que son regard ne se tourna pas une seule fois vers le drap noir où des lettres d'argent dessinaient le chiffre de son frère.

Les moines récitaient les oraisons d'une voix lente et cadencée. La foule et les chevaliers répondaient.

On dit que pas une fois les lèvres décolorées de François ne s'ouvrirent pour laisser tomber les répons.

On dit encore qu'à plusieurs reprises son corps chancela sur le noble siége que lui avaient préparé les moines.

On dit enfin que lors de l'absoute sa main laissa échapper le goupillon bénit...

Mais ce fut pendant l'absoute que se passa la scène étrange et mémorable qui sans doute fit oublier les détails qui l'avaient précédée.

Cette scène, la basilique de Saint-Michel en gardera éternellement le souvenir.

Le doigt de Dieu toucha ce front que ne pouvait atteindre le doigt de la justice humaine.

Au moment où le duc François se levait pour jeter l'eau sainte sur le catafalque, et comme monsieur le sénéchal de Bretagne jetait ce cri sous la voûte sonore :

— Hommes d'armes ! à genoux !

Au moment où les six chevaliers du deuil, baissant la pointe de l'épée, entraient dans le chœur pour se ranger autour du cénotaphe, un moine parut tout à coup derrière le cercueil vide.

Personne n'aurait su dire d'où sortait ce religieux, car toutes les stalles restaient remplies et nul mouvement ne s'était fait à l'entour du chœur.

Le moine se dressa de toute sa hauteur, développant la bure raide de sa robe et ne montrant qu'une main qui tenait un crucifix de bois.

— Arrière, duc! prononça-t-il d'une voix retentissante.

Le duc François s'arrêta.

Reine de Maurever trembla sous son voile.

Aubry tressaillit. Il avait reconnu cette voix.

Dans le chœur et dans la nef on se regardait. La stupéfaction était sur tous les visages.

Cependant monseigneur l'évêque de Dol ne bougeait pas. Procureur, prieur et religieux durent imiter son exemple.

Le moine inconnu tourna le cénotaphe et vint à la rencontre du duc.

— Que veux-tu? balbutia ce dernier.

— Je viens à toi de la part de ton frère mort, répondit le moine.

Un frisson courut dans toutes les veines.

Méloir seul semblait curieux plutôt qu'effrayé. Il s'avança jusqu'à la balustrade pour mieux voir. Aubry l'y avait précédé.

— Qui es-tu? prononça encore le duc François, dont la voix défaillait.

Le moine, au lieu de répondre cette fois, jeta en arrière le large capuchon de son froc et découvrit une tête de vieillard, énergique et calme, couronnée de longs cheveux blancs.

Un nom passa aussitôt de bouche en bouche.

On disait :

— Hue de Maurever! l'écuyer de monsieur Gilles!

Méloir hocha sa tête coiffée de fer, comme on fait quand le mot longtemps cherché d'une énigme vous apparaît à l'improviste.

Aubry, qui respirait à peine, se tourna vers l'endroit de la nef où les dames étaient agenouillées.

Reine était immobile. Les draperies de son voile semblaient taillées dans le marbre.

Le prétendu moine, cependant, avait le front haut et l'œil assuré. Il regardait en face François de Bretagne dont les paupières se baissaient.

Sa voix se fit grave, et son accent plus solennel.

— En présence de la Trinité sainte, reprit-il, et devant tous ceux qui sont ici, prêtres, moines, chevaliers, écuyers, hommes-liges, servants d'armes, bourgeois et manants, moi, Hugues de Maurever, seigneur du Roz, de l'Aumône et de Saint-Jean-des-Grèves, parlant pour ton frère Gilles, assassiné lâchement, je te cite, François de Bretagne, mon seigneur, à comparaître, dans le délai de quarante jours, devant le tribunal de Dieu !

Le vieillard se tut. Sa main droite, qui tenait un crucifix, s'éleva. Sa main gauche sortit du froc entr'ouvert et jeta aux pieds de François un gantelet de buffle que chacun put reconnaître pour avoir appartenu au malheureux prince dont on fêtait les funérailles.

Pour se rendre compte de l'effet foudroyant produit par cette scène, il faut quitter le milieu sceptique où nous vivons et secouer l'atmosphère de prose lourde qui nous entoure ; il faut se reporter au lieu et au temps. Le quinzième siècle croyait : la religion entrait alors dans la vie de tous, et il n'était guère de cœur qui ne se serrât au seul mot de miracle.

Cela se passait au Mont-Saint-Michel, le rocher lugubre, cerné par la mort.

Cela se passait dans la basilique en deuil, devant le cercueil de celui-là même qui appelait son frère assassin aux pieds de la justice suprême.

Autour du cénotaphe, flanqué de ses quatre rangées de cierges, cinquante moines s'alignaient, impassibles, montrant leurs rigides visages dans cette ombre étrange que fait la profonde cagoule.

L'autel seul rayonnait sur le fond mat des draperies noires.

Et dans la nuit de la nef, parmi la cohue confuse des colonnes, sous les ogives enchevêtrant à l'infini leurs nervures, éclairées vaguement par quelques rayons rougeâtres échappés aux vitraux, l'acier des armures jetait çà et là ses austères reflets...

Il y eut deux ou trois secondes de silence morne, pendant lesquelles une terreur écrasante pesa sur l'assemblée.

Allait-on voir le spectre soulever ses funèbres voiles?

Puis il se fit un grand mouvement. Les armures sonnèrent dans la nef; les six chevaliers escaladèrent la balustrade, et les moines quittant leurs stalles en désordre, s'élancèrent au milieu du chœur.

Cela, parce que le duc de Bretagne, après avoir chancelé comme s'il eût reçu un coup de masse sur le crâne, était tombé à la renverse sur le marbre.

On le releva.

Quand il rouvrit les yeux, Hue de Maurever avait disparu ; et tout ce que nous venons de raconter aurait pu passer pour un songe, sans le gantelet de buffle qui était toujours là, témoin irrécusable du terrible ajournement.

Par où le faux moine s'était-il enfui?

Chacun se fit cette question, mais nul n'y sut répondre.

Le duc François, livide comme un cadavre, parcourut des yeux sa suite frémissante.

— Cet homme a menti, messieurs, dit-il, je le jure à la face de Saint-Michel!

Une voix tomba de la voûte et répondit :

— C'est toi qui mens, mon seigneur, je le jure à la face de Dieu!

On vit un objet sombre qui se mouvait dans la galerie conduisant à l'escalier du clocher.

Le sang monta aux yeux de François qui se redressa.

— Cent écus d'or à qui me l'amènera! s'écria-t-il.

Reine sentit son cœur s'arrêter.

Personne ne bougea.

Le duc repoussa du pied le gantelet avec fureur. Son regard qui cherchait un aide, tomba sur Aubry de Kergariou, debout derrière la balustrade.

— Avance ici, toi! commanda-t-il.

Aubry ficha sa bannière dans les degrés qui séparaient la nef du cœur et franchit la balustrade.

— Mon cousin de Poroët, reprit le duc, m'a dit souvent que tu étais la meilleure lance de sa compagnie. Veux-tu être chevalier?

— Mon père l'était; je le deviendrai avec l'aide de mon patron, répliqua Aubry.

— Tu le seras ce soir, si tu m'amènes cet homme mort ou vivant.

Les yeux d'Aubry se tournèrent vers la nef. Il vit Méloir qui souriait méchamment. Il vit les deux blanches mains de Reine qui se joignaient sous son voile.

Aubry tira son épée, la baisa et la jeta devant le duc.

Après quoi, il croisa ses bras sur sa poitrine.

Le duc recula. Ce coup le frappa presque aussi violemment que l'accusation même de fratricide.

On entendit glisser entre ses lèvres blêmes ces mots prophétiques :

— Je mourrai abandonné !

Mais avant qu'il eût eu le temps de reprendre la parole, le bruit d'une seconde bannière, fichée dans le bois des marches, retentit sous la voûte silencieuse.

Méloir franchit la balustrade à son tour.

Il mit un genou en terre devant le duc.

— Mon seigneur, dit-il, celui-là est un enfant ; moi je suis un homme ; je poursuivrai le traître Maurever, et je le trouverai, fût-il chez Satan !

— Donc tu seras chevalier ! s'écria le duc.

. . . .

Le soir, en traversant les grèves pour regagner Avranches, le futur chevalier Méloir avait pour mission de garder le pauvre Aubry qui était prisonnier d'Etat.

— Mon cousin, disait-il, nous voilà en partie. Elle t'aime, mais elle me craint. Je ne changerais pas mes dés contre les tiens.

IV

VEILLÉE DE LA SAINT-JEAN

Le manoir de Saint-Jean-des-Grèves était situé entre le bourg de Saint-Georges, sur le Couesnon, et le bourg de Cherrueix.

Sous le manoir, comme c'était la coutume, quelques maisons se groupaient.

Le manoir occupait le faîte d'un petit mamelon. Un taillis de chênes le séparait du village.

Le Bief-Neuf coulait derrière le manoir.

On nomme *biefs* les ruisseaux marneux à berges escarpées, au cours manquant de pente, qui dorment tristement dans l'étendue du Marais.

La principale maison du village appartenait à Simon Le Priol, laboureur et fermier de Maurever.

C'était une bâtisse en marne battue et séchée, que

soutenaient des pans de bois croisés en X. La toiture de roseaux était haute et svelte, comme si elle eût essayé de relever le style épais de la maison.

Dans ce pays plat et gras, le pittoresque fait défaut ; alors comme aujourd'hui, c'était du blé dru et bien venu sous des pommiers difformes et sur de la marne labourée.

Terre grisâtre comme du savon de ménage ou noire comme du brai en fusion ; moulins à vent qui ne tournent guère ; masures ennuyées derrière leur haie jaune et portant leur toiture de *roz* près du sol, romme un gars innocent et frileux qui rabat jusqu'au menton son gros bonnet de laine.

Bon pain, cidre gluant, sang de Bretagne mêlé à sang de Normandie, querelles au bâton, querelles à l'écritoire : deux hommes de loi pour un médecin, un médecin pour un quart de malade, quatre malades pour un homme en santé.

Tournez la tête, faites trois cents pas, vous quittez la boue, vous trouvez le sable, la grève, le vent vif, les pêcheurs découplés comme des héros : la vraie Bretagne.

On est enfoui sous ces odieux pommiers. Mais ils sont si bas ! Pour voir l'horizon immense, il suffit de se hausser sur un trou de taupe.

Dol ! heureux pays des gros marrons et des procès incurables ! Contrée sans prétention, à l'abri de toute poésie ! Dol ! ville naïve qui possède un joyau pour cathédrale, et qui entend la messe dans une grange ! Dol ! cité druidique d'où les épiciers raisonnables ont chassé les bardes fous !

Salut et prospérité ! Bon pain, cidre gluant, pommes de terre guéries, voilà les souhaits qu'on forme pour ton bonheur !

Le village de Saint-Jean était trop près de la grève, bien qu'il ne la vît point, aveuglé qu'il était par six châtaigniers et trois douzaines de pommiers, pour ne pas secouer cette torpeur lymphatique qui endort le Marais. Il y avait autant de *coquetiers* que de garçons de charrue au village de Saint-Jean, et le Bief-Neuf y amenait l'eau de la mer aux grand'marées, jusqu'à la porte de la grange.

Simon Le Priol était à la tête du village de plein droit et sans conteste. Après lui venait maître Gueffès, être hybride, moitié mendiant, moitié maquignon, un peu clerc, un peu païen, Normand triple avec un nom breton.

Après maître Gueffès, le commun des mortels.

C'était une quinzaine de jours après le service célébré au Mont-Saint-Michel pour le repos et le salut de monsieur Gilles de Bretagne.

Il y avait grande veillée chez Simon le Priol pour la fête de la Saint-Jean, qui était en même temps la fête du manoir et celle du village.

On avait brûlé vingt-cinq fagots de châtaignier sur l'aire, des fagots qui pétillent gaiement dans la flamme et qui lancent au vent des fusées de folles étincelles.

Le souper cuisait dans le chaudron massif, suspendu à la crémaillère.

Dans l'unique pièce qui composait le rez-de-chaussée de la ferme, le village entier était réuni.

Dix à douze gars, autant de filles, deux ménagères et maître Vincent Gueffès, lequel n'appartenait à aucun sexe : ce n'était pas un homme, en effet, puisqu'il ne savait ni labourer, ni pêcher, ni se battre; ce n'était pas une femme, puisqu'il s'appelait maître Vincent Guéffès, et qu'il mendiait à Dol ou à Avranches dans un vieux feutre d'échevin.

L'assemblée était présidée par Simon Le Priol et sa métayère Fanchon la Fileuse, bonne grosse Doloise, rouge, forte, franche, buvant son coup de cidre comme une luronne qu'elle était, et ne disant jamais non quand un pauvre quémandait à sa porte.

Fanchon la Fileuse était, ma foi, la fille d'un valet de notre sieur le pro-secrétaire de l'évêché, ce qui lui donnait un peu d'orgueil.

Simon Le Priol, lui, avait une honnête figure un peu sèche sous une forêt de cheveux gris. C'était un grand bonhomme ayant la conscience de sa valeur, et sachant garder son *quant à soi* parmi les petites gens du village.

Il tenait sa ferme à fief, non à bail, et comme Hue de Maurever était bien la perle des maîtres, Simon Le Priol avait *de quoi* dans quelque coin. Il passait pour riche. Quand un homme est riche, on l'accuse d'être avare ; Simon subissait le sort commun.

Cela n'empêchait pas sa fille Simonnette de rire et de chanter comme une bienheureuse, et d'aller, plus rouge qu'une cerise, toujours courant, toujours sautant, babillant ici, là, mordant une pomme, grimpant au talus, passant par-dessus les haies, se signant au-devant des croix, et rêvant parfois, quand son grand œil noir plongeait à l'horizon.

Du reste, Simonnette ne rêvait pas souvent.

Elle avait autre chose à faire.

Elle avait deux belles vaches à soigner, une rousse et une noire : cornes évasées, muffle court, regards fixes ; gaies toutes deux et bonnes laitières : des vaches qu'on aurait payées trois anges d'or la pièce au marché de Pontorson !

Des vaches comme il en fallait pour fournir la crême exquise du déjeuner de mademoiselle Reine.

Car Reine de Maurever habitait presque toujours le manoir de Saint-Jean.

Pas maintenant, hélas ! Maintenant Reine était Dieu savait où, depuis que son vieux père menait la vie d'un proscrit.

Pauvre demoiselle ! si douce, si charitable, si aimée !

Quand Simonnette allait par les chemins, les bras passés autour du cou de la Rousse ou de la Noire, elle pensait bien souvent à mademoiselle Reine.

Elles étaient du même âge, la fille du gentilhomme et la fille du paysan. Elles avaient joué ensemble sur la pelouse du manoir. Ensemble elles étaient devenues belles.

Reine avait la noble beauté de sa race. Plus tard, nous la verrons bien plus belle encore sous son voile de deuil.

Simonnette... franchement, vous n'avez jamais pu rencontrer de plus mignonne créature ! Un sourire contagieux, un sourire irrésistible. A la voir les fronts se déridaient. Simonnette ! Simonnette ! rien que ce nom-là, c'était de la gaieté pour ceux qui l'avaient vue.

Excepté pourtant pour ce pauvre petit Jeannin, le coquetier[1].

Jeannin pleurait quand les autres souriaient.

Il se cachait pour voir passer Simonnette, et quand Simonnette était passée, il se prenait le front à deux mains.

S'il avait osé, le petit Jeannin, il se serait vraiment cassé la tête contre un pommier. Mais il aurait eu peur de se faire trop de mal.

Figurez-vous une tête de chérubin avec des cheveux bouclés à profusion, de grands yeux bleus, tendres et timides, et sous sa peau de mouton, hélas! bien usée, cette gaucherie gracieuse des adolescents.

Il était fait comme cela, le petit Jeannin, et il allait avoir dix-huit ans.

Par exemple, pas un denier vaillant! Des pieds nus, des chausses trouées, pas seulement une *devantière* de grosse toile pour remplacer sa peau de mouton qui s'en allait.

Simon Le Priol ne l'avait jamais peut-être regardé. Ce n'était pas un *parti*. Simon voulait pour sa fille un homme de cinquante écus nantais.

Cinquante écus, grand Dieu! Chaque écu valant douze livres de vingt sols royaux, à douze deniers tournois le sol (s'il n'est rogné).

Le petit Jeannin n'avait jamais vu tant d'argent, même en songe.

---

[1] Pêcheurs de coques : les coques (palourdes) sont une sorte de diminutif des coquilles de Saint-Jacques. Elles abondent dans la baie de Cancale et autour du Mont.

Et, en conscience, est-ce bon pour faire des maris, ces séraphins aux yeux de saphir et aux cheveux d'or?

Maître Vincent Gueffès disait non.

Parlons de maître Vincent Gueffès.

Front étroit, vaste nez, bouche fendue avec une hallebarde. Dans cette bouche, une mâchoire monumentale, haute, large, solide et ressemblant à ces belles mâchoires antédiluviennes, à l'aide desquelles, quatre cents ans plus tard, les savants devaient reconstruire tout un monde.

La mâchoire de maître Vincent Gueffès, retrouvée par hasard, a dû conduire tout droit à l'idée du mastodonte.

Beaux petits yeux ronds, doucement frangés de rouge, cheveux couleur de poussière, longue taille maigre et droite dans une houppelande faite pour autrui : tel se présentait maître Vincent Gueffès.

Simon Le Priol avait coutume de dire qu'il n'était point laid. Simon Le Priol avait raison, en ce sens que maître Gueffès était affreux.

Du reste, point d'âge. Vous savez, ces bonnes gens ont de vingt-cinq à soixante ans. Passé soixante ans, ils rajeunissent.

Eh bien! avec cela, maître Gueffès était bas-normand des pieds à la tête. Il avait de l'esprit comme quatre malins de Domfront, sa patrie. Or, un malin de Domfront vaut quatre finauds de Vire qui valent chacun quatre citrouilles de Condé-sur-Noireau, ville où les huîtres naissent à vingt lieues de la mer!

Maître Gueffès était le rival du petit Jeannin, le coquetier. Il trouvait Simonnette charmante, et quand il songeait à la dot de Simonnette, sa mâchoire tout entière se montrait en un épouvantable sourire.

Maître Gueffès ne mendiait jamais aux environs de Saint-Jean. D'ailleurs, mendier, en ce temps, c'était tout bonnement prendre sa part de certaines largesses périodiques. Maître Vincent Gueffès allait quérir sa soupe à la distribution du monastère; il criait noël sur le passage des seigneurs; mais ce n'était pas un gueux.

On savait bien qu'il avait quelque part un sac de cuir qui motivait amplement la bienveillance de Simon Le Priol.

Le pauvre petit Jeannin était peureux comme un lièvre. Oh! sans cela maître Gueffès aurait eu son compte!

Et maintenant, reste-t-il quelqu'un à décrire autour de la grande cheminée ? A part Simon le métayer, Fanchon la métayère, Simonnette, Gueffès et le petit Jeannin, il n'y a guère que des comparses : Joson le vannier, Michon la buandière, quatre Mathurin, autant de Gothon, une Scolastique et deux Catiche. N'oublions pas cependant la Rousse et la Noire, les deux belles vaches, commodément vautrées à l'autre bout de la chambre, et trois *gorets*[1] (sauf respect), grognant sous la table même.

La veillée allait bien. La cruche au cidre circulait assez vivement, escortée de l'écuelle commune. Fanchon, la digne métayère, à cause de la solennité de la Saint-Jean, savourait toute seule une tasse d'hypocras.

Les rouets chômaient, les fuseaux de même. Les quatre

[1] Porcs.

Gothon étaient lasses de jouer à la main chaude avec les quatre Mathurin.

Le petit Jeannin, les pieds nus dans les cendres, laissait passer l'écuelle sans y mouiller ses lèvres et regardait Simonnette tant qu'il pouvait.

Dans sa blonde tête, il brodait de mille manières diverses ce thème invariable : Si j'avais cinquante écus nantais !

Maître Vincent Gueffès se taisait, comme devraient faire tous les bas-normands d'esprit.

Simonnette riait avec l'un, avec l'autre, avec tous, l'heureuse fille. En ce moment, elle écoutait Simon Le Priol, son père, qui contait une histoire.

Une belle histoire, car vous eussiez entendu la souris courir dans la salle basse de la ferme.

— Voilà donc qu'est comme ça, mes vrais amis, disait Simon ; le chevalier était de quelque part par là en Léon ou en Cornouailles, du côté de la Bretagne bretonnante, comme on l'appelle, à cause qu'on y parle baragouin.

Il venait en la ville de Dol pour voir sa mère ou autre chose, je ne sais pas. Voilà qu'est comme ça.

Ils couchaient trois dans la même chambre, à l'hôtellerie des *Quatre Besans d'Or*, sous le couvent des Minimes, au bout de la Rue-qui-Tourne : un Français, un Normand et le chevalier breton, qui fait trois, comme je vous le dis.

Avant de s'endormir, c'est pourtant vrai, ce que je vous fais là, le Français chanta une antienne luronne, le Normand compta les angelots de son escarcelle, et le Breton récita ses prières.

Faut pas mentir ! le Français dit au Normand :

3

— Combien as-tu dans ton sac, mon compagnon?

— Cent sols de la monnaie de Rouen et trois ducats de Flandre, répondit le Normand.

— Veux-tu les jouer aux dés en quinze passes contre cent sols parisis et trois anneaux de ma chaîne d'or?

Le Normand ferma son escarcelle et la mit sous son oreiller.

— Tu ne veux pas? reprit l'enragé Français; eh bien! buvons-les s'il ne te plaît pas de les jouer.

— Mes chers compagnons, interrompit ici le Breton, je vous prie de me laisser dire mes oraisons... Passe-moi l'écuelle, Mathurin!

Ce n'était autour du cercle, que bouches béantes et regards curieux.

Simon Le Priol but un large coup et poursuivit :

— Nous n'y sommes pas, mes bonnes gens! Oh! mais non! Vous allez voir bientôt ce que fit la Fée des Grèves. Attention!

V

UN BRETON, UN FRANÇAIS, UN NORMAND

Simon Le Priol continua ainsi :

— Voilà donc qu'est comme ça, vous autres ! Le chevalier breton leur dit : Mes compagnons, je vous prie de me laisser dire mes oraisons.

Mais les Français, mes petits enfants, ça a le diable dans le corps, faut pas mentir !

Le Français reprit :

— Ta prière sera bonne demain comme ce soir, sire Baragoin. Si tu as quelque chose dans ton escarcelle, je te propose la même partie qu'au Normand.

Le Breton se signa et dit *amen;* sa prière était finie.

— Tu dis *amen*, s'écria le Français ; donc tu consens ! J'ai des dés dans ma bourse comme un honnête homme. Normand ! lève-toi et sois témoin !

Mes petits enfants, qui fut embarrassé?

Ce fut le chevalier breton, car il n'avait dans son aumônière qu'une pauvre piécette de vingt-quatre sous, percée au milieu et rognée tout à l'entour.

Cependant, il avait dit *amen*, et pour l'honneur de la Bretagne il ne pouvait point se dédire.

— Pour si futile objet, pensa-t-il, Dieu et la Vierge ne me viendront point en aide. A moi la bonne Fée des Grèves!

Il y eut à ce nom un long soupir de contentement autour de la cheminée.

Les escabelles se rapprochèrent. Tous les yeux dévorèrent le conteur.

Simon Le Priol, sûr de son effet, réclama la cruche et l'écuelle.

Et tout le monde de murmurer:

— Oh! maître Simon, dites vite! dites vite!

Maître Simon prit son temps, lampa une terrible rasade et poursuivit:

— Vous me demanderez ce que pouvait faire la Fée des Grèves dans une partie de dés, jouée en terre ferme?

Attendez, mes petits enfants. Vous allez voir. Voilà donc qu'est comme ça!

— Mon compagnon, dit le chevalier breton, dans mon pays de Cornouailles, on ne sait point jouer aux dés.

— Quel jeu joue-t-on dans ton pays de Cornouailles?

— Le jeu du bois de cormier, mon compagnon.

— Et comment le joue-t-on ce jeu du bois de cormier?

— On le joue sans table ni tapis, dans l'aire avec deu

gaules d'une toise : Bon pied, bon œil, et à la grâce de Dieu !

Le Français comprit et fit la grimace.

L'assemblée eut ici un gros rire franc et joyeux.

— Il n'était pas gaucher, le Breton ! dit un Mathurin.

— En voilà un malin, le Breton ! s'écrièrent plusieurs Gothon.

Et entre voisins on se pinça le gras des bras jusqu'au sang par jubilation et sans malice.

Le pauvre petit Jeannin seul n'écoutait guère et ne pinçait personne. Il en était toujours à penser :

— Si j'avais seulement cinquante écus nantais !

— Quoi donc ! voilà qu'est comme ça, reprit encore Simon Le Priol ; le Breton n'était pas bête, c'est la vérité, faut pas mentir !

Ce fut au tour du Français d'être embarrassé.

Le Normand, lui, avait son idée.

— Mes bons chrétiens, dit-il, on peut arranger ça, et je serai, s'il vous plaît, de la partie. Ni dés, ni bâtons ! Faisons un pèlerinage à la maison de saint Michel, archange, et partons en même temps. Le premier arrivé sera le maître.

— Tope ! s'écria le Français, qui avait vu le Mont de loin, en passant sur la route.

— Tope ! dit le Breton qui ne voulait pas reculer.

Le Normand sourit dans sa barbe, parce qu'il connaissait les *tangues*, étant du gros bourg de Genest, de l'autre côté d'Avranches.

Ils se donnèrent la main et descendirent tous trois à l'écurie.

Vous dire l'avide curiosité excitée par cette simple légende dans l'auditoire de maître Simon Le Priol, serait chose impossible. D'abord la lutte était bien établie entre les trois races rivales : Bretons, Normands, Français ; ensuite il s'agissait des tangues, ces déserts sans routes tracées, aux dangers connus et toujours mystérieux ; enfin, on voyait apparaître dans le lointain du récit la *Fée des Grèves*, la mythologie du pays, l'élément surnaturel si cher aux imaginations bretonnes.

La Fée des Grèves allait jouer son rôle.

La Fée des Grèves ! l'être étrange dont le nom revenait toujours dans les épopées rustiques, racontées au coin du foyer.

Le lutin caché dans les grands brouillards.

Le feu follet des nuits d'automne.

L'esprit qui danse parmi la poudre éblouissante des mirages de midi.

Le fantôme qui glisse sur les *lises* dans les ténèbres de minuit.

La Fée des Grèves ! avec son manteau d'azur et sa couronne d'étoiles !

— Ah ! dam ! poursuivit Simon Le Priol, ah ! dam ! ah ! dam ! Voilà donc qu'est comme ça, pour de vrai, les gars et les filles, je ne mens pas.

Le Breton sella son cheval noir ; le Français sella son cheval blanc ; le Normand sella son cheval qui n'était ni blanc ni noir, parce que, dans son pays, tout est pie, blanc et noir, chèvre et chou, un petit peu chair, un petit peu poisson. Quoi ! un pied chez le bon Dieu, un pied

— Bon voyage, mes vrais amis, leur cria le Normand qui prit la route de Pontorson.

— Le Français répondit : Bon voyage ! et piqua droit aux sables.

Le Breton dit aussi : Bon voyage ! mais il retint son cheval.

Que fit-il ? C'est à présent que la Fée pouvait le perdre ou le sauver.

— Ah ! dam, oui, par exemple ! interrompit l'assistance tout d'une voix.

Simon flatté de cet élan naïf, fit un signe amical à la ronde et poursuivit :

— Pas moins, le Normand courait en faisant le grand tour et le Français galopait vers les Grèves.

Mon Breton, ayant réfléchi, vrai comme je vous le dis, entra chez un marchand d'épices et acheta des friandises pour toute sa piécette de vingt-quatre sous.

Il savait que la bonne Fée aimait les doudoux parce qu'elle est une femme.

Et il partit semant ses épices au bord du rivage, en disant : Bonne Fée, bonne Fée, prends pitié de moi !

On vous l'a dit et c'est la vérité : la Fée descend dans le brouillard, mais elle se laisse aussi glisser le long des rayons de la lune.

Le Breton la vit venir ainsi.

Ah ! grand Dieu ! c'était un brave homme, vous allez voir !

La Fée courut aux épices. Le Breton se coula jusqu'à elle et comme la Fée s'amusait aux friandises, il la saisit à bras-le-corps...

— Voyez-vous ça ! fit-on dans l'assistance.

Et l'attention de redoubler.

Le petit Jeannin lui-même tournait maintenant ses grands yeux bleus vers Simon Le Priol.

— Ma foi ! dam ! oui, les gars et les filles ! continua Simon : le Breton la saisit à la brassée, et si vous ne savez pas grand-chose, vous savez bien sûr, qu'une fois prise, la Fée fait tout ce qu'on veut et donne tout ce qu'on demande.

— Oh ! fit le petit Jeannin qui n'avait peut-être jamais osé prendre la parole devant une si imposante assemblée, est-ce bien vrai, ça ?

— Si c'est vrai... commença Simon scandalisé.

— Donne-t-elle des écus nantais ? interrompit encore le petit Jeannin.

Tout le monde éclata de rire. Le pauvre enfant, rouge et confus, baissa la tête.

Simonnette, toute seule, comprit le sens détourné de cette question, et son regard remercia le petit coquetier.

— Toi, disait cependant Simon Le Priol, tu vas te taire, pêcheur de coques vides ! La Fée donne des écus nantais comme elle donnerait des perles, des diamants et de tout ; ça ne lui coûterait pas davantage, puisqu'elle voit au fond de la mer !

Voilà qu'est donc comme ça !

Le Breton, lui, dit à la Fée :

— Bonne Fée, je ne veux ni or ni argent. Je veux passer au Mont à pied sec, en droite ligne.

Il n'avait pas fini de parler, que la Fée était assise gracieusement sur le cou de son cheval, et lui en selle.

Eh ! hop ! Le cheval noir prit le galop tout seul.

Ah ! dam ! fallait voir ça. Au bout d'une lieue, le

Breton vit le Français qui était en train de s'ensabler avec son cheval blanc dans une coquine de *lise* au beau milieu du cours de Couesnon.

Eh! hop! C'est tout au plus si le Breton eut le temps de dire : Dieu ait son âme!

Le cheval noir allait, allait!

Et la Fée, demi-couchée sur l'encolure, laissait flotter au vent la gaze blanche de son voile.

Tant que le cheval noir eut la grève sous les pieds, ce ne fut rien ; mais on était en marée et la mer montait.

Bientôt le flot passa entre les jambes du cheval.

Eh! hop! Le cheval se mit à courir sur la mer, effleurant à peine l'écume de la pointe de son sabot.

Les vagues dansaient. Le Breton fermait les yeux pour ne pas devenir fou.

Eh! hop! eh! hop!...

Toutes les respirations s'étaient arrêtées. On perdait le souffle à suivre cette course fantastique.

Simon Le Priol reprit haleine et essuya la sueur de son front.

Car il contait cela de grand cœur, comme il faut conter quand on veut passionner son auditoire.

On peut dire qu'autour de la cheminée chacun voyait le cheval noir courir sur la pointe des lames, et le voile de la Fée flottant à la brise nocturne.

Fanchon la ménagère plongea sa cuiller de bois dans le chaudron où cuisait la bouillie d'avoine, et emplit une pleine écuellée.

— La part de la bonne Fée! murmura-t-on à la ronde.

Ce ne fut pas long, mes petits enfants, poursuivit Simon Le Priol ; le Breton commençait un *Ave* dévotement, parce qu'il se reconnaissait en faute pour s'être mis sous une protection autre que celle de la vierge Marie, lorsqu'il sentit un grand choc.

C'était le cheval noir qui prenait pied sur le rocher du Mont.

Le Breton rouvrit les yeux. La Fée se balançait comme une vapeur aux rayons de la lune.

Elle se jeta tête première dans la mer bleue qui rendit des étincelles.

Le chevalier breton passa la nuit en prières dans la chapelle du couvent. Le lendemain, au bas de l'eau, il vit arriver le fin Normand par la route de Pontaubault. Le Normand donna ses cent sous de la monnaie de Rouen, et ses trois écus royaux, bien à contre-cœur.

Quant au Français, Satan sait de ses nouvelles.

Voilà ce que c'est, mes petits enfants ; tout est vrai comme ma mère me l'a dit. N, i, ni, j'ai fini.

Il y eut une bruyante explosion, parce que chacun avait retenu son souffle. Les observations se croisèrent. Les langues des quatre Gothon surtout, trop longtemps immobiles, avaient absolument besoin de fonctionner.

— Ah ! Jésus Dieu ! s'écria Gothon Lecerf, le pauvre Français fut bien puni tout de même !

— Pourquoi chantait-il les vêpres luronnes ! riposta Gothon Legris.

— Et le Normand ! reprit Gothon Lenoir.

— Ah dam ! conclut Gothon Ledoux, le Normand fut dindon, ça c'est vrai, et bien fait.

Et chacun de rire.

Pourquoi rit-on toujours quand un Normand se casse le cou ?

Maître Gueffès haussa encore les épaules.

— Et vous allez mettre à présent une bonne écuellée de gruau sur le pas de votre porte, n'est-ce pas, dame Fanchon ? dit-il d'un air narquois.

— Oui, maître Gueffès, répondit la ménagère, qui ajouta en s'adressant à Simonnette : Tiens, fillette, porte la part de la bonne Fée.

Simonnette prit l'écuelle fumante et la déposa sur le pas de la porte, en dehors.

— Et vous croyez que la Fée va venir lécher votre écuelle ? dit encore maître Gueffès, la mâchoire sceptique.

— Si je le crois ! s'écria Fanchon scandalisée

— Et qui ne le croirait ? demanda Simon le Priol ; nos pères et nos mères l'ont bien cru avant nous !

— Vos pères et vos mères, répliqua Gueffès, perdaient leur bouillie ; vous aussi. C'est pitié de voir jeter ainsi de bonne farine à la gloutonnerie des vagabonds ou des chiens égarés.

— Si on peut parler comme ça ! s'écrièrent les quatre Gothon tout d'une voix.

Les quatre Mathurin agitèrent en eux-mêmes la question de savoir s'il n'était pas convenable et opportun de jeter le vilain Gueffès dans la mare.

— Moi, je vous dis, reprit Gueffès, qu'il n'y a pas plus de fée dans les Grèves que dans le creux de ma main. Quelqu'un de vous l'a-t-il vue ?

Cette question fut faite d'un ton de triomphe.

On se regarda à la ronde un peu déconcerté.

— Vous voyez bien... commença maître Gueffès.

Mais il fut interrompu par le petit Jeannin qui dit d'une voix ferme et claire :

— Moi, je l'ai vue !

VI

CE QUE JULIEN AVAIT APPRIS AU MARCHÉ DE DOL

Les partisans de la bonne Fée, déconcertés par la question de maître Gueffès, ne s'attendaient pas à cet auxiliaire qui leur venait tout à coup en aide.

Le petit Jeannin était plutôt toléré qu'accueilli dans l'assemblée des notables du village de Saint-Jean, et d'habitude on ne lui accordait point la parole.

Mais l'homme qui a une idée grandit tout à coup, et depuis le moment où Simon Le Priol avait dit : « La bonne Fée donne tout ce qu'on lui demande, » Jeannin avait une idée.

Il était debout devant l'âtre, le front rouge et haut, mais les yeux baissés.

Tous les regards étonnés se fixaient sur lui.

— Ah! tu l'as vue, toi, petiot? dit Gueffès, avec son air moqueur.

— Oui, moi, je l'ai vue, répondit Jeannin.
— Il l'a vue ! il l'a vue ! répétait-on à la ronde.
— Et où l'as-tu vue? demanda Gueffès.
— Ici, devant la porte.
— Quand?
— Hier.
— A quelle heure?
— A Minuit.

Toutes ces réponses furent faites rondement et d'un ton assuré.

Maître Vincent Gueffès allongea sa mâchoire en un sourire méchant.

— Ah! ah! petiot! dit-il, et que fais-tu à minuit, si loin de ton trou, devant la porte de Simon Le Priol?

Détourner la question est le fort de la diplomatie normande.

Le petit Jeannin se campa crânement devant Gueffès et répondit :

— Là, ou ailleurs, je fais ce que je veux. Et souvenez-vous du jeu que le Breton proposa au Français, dans l'auberge des *Quatre Besans d'or* : du jeu qui se joue sans table ni tapis, maître Vincent Gueffès, avec deux gaules d'une toise. Bon pied, bon œil, main alerte, et à la grâce de Dieu !

Ma foi, Simon Le Priol ne put s'empêcher de rire, et ce ne fut pas aux dépens du petit Jeannin.

Simonette était toute rose de plaisir.

Fanchon, la ménagère, but un coup d'hypocras pour cacher sa gaieté.

Les quatre Mathurin écrasèrent, dans leur contentement, les pieds des quatre Gothon.

Maître Gueffès ne broncha pas.

— Un bâton d'une toise ne prouve pas que mensonge soit parole d'Evangile, dit-il. Que faisait la fée quand tu l'as vue ?

— Elle se baissait sur le seuil pour ramasser un gâteau de froment.

— Ça, c'est la vérité, appuya la ménagère ; j'avais mis un gâteau de froment sur la porte.

— Et comment est-elle faite, la Fée, petiot ? demanda encore maître Gueffès.

Jeannin hésita.

— Elle est belle, répliqua-t-il enfin, belle comme un ange... presque aussi belle que la fille de Simon Le Priol.

Simon et sa femme froncèrent le sourcil à la fois.

Maître Vincent Gueffès ouvrait sa large bouche pour lancer quelque trait envenimé qui pût venger sa défaite, car il était vaincu, lorsque le pas d'un cheval se fit entendre sur le chemin.

Tout le monde se leva.

— Julien ! Julien ! s'écria-t-on, Julien Le Priol ! nous allons avoir des nouvelles de la ville !

Le cheval s'arrêta en dehors de la porte qui s'ouvrit.

Julien Le Priol, fils de Simon, entra.

C'était un beau gars de vingt ans, fortement découplé : cheveux noirs, œil vif et franc, un gars qui s'était plus souvent tourné, pour respirer, du côté du bon air des grèves que du côté de l'atmosphère lourde et tiède du Marais. Il baisa sa mère et Simonnette.

— Quelles nouvelles, garçon ? demanda le père.

— Mauvaises ! répliqua Julien, en jetant sur la table les lames de faux qu'il était allé acheter chez le taillandier de Dol ; mauvaises ! Ce ne sont pas des malfaiteurs qui ont saccagé le manoir de Saint-Jean et ce n'est pas par dérision qu'on a planté au bas du perron le poteau de la justice ducale. Monsieur Hue de Maurever, notre seigneur, est accusé de haute trahison.

— De haute trahison ! répéta Le Priol stupéfait.

Les nouvelles, en ce temps-là, ne couraient point la poste. Le hameau de Saint-Jean, qui était situé en vue du Mont, à cinq ou six lieues d'Avranches, ne savait pas encore ce qui s'était passé, à quinze jours de là, dans la basilique du monastère.

Une nuit de la semaine qui venait de s'écouler, le manoir de Saint-Jean avait été saccagé de fond en comble par des mains invisibles. Les villageois effrayés avaient entendu des chants et des cris. Le lendemain, il n'y avait plus un seul serviteur au manoir désolé.

Et, devant la grand'porte, un écriteau aux armes de Bretagne portait ces mots que Vincent Gueffès avait déchiffrés : *Justice ducale.*

Du reste, les maîtres étaient absents depuis du temps, et, quand les pillards étaient venus, ils n'avaient trouvé que des valets au manoir.

Le lendemain, à travers les fenêtres désemparées, les gens du village avaient jeté leurs regards à l'intérieur du château. Il n'y avait plus que les murailles nues.

Julien était assis entre son père et sa mère. Tout le monde l'interrogeait des yeux. Il y avait sur son visage une émotion grave et triste.

— Quand monsieur Hue de Maurever, commença-t-il

avec lenteur, me conduisit au château du Guildo, apanage de monsieur Gilles de Bretagne, je vis de belles fêtes, mon père et ma mère ! Il était jeune, monsieur Gilles de Bretagne et fier, et brillant.

Maintenant, il est couché dans un cercueil de plomb, sous les dalles de quelque chapelle. Et tout le monde sait bien qu'il est mort empoisonné !

— Mon fils Julien, dit Simon Le Priol, nous avons prié Dieu pour le salut de son âme. Que peuvent faire de plus des chrétiens ?

— Nous autres ! repliqua le jeune homme en jetant un regard sur son habit de paysan, rien... mais monsieur Hue de Maurever est un chevalier !

Voilà ce qu'ils disent, mon père et ma mère, sur le marché de Dol :

Notre seigneur François était jaloux de monsieur Gilles, son frère. Il le fit enlever nuitamment du manoir du Guildo par Jean, sire de la Haise, qui n'est pas un Breton, et Olivier de Méel qui est un lâche ! Jean de la Haise enferma monsieur Gilles dans la tour de Dinan. Et comme le pauvre jeune seigneur, prisonnier, faisait des signaux au travers de la Rance, Robert Roussel — un damné ! — l'emmena jusqu'à Châteaubriant où les cachots sont sous la terre.

Les cachots de Châteaubriant ne parurent point pourtant assez profonds. Jean de la Haise et Robert Roussel mirent leurs hommes d'armes à cheval par une nuit d'hiver, et conduisirent monsieur Gilles à Moncontour.

A Moncontour, il y a des hommes. On plaignait monsieur Gilles. Jean de la Haise et Robert Roussel fermèrent sur lui les portes de la forteresse de Touffon.

Et comme Touffon est trop près d'un village, on chercha encore. On trouva, au milieu d'une forêt déserte, le château de la Hardouinays, où monsieur Gilles a rendu son âme à Dieu...

Mon père et ma mère, je ne suis qu'un vilain, mais mon cœur se soulève à la pensée de ce qu'a dû souffrir le fils de Bretagne avant de mourir. Jean de la Haise et Robert Roussel se fatiguaient de garder le captif. Ils voulurent d'abord le tuer par la faim...

— Oh! interrompit Fanchon, la métayère, qui ne put retenir un cri d'horreur.

Le même cri s'échappa de toutes les poitrines oppressées.

Maître Gueffès tout seul garda un silence glacé.

— Gilles de Bretagne, reprit Julien, était dans un cachot dont le soupirail donnait dans des broussailles, au ras du sol. On fut deux jours sans lui porter à manger, puis trois jours, puis toute une semaine. Au bout de ce temps, Jean de la Haise et Robert Roussel descendirent au cachot pour fournir la sépulture chrétienne au cadavre.

Mais il n'y avait pas de cadavre. Gilles de Bretagne vivait encore. Un ange avait veillé sur les jours de la pauvre victime.

Un ange! Et vous l'avez vu, ce bel ange aux blonds cheveux et au doux sourire, cet ange qui porta si longtemps dans notre pays la consolation charitable...

— Mademoiselle Reine! murmura Simonnette, dont les beaux yeux noirs se mouillèrent.

— Oh ! la chère demoiselle ! que Dieu la bénisse ! s'écria-t-on tout d'une voix.

La vilaine voix de maître Gueffès manquait seule à ce concert.

— Reine de Maurever ! répéta Julien d'un accent enthousiaste ; oui, c'était elle, c'était Reine de Maurever ! Chaque soir elle venait, bravant le carreau des arbalètes ou la balle des arquebuses, elle venait apporter du pain au captif. Mais quand les deux bourreaux geôliers virent que la faim ne tuait pas monsieur Gilles assez vite, ils achetèrent trois paquets de poison au Milanais Marco Bastardi, l'âme damnée du sire de Montauban.

Olivier de Méel lui-même recula devant la pensée de ce crime, et s'enfuit alors du château de la Hardouinays. Robert Roussel et Jean de la Haise restèrent. Ces deux-là sont maudits ; l'enfer les soutient.

Un soir, Reine de Maurever vint, comme de coutume, déguisée en paysanne. Elle frappa aux barreaux. Nul ne répondit. Monsieur Gilles était couché tout de son long sur la paille humide.

Reine devina. Elle courut chercher son père qui se cachait dans les environs, et un prêtre.

Monsieur Gilles put se lever sur son séant et se confessa à travers le soupirail.

Quand il eut fini de se confesser, le prêtre lui demanda :

— Gilles de Bretagne, pardonnez-vous à vos ennemis ?[1]

— Je pardonne à tous excepté à François de Bretagne, mon frère, répondit le mourant, qui trouva un dernier éclair de vie ; Abel n'a point pardonné à Caïn. Pour le

[1] *Histoire de Bretagne.*

fratricide, point de pardon, car le pardon serait une impiété !

Je ne sais pas s'il se trompait en disant cela. Il se leva sur ses jambes chancelantes et vint jusqu'au soupirail dont il saisit les barreaux.

— Prêtre, dit-il, tes pareils sont sans peur, parce qu'ils sont sans reproche. Va vers le duc François, mon frère, mon seigneur et mon assassin. Dis-lui que Gilles de Bretagne meurt en le citant au tribunal de Dieu. Le feras-tu ?

— Le prêtre hésitait.

— Moi, je le ferai, prononça Hue de Maurever parmi ses sanglots.

Car il aimait monsieur Gilles comme son fils.

Celui-ci tendit sa main à travers les barreaux. Hue de Maurever la baisa en pleurant.

Puis monsieur Gilles murmura : Merci et tomba à la renverse.

Les uns disent que Jean de la Haise et Robert Roussel, lorsqu'ils vinrent le soir, ne trouvèrent plus qu'un cadavre. Les autres affirment que Gilles de Bretagne n'était pas encore défunt, et que les deux infâmes l'achevèrent en l'étranglant de leurs mains.

Julien Le Priol fit une pause. Personne ne prit la parole. Chacun était frappé de stupeur.

Julien raconta ensuite comme quoi Monsieur Hue de Maurever, accomplissant la promesse faite au mourant, était venu, déguisé en moine, dans la basilique de Saint-Michel, et avait arrêté le duc François au moment où il allait jeter l'eau sainte sur le cénotaphe.

Comme quoi Monsieur Hue avait disparu. Comme quoi

le jeune homme d'armes Aubry de Kergariou avait jeté son épée aux pieds du duc et refusé de poursuivre Maurever.

— Maintenant, reprit Julien, Monsieur Hue se cache on ne sait où. Le duc a mis sa tête au prix de cinquante écus nantais. Mademoiselle Reine a disparu, et Aubry de Kergariou est dans les cachots souterrains du Mont. Voilà ce qui se dit sur le marché de Dol, mon père et ma mère.

A ces mots ; *Cinquante écus nantais*, deux personnes avaient dressé l'oreille.

C'était d'abord le petit Jeannin, dont les grands yeux brillèrent à ces paroles magiques.

Ce fut ensuite maître Vincent Gueffès, lequel gratta sa longue oreille, et se prit à réfléchir profondément.

— Et l'on ne sait pas où notre demoiselle Reine s'est réfugiée? demanda Simon.

Julien secoua la tête.

— On dit qu'elle a été d'abord au domaine du Roz, puis au domaine de l'Aumône. Les vassaux ont eu peur et l'ont chassée.

— Chassée ! notre demoiselle !

— On dit qu'elle a eu peur d'être chassée aussi du domaine de Saint-Jean, car les hérauts de la cour vont partout dans les campagnes, sonnant de la trompe le jour et la nuit, et promettant male mort à qui abritera le sang de Maurever !

— Mais où est-elle ? où est-elle ?

Julien fut bien une minute avant de répondre.

— J'ai rencontré, dit-il enfin avec effort, le vieux

vicaire du Roz sous le porche de l'église. Il pleurait...

— Il pleurait !

— Et il m'a dit : « Julien n'oublie pas la fille de ton maître quand tu réciteras le *De Profundis* du soir. »

Les yeux de Simonnette s'inondèrent de larmes.

La grosse métayère Fanchon essaya de se soulever et retomba suffoquée.

— Morte ! morte ! répéta Julien le Priol.

Puis il ajouta en se signant :

— Et je crois que j'ai déjà vu son *esprit !*

Une frayeur vague remplaça l'expression douloureuse qui était sur tous les visages.

— Tout à l'heure, en passant sous le manoir, poursuivit Julien, je regardais les fenêtres qui n'ont plus de vitraux. Les murailles étaient éclairées par la lumière de la lune, et chaque croisée faisait comme un trou noir. Dans l'un de ces trous noirs, j'ai vu saillir une blanche figure... et j'ai dit ma première oraison pour que Dieu ait l'âme de notre demoiselle.

Le silence se fit. La cruche au cidre et l'écuelle chômaient sur la table. A la crémaillère, la bouillie d'avoine brûlait sans que personne s'en aperçût.

De grosses larmes roulaient sur les joues de Simonnette.

Il n'y avait plus de trace de cette bonne joie de la Saint-Jean qui emplissait la ferme naguère.

Dans ce silence où l'on n'entendait que le bruit des respirations oppressées, un bruit éclata tout à coup.

C'était le son d'une trompe disant les trois mots de l'appel ducal.

— Ecoutez ! s'écria Julien, qui se leva tout pâle.

— Qu'est-ce que cela ? demanda le vieux Simon.

— C'est le héraut de Monseigneur François qui vient crier le prix de la tête de Maurever.

— A cette heure de nuit ?

— La vengeance ne dort pas, mon père, et François de Bretagne a déjà vieilli de dix ans depuis dix jours. Il faut bien qu'il se dépêche, s'il veut tuer encore un homme avant de mourir !

VII

A LA GUERRE COMME A LA GUERRE

Les gens de la veillée pensaient :

— L'*esprit* de la pauvre demoiselle Reine revient chez nous parce qu'on l'a chassée de ses autres manoirs.

C'étaient de bonnes âmes, depuis les quatre Gothon jusqu'au petit coquetier, en passant par les quatre Mathurin.

Ce que nous ne saurions point dire, c'est la pensée de maître Vincent Gueffès, le Normand, dont le front se plissait sous les mèches rudes et bas plantées de ses cheveux.

Devant la chapelle, dans le cimetière servant de place publique au pauvre village de Saint-Jean, il y avait un grand fracas de fer et de chevaux. Des torches allumées secouaient leurs crinières de feu. Les trompes sonnaient, appelant les fidèles sujets de Monseigneur le duc François.

Il pouvait être onze heures de nuit.

Les cabanes et les fermes se vidèrent. Pas un ne resta dans son lit ni au coin du foyer.

Les hôtes de Simon le Priol et Simon le Priol lui-même, avec sa femme, son fils et sa fille, se rendirent sur la place, car il y avait amende contre ceux qui faisaient la sourde oreille aux mandements de la cour.

En tout, hommes, femmes, enfants, le village de Saint-Jean comptait soixante ou quatre-vingts habitants qui se rangèrent en cercle autour des torches plantées en terre.

C'était un chevalier avec six lances et une douzaine de soudards qui escortaient le héraut du prince breton.

Le chevalier avait une armure toute neuve qui reluisait au rouge éclat des torches. Sa visière était baissée.

Les trompes sonnèrent un dernier appel, et le héraut leva son guidon d'hermine.

Le silence n'était guère troublé que par les chiens du village, qui hurlaient à qui mieux mieux, n'ayant jamais vu pareille fête.

« — Or, écoutez, gens de Bretagne, dit le héraut.

« De par notre seigneur, haut et puissant prince François, premier du nom, monsieur le sénéchal fait savoir à tous sujets du duché de Bretagne, grands vassaux, vavasseurs, hommes-liges, bourgeois et vilains, que monsieur Hue de Maurever, chevalier, seigneur du Roz, de l'Aumône et de Saint-Jean-des-Grèves, s'est rendu coupable du crime de haute trahison.

« Par quoi la volonté de mondit seigneur François

4

est que : ledit Hue de Maurever avoir la tête tranchée de la main du bourreau, et voir ses biens et domaines confisqués pour le profit de la sentence.

« A quiconque livrera ledit traître Hue de Maurever à la justice ducale, cinquante écus d'or être comptés sur les finances de mondit seigneur.

« Ladite sentence pour que nul n'en ignore, criée à son de trompe dans toutes les villes, bourgs, villages, hameaux et lieux de l'évêché de Dol, et le double être cloué sur la porte de l'église. »

Le héraut déplia un petit carré de parchemin qu'un soudard alla clouer à la porte de la chapelle.

Toute cette mise en scène frappait de terreur les pauvres habitants du village de Saint-Jean.

Quand les soudards reprirent les torches plantées en terre, et que l'escorte s'ébranla, chacun voulut s'en retourner au plus vite.

Mais on n'était pas au bout. C'était seulement la parade solennelle qui venait de finir.

Le chevalier, qui semblait assez fier de son armure toute neuve, et qui s'était tenu raide sur son grand cheval pendant la proclamation, prit la parole à son tour.

— Holà ! mes garçons, dit-il aux soudards, faites-vous des amis parmi ces bonnes gens qui s'éparpillent là comme une volée de canards. Ils vont vous donner l'hospitalité cette nuit.

Aussitôt chaque soudard courut après un paysan. Les hommes d'armes restèrent avec le héraut et leur chef.

Celui-ci tenait déjà le petit Jeannin par une oreille.

— Petit gars, lui demanda-t-il, sais-tu la route du manoir de Saint-Jean ?

Jeannin avait grand'peur, quoique la voix du chevalier fût pleine de rondeur et de bonhomie.

Il répondit pourtant :

— Le manoir est près d'ici.

— Eh bien ! petit gars, prends une torche et mène-nous au manoir.

Jeannin prit une torche.

— Holà ! Conan ! Merry ! Kervoz ! cria le chevalier en s'adressant à quelques archers, au nombre de six, restés dans le cimetière, vous nous apporterez au manoir du pain, des poules et du vin, petiot, marche devant.

Jeannin leva la torche et obéit.

Le chevalier, suivi des six hommes et du héraut, chevauchait derrière lui.

La lumière de la torche éclairait vivement la taille gracieuse de Jeannin, et mettait des reflets parmi les boucles de ses longs cheveux blonds.

— Voilà un gentil garçonnet ! dit le chevalier. Petiot, tu n'as pas envie de monter à cheval et de faire la guerre ?

— Non, Monseigneur, répliqua Jeannin en tremblant.

— Pourquoi cela ?

— Tout le monde dit que je suis poltron comme les poules, Monseigneur.

Le chevalier éclata de rire.

— A la bonne heure ? s'écria-t-il, voilà une raison. Et tu n'as pas envie non plus de gagner les cinquante écus nantais ?

— Ah ! Monseigneur ! interrompit Jeannin, oubliant tout à coup ses craintes, si on était sûr de gagner cinquante écus nantais en faisant la guerre, je tuerais un Anglais par écu et un Français par-dessus le marché !

— Diable ! diable ! fit le chevalier, qui riait toujours ; tu aimes donc bien les écus nantais, petiot ?

Dans l'idée de Jeannin, les cinquante écus nantais, c'était la main de la jolie Simonnette. Aussi répondit-il sans balancer :

— Cinquante fois plus que ma vie, Monseigneur !

Le chevalier se tenait les côtes, et sa suite riait aussi de bon cœur.

— Oh ! le drôle de garçonnet ! s'écria-t-il ; petiot ! si tu n'es pas poltron comme tu le dis, tu es du moins avare et l'avarice ne vient guère à ton âge.

Jeannin se retourna et montra son joli visage souriant.

— Je ne suis pas avare, Monseigneur, dit-il.

Le chevalier était un bon diable, paraîtrait-il, car il s'amusait franchement à cette naïve aventure.

En continuant de causer avec Jeannin, il lui montra qu'il savait fort bien pourquoi le jeune homme désirait les cinquante écus nantais.

— Oh ! fit Jeannin étonné, vous avez donc écouté à la porte du père Le Priol, vous ?

— Non, mon fils, répliqua le chevalier, mais je sais cela et bien d'autres choses encore. Est-ce que nous sommes arrivés ?

Le chemin tournait en cet endroit et démasquait le manoir de Saint-Jean, dont les murailles blanchissaient aux rayons de la pleine lune.

Au moment où l'escorte dépassait la grande haie qui bordait le chemin, un vague mouvement se fit à l'une des fenêtres du manoir. On eût dit qu'une ombre rentrait dans la nuit.

— Ecoute ! dit le chevalier au petit Jeannin, en prenant un ton plus sérieux, tu es bien pauvre mon mignonnet, mais le duc François est bien riche. Moi, qui sais tout, je sais que le traître Hue de Maurever est caché dans le pays. Conduis-nous à sa retraite, et, foi de chevalier, je te jure que tu épouseras la fille de Simon Le Priol !

Jeannin demeura un instant comme étourdi.

Puis il se signa et recula de trois pas.

Puis encore, sans répondre, il jeta sa torche dans le fossé et prit sa course à travers champs.

— Il a jeté sa torche comme mon cousin Aubry jeta son épée ! grommela le chevalier sous sa visière.

Il resta un instant pensif, puis reprit tout haut et gaiement :

— Allons ! mes compagnons, nous aurons bon gîte et bon souper cette nuit... au manoir !

Ils gravirent le petit mamelon et n'eurent pas besoin de frapper à la porte pour entrer dans la maison de Hue de Maurever, car il n'y avait plus de porte.

Le chevalier regarda d'un air de mauvaise humeur les premiers signes de dévastation qui se montraient au dehors.

— Sarpebleu ! grommela-t-il en descendant de cheval, je ne veux pas qu'ils me gâtent comme cela mes domaines !

On entra. Le vestibule était plein de flacons vides et d'assiettes brisées.

La porte de la grande salle avait servi à faire du feu.

— Sarpebleu ! sarpebleu ! répéta le chevalier.

Les meubles de la grande salle étaient en miettes : sarpebleu ! Dans la salle à manger, le vaisselier était vide : sarpebleu ! sarpebleu ! Et ce fut à grand'peine que, dans tout le reste du manoir, on trouva un fauteuil boiteux pour asseoir le pauvre chevalier.

— Sarpebleu ! sarpebleu ! sarpebleu !

Il n'était pas content, ce chevalier ! Du tout, mais du tout !

— Les meubles de monsieur Hue de Maurever n'étaient pas coupables ! se disait-il avec mélancolie, et sa vaisselle n'avait jamais fait de mal à notre seigneur le duc François. Voilà des coquins qui me ruineront en frais d'achats et réparations !

Il s'assit et ôta son casque.

Ce casque seul nous a empêchés jusqu'ici de reconnaître notre bon camarade Méloir, ancien porte-bannière ducal.

Il n'avait pas encore accompli la promesse qu'il avait faite de trouver le sire de Maurever, mais il s'y était employé de si grand cœur, que François l'avait récompensé d'avance en lui chaussant les éperons.

Et comme il faut laisser un aiguillon au dévouement même le plus ardent, François lui avait promis, en cas de réussite, les domaines confisqués du Roz, de l'Aumône et de Saint-Jean-des-Grèves.

De sorte que notre exellent compagnon Méloir avait, dès ce moment, toutes les sollicitudes du propriétaire.

C'était son bien que les soldats de François avaient dévasté.

Maurever lui-même n'aurait pas jeté un regard plus triste sur sa maison saccagée.

Heureusement, Méloir n'était pas homme à rester longtemps de mauvaise humeur.

Il lança un dernier sarpebleu, moitié comique, et déboucla son ceinturon.

— Trouvez des siéges, mes enfants, dit-il en se carrant dans l'unique fauteuil, ou asseyez-vous par terre, à votre choix. Je suis désespéré de ne pouvoir vous offrir une hospitalité meilleure. Mais voyons ! on peut amender cela ; Keravel, toi qui es un vieux soudard, va voir à la cave s'il reste en quelque coin des bouteilles oubliées ; Rochemesnil, descends à l'écurie et apporte ta charge de bottes de foin pour faire des siéges ; Péan, tâche de trouver quelques volets, nous en ferons une table ; et toi, Fontébraut, cherche une brassée de bois pour combattre le vent des grèves qui vient par les fenêtres défoncées.

Les quatre hommes d'armes sortirent et revinrent bientôt les mains pleines. En même temps, Merry, Conan, Kervoz et d'autres archers arrivèrent, apportant une paire d'oies, des poules et des canards avec d'énormes pichés de cidre.

La situation s'améliorait à vue d'œil.

Keravel avait trouvé dans un trou de la cave une douzaine de vieux flacons qui semblaient dater du déluge. Les bottes de foin faisaient d'excellents siéges. Les volets appareillés, donnaient une table vaste et fort commode. Il n'y avait pas de nappe, mais à la guerre comme à la guerre !

Un grand feu s'alluma dans la cheminée au-dessus de laquelle l'écusson de Maurever, martelé par les soudards, montrait encore ses émaux : *d'or à la fasce d'azur.*

A mesure que le bois vert pétillait joyeusement dans l'âtre, la gaieté s'allumait dans tous les regards.

Hommes d'armes et archers se mirent à plumer la belle paire d'oies, les canards et les poules. Le héraut prêta sa longue et mince épée de parade pour faire une broche, tandis que le sieur de Keravel, lance de Clisson, et Artus de Fontébrault, hommes d'armes de Rohan, deux beaux soldats, ma foi ! battaient des omelettes dans leurs casques.

Méloir regrettait que sa nouvelle et haute dignité ne lui permît point de partager ces appétissants labeurs. Il avait quelque teinture de la cuisine. Il donna de bons conseils.

Et, pour faire quelque chose, il vida deux flacons de vin du midi qui achevèrent la déroute de sa mélancolie.

Au diable les soucis ! l'immense rôti tournait devant le brasier par les soins de Conan et de Kervoz. La table était dressée. Et après tout, le vent qui venait par la croisée n'était que la bonne brise du mois de juin.

On devisait ;

— Ah ça ! disait Keravel, savez-vous le nom de cette maladie-là, vous autres ? Depuis que le duc François, notre cher seigneur, est rentré en Bretagne, il enfle, il enfle...

— Je l'ai vu, voilà trois jours passés, en la ville de Rennes, répliqua Fontébrault, au palais ducal de la Tour-le-bât. S'il n'avait pas eu sa couronne tréflée, je ne l'aurais pas reconnu.

— Couronne tréflée ! s'écria le héraut qui avait nom Jean de Corson ; où vîtes-vous cela, Messire ? croix tréflée je ne dis pas, mais il n'entra jamais de trèfle en une couronne, si ce n'est en celles de David et d'Assuérus. La couronne, Messire, est le signe ou l'enseigne des dignités de nos seigneurs : Fermée et croisée pour souverains, coiffant le casque de face, la grille haute ; aux barons le simple diadème ; aux comtes les perles sans nombre, aux ducs les feuilles d'ache, d'acanthe ou de persil...

— Donc, sa couronne persillée, messire de Corson, rectifia gravement Artus de Fontébrault.

— Sans compter, dit Méloir, qu'un bouquet de persil ne serait pas de trop dans la sauce de ces oies. Mais voyez donc quelles nobles bêtes !

Elles étaient déjà dorées, et leur parfum violent dilatait toutes les narines.

— La maladie de notre seigneur François, reprit Méloir, a un nom de deux aunes, qui commence comme le mot hydromel, et qui finit en grec à la manière de tout les noms païens inventés par les fainéants qui savent lire. Nous sommes de fidèles sujets, n'est-ce pas ? Eh bien ! prions saint François de guérir le seigneur duc et soupons à sa santé comme des Bretons !

La proposition était trop loyale pour n'être point accueillie avec faveur.

Les deux oies, les canards, les poules et peut-être un paon que nous avions oublié dans le dénombrement des volailles assassinées, furent placés fumants sur la table, et tout le monde fit son devoir.

VIII

L'APPARITION

C'était merveille de voir le vaillant appétit de ces honnêtes soldats. Ils mangeaient, ils buvaient sans relâche, imitant l'exemple de leur vénéré chef, le chevalier Méloir, qui révéla en cette occasion des capacités de goinfrerie au-dessus de tout éloge.

Ce peuple de volatiles, dont les plumes formaient un véritable monceau au milieu de la chambre, fut englouti à l'exception d'une demi-douzaine de poulets.

Il suffit d'un grain de sable pour borner les fureurs de l'Océan.

Quelques poulets du bourg de Saint-Jean firent reculer l'appétit fougueux de nos gens de Bretagne qui dirent pour s'excuser :

— Il faudra bien déjeuner demain.

Car il y a de grands estomacs qui déjeunent, même après ces soupers épiques !

Le feu couvait sous la cendre, au fond de la cheminée.

La nuit avançait.

Méloir dit :

— Mes compagnons, bon sommeil je vous souhaite !

Et il se mit à ronfler dans son fauteuil, une main sur son épée, l'autre sur son escarcelle.

Chacun fit comme lui.

Dans la salle que remplissaient tout à l'heure les chants gaillards et les mille fracas de l'orgie, on n'entendit plus que le bruit rauque et sourd des respirations embarrassées.

Tous étaient couchés pêle-mêle, hommes d'armes et archers. Les pieds de l'un s'appuyaient contre la tête de l'autre. Corson, le savant héraut, dormait étendu sur le dos, les jambes écartées symétriquement. S'il était possible à un docte homme de se regarder dormir et que Corson se fût donné ce passe-temps, il n'eût point manqué de dire qu'il ressemblait ainsi à un *pairle*[1].

Mais Corson, tout fatigant qu'il était, ne pouvait pas se regarder dormir. D'ailleurs, il rêvait qu'il nageait dans une mer de *sinople*, fréquentée par des sirènes de *carnation*. Et cela le divertissait, cet ennuyeux jeune homme.

Les autres rêvaient ou ne rêvaient point.

Les torches, accrochées au manteau de la cheminée, s'étaient éteintes. Deux résines à demi consumées luttaient seules contre la lune, qui lançait obliquement dans la chambre ses rayons cristallins et limpides.

[1] Figure héraldique qui a la forme de l'Y grec.

Alors une jeune fille apparut sur le seuil.

Aux lueurs indécises des deux résines, les contours de son visage fuyaient. Quelque chose de vague et de surnaturel était autour d'elle.

Il n'y avait pas de poëtes parmi ces hommes de fer qui dormaient, vautrés sur le sol. A voir cette apparition pleine de grâces, un poëte eût pensé tout de suite à l'ange qui est l'âme des ruines, à la fée qui est le souffle des grèves...

Ange ou fée, elle tremblait.

Pendant une minute, elle regarda cet étrange dortoir de l'orgie.

Puis un éclair s'alluma dans ses grands yeux d'un bleu obscur.

Elle fit un pas en avant. Elle entra dans la lumière de la lune qui jeta des reflets azurés dans l'or ruisselant de ses cheveux.

Vous l'eussiez alors reconnue.

Pauvre Reine ! que de larmes dans ses beaux yeux depuis le jour où nous l'avons entrevue derrière les plis de son voile de deuil !

Ce jour avait commencé sa misère. Depuis ce jour-là, son vieux père luttait contre le ressentiment d'un prince outragé ; lutte terrible et inégale ! Depuis ce jour, le pauvre Aubry était captif dans les cachots souterrains du Mont-Saint-Michel.

Et son père n'avait qu'elle au monde pour le secourir et le protéger !

Et Aubry ! Oh ! que pouvaient les mains blanches de Reine contre l'acier des barreaux ou le massif granit des murailles ?

Elle avait pleuré, mon Dieu !

Mais il y avait une audace latente sous les grâces de cette frêle enveloppe.

Et toute hardiesse a sa gaieté, parce que la gaieté, qui est un mode de l'enthousiasme, se dégage de tout effort moral, comme la chaleur de tout effort physique.

Les pleurs de Reine se séchaient souvent dans un sourire.

Elle était si jeune ! et Dieu lui faisait de si surprenantes aventures !

Cette nuit, par exemple, au milieu de ces soudards qui ronflaient, elle avait peur, c'est vrai ; mais un malicieux sourire vint à sa lèvre quand elle reconnut, trônant sur le fauteuil d'honneur, Méloir, le chevalier de nouvelle fabrique.

Naguère, dans les fêtes d'Avranches, cet homme lui avait demandé la permission de porter ses couleurs. Plus tard, il s'était offert de lui-même, sur le noble refus d'Aubry, à poursuivre Hue de Maurever. C'était maintenant un chevalier. Et pourtant Reine souriait, parce qu'il est des hommes qu'on ne peut haïr sérieusement.

La salle était grande. Reine voulait parvenir jusqu'à la table. Elle avait un panier au bras, et son regard convoitait naïvement les débris du souper.

Elle avançait avec lenteur parmi ces obstacles humains. Il lui fallait à chaque instant éviter une tête, enjamber un bras, sauter par-dessus une poitrine bardée de fer.

Parfois, lorsque l'un des dormeurs faisait un mouvement, Reine s'arrêtait effrayée. Mais elle reprenait bientôt sa tâche, et à mesure qu'elle approchait de la table, le sourire se faisait plus espiègle autour de sa lèvre.

Enfin, elle atteignit la table en passant sur le corps mal bâti du sieur de Corson, qui ruminait chevrons, bandes, barres, pals, sautoirs, burelles, lions rampants ou issants, macles, besans, quintefeuilles et merlettes : toutes les figures du blason.

Elle mit dans son panier deux poulets, un gros morceau de pain et un flacon de vin vieux qui restait intact par fortune.

Puis elle se redressa, toute heureuse de sa victoire, en secouant ses blonds cheveux d'un air mutin.

Comme elle s'apprêtait à traverser de nouveau la salle, cette fois, pour s'enfuir avec les trophées de son triomphe, elle laissa tomber un regard sur le bon chevalier.

Le chevalier Méloir avait toujours la main sur son escarcelle rebondie.

Les sourcils délicats de Reine se froncèrent et son œil brilla d'un éclair hautain.

— L'or qui doit payer la tête de mon père ! murmura-t-elle.

Il faut croire que, dans ce temps-là, les châtelaines portaient déjà des ciseaux, car on eût pu voir dans la main de Reine un reflet d'acier qui passa entre les doigts de Méloir. Le cordon qui retenait l'escarcelle fut tranché en un clin d'œil.

Mais l'escarcelle ne tomba point. La main de Méloir était toujours dessus.

Ces soldats sont vigilants, même dans le sommeil.

Quand Méloir imposait à son repos la condition de

...rder un objet, Méloir s'éveillait, comme il s'était en...
...rmi, la main sur l'objet gardé, que ce fût une bourse
...une épée.

Reine tira l'escarcelle bien doucement, puis plus fort.
...possible de faire lâcher prise à Méloir. Reine essaya
...uvrir l'escarcelle entre ses doigts. Impossible encore !
Pourtant elle la voulait !

Non pas peut-être pour se procurer un peu de cet
...gent si nécessaire au proscrit qui se cache ; non pas
...urément pour s'indemniser des ravages commis sur
...domaines de Maurever : Reine n'avait pas un écu
...illant, mais elle savait où prendre le pain qui soute-
...it l'existence du vieillard.

Non, pour rien de tout ce qui eût pu déterminer un
...mme à s'emparer du trésor, disons plus ; non, pas
...me dans le but de s'en servir.

Mais bien parce que cette escarcelle contenait, à son
...s, l'odieuse récompense qui devait payer la trahison :
...cinquante écus nantais promis à quiconque livrerait
...nsieur Hue.

Elle voulait, — et c'était bien quelque chose que la
...lonté de cette blonde enfant, si mignonne et si
...le !

Cette blonde enfant, si frêle et si mignonne, avait
...vé naguères pendant dix nuits les balles et les traits
...rbalètes pour aller porter du pain à Gilles de Breta-
...e prisonnier. Et Dieu sait que les archers de Jean de
...Haise avaient ordre de viser juste autour de la grille
...cachot.

Cette blonde enfant, depuis dix autres jours, traver-
...chaque nuit les grèves, où tant d'hommes forts ont

laissé leurs os, pour porter encore du pain, — du pain à son père, cette fois.

Quand elle voulait, il fallait.

Méloir grondait dans son sommeil. Il sentait confusément l'effort de la jeune fille. Sa main se raidissait sur l'escarcelle, bien qu'il ne fût point réveillé encore.

L'impatience prenait Reine, dont le petit pied frappa le sol avec colère.

Puis, comme si ce n'était pas assez d'imprudence, la téméraire enfant, par un dernier mouvement brusque et vigoureux, arracha l'escarcelle.

— Alarme ! cria Méloir qui s'éveilla en sursaut.

En une seconde, toute l'escorte fut sur pied.

Mais une seconde ! c'était dix fois plus qu'il n'en fallait à Reine de Maurever pour opérer sa retraite.

Leste comme un oiseau, elle bondit parmi les dormeurs qui s'agitaient ; elle sauta d'un seul élan sur l'appui de la fenêtre ouverte, et les soldats se frottaient encore les yeux qu'elle avait déjà franchi le seuil de la cour.

En passant près de la table, elle avait soufflé les deux résines.

La lune était sous un nuage.

Ce fut, dans la salle, une scène de désordre inexprimable. Au milieu de l'obscurité complète, on se démenait, on se choquait. Les jambes engourdies des dormeurs s'embarrassaient dans le foin qui leur servait de lit, et plus d'un tomba lourdement, mêlant aux cris confus un son retentissant de ferraille.

On eût dit qu'une lutte acharnée avait lieu.

— Allumez les résines ! commanda Méloir.

Et chacun de répéter :
— Allumez les résines !

Mais quand tout le monde commande, personne n'obéit.

On continua de s'agiter à vide. Le sieur de Corson s'était remis *en pal*, comme il disait quand il était de très-joyeuse humeur. *En pal*, pour lui, signifiait debout.

Oh ! les sinistres joies de la science !

Quand un docte homme plaisante, fuyez ! Il n'y a qu'une plaisanterie de mathématicien, qui puisse être plus funeste qu'une plaisanterie d'archiviste-paléographe !

Les autres cherchaient leurs armes, juraient, se bourraient, trébuchaient contre les flacons vides et donnaient leurs âmes au diable, qui ne s'en souciait point.

Le chevalier Méloir était comme ébahi.

Il fallut que la lune sortît de son nuage pour mettre fin à la mêlée. Un rayon argenté inonda un instant la salle, pour s'éteindre bientôt après. Mais on avait eu le temps de se reconnaître. Conan et Kervoz battaient déjà le briquet.

— Avez-vous vu ?... commença Méloir.

— Un fantôme ? interrompit Kéravel.

— Quelque chose, continua Fontébrault, qui a glissé dans la nuit comme un brouillard léger.

— Une vision...

— Un esprit...

— Quelque chose, s'écria Méloir, qui a coupé les cordons de ma bourse !

— En vérité ! fit-on de toutes parts.

— Quelque chose, ajouta Kéravel, en soulevant une des résines allumées, qui a emporté deux de nos poules et notre dernier flacon.

— C'est pourtant vrai ! répéta-t-on à la ronde.

— Sarpebleu ! gronda Méloir, au diable les poules ; mon escarcelle contenait la rançon d'un chevalier ! On peut monter à cheval et le chercher. Ce quelque chose là, mes compagnons, il me le faut !

Les hommes d'armes s'entre-regardèrent.

— Chercher, murmurèrent-ils, c'est possible, mais trouver...

— Il faut trouver, mes compagnons ! dit Méloir.

— Si c'est un voleur, répliqua Kéravel, il est adroit, messire, et il a de l'avance. Si c'est un esprit...

— Quand ce serait Satan, sarpebleu !

On chuchota.

Méloir poursuivait :

— Sellez les chevaux, Conan et les autres. Notre nuit est finie. Vous, mes compères, écoutez, s'il vous plaît, je vais vous donner le signalement du prétendu fantôme.

— Vous l'avez donc bien vu, messire ?

— Pas trop, mais juste assez pour le reconnaître. De sa taille, je ne saurais rien dire, sinon qu'il est plus leste que les lévriers de Rieux. Sa figure, je ne l'ai pas aperçue, puisqu'il me tournait le dos en fuyant. Mais ses cheveux blonds, bouclés et flottants...

— C'est une femme ?

— Peut-être. Vous souvenez-vous du garçonnet qui nous a conduits jusqu'ici, messieurs ?

— Oh! oh! s'écria-t-on, c'est vrai! il a des cheveux blonds.

— Et vous souvenez-vous comme il avait envie des cinquante écus nantais?

— Oui! oui!

— Voilà la piste, mes compagnons. A vous de la suivre!

Un bruit soudain se fit au dehors.

— Sus! sus! criaient Conan, Merry, Kervez et les autres archers.

Et ils donnaient chasse dans la cour à un être qui fuyait avec une merveilleuse rapidité.

— Sus! sus!

— Mon bon Seigneur, disait le pauvre diable perdant déjà le souffle, ayez pitié de moi. Je venais pour parler à votre maître, le noble chevalier Méloir.

— Au milieu de la nuit? Attention, Conan! Barre-lui la route, Merry! Nous allons l'acoller contre le mur!..

Les hommes d'armes et Méloir s'étaient mis aux fenêtres.

— Oh! mes bons seigneurs! oh! criait le fugitif à bout de forces.

— Messire, dit Fontébrault, je crois que cet honnête gaillard va nous donner des nouvelles de votre bourse.

— Ne lui faites pas de mal, ordonna Méloir aux archers.

Le fuyard s'arrêta au son de cette voix.

— Merci, mon cher seigneur, dit-il, que Dieu vous récompense!

— Amenez-le! commanda Méloir.

L'instant d'après, les archers poussaient dans la salle

un individu qui ne ressemblait vraiment point au signalement donné par Méloir.

Ce signalement, tout imparfait qu'il était, parlait du moins d'une taille souple et de longs cheveux blonds soyeux.

Notre fugitif avait au contraire tout ce qu'il fallait pour n'être confondu de près ni de loin avec ce signalement. C'était un grand garçon d'une laideur très-avancée et pourvu d'une chevelure dont chaque crin était rude comme la dent d'une étrille.

— Messire, dit l'archer Merry, nous avons surpris ce vilain oiseau-là au moment où il se glissait hors de la cour.

— Que venais-tu faire dans la cour? demanda Méloir qui avait repris place dans son fauteuil.

— Je venais vous parler, mon bon seigneur.

— Comment t'appelles-tu?

— Vincent Gueffès, fidèle sujet du duc François, et le plus humble de vos serviteurs, monseigneur.

IX

MAITRE GUEFFÈS

C'était bien maître Gueffès, le digne maître Gueffès, le mendiant-maquignon-clerc-normand, le prétendu de la belle Simonnette, le rival du petit Jeannin, maître Vincent Gueffès avec sa large mâchoire, son front étroit, ses bras de deux aunes.

Et maître Gueffès disait vrai par impossible ; il était réellement venu au château pour parler au chevalier Méloir.

Le chevalier Méloir le considéra longtemps avec attention.

— Mes compagnons, dit-il ensuite, il est rare de trouver un animal plus laid que ce pataud-là.

Tout le monde approuva de bon cœur.

— Mais vous savez, continua Méloir, quand on s'éveille

comme cela en sursaut, on a la vue trouble et le sens engourdi. Peut-être avais-je la berlue, mes compagnons, peut-être ai-je vu de beaux cheveux blonds à la place de ces crins de sanglier, et une taille fine à la place de ce corps mal bâti...

Les hommes d'armes riaient.

Gueffès tremblait de tous ses membres.

— Dieu me pardonne, acheva Méloir, je crois que c'est ce coquin qui m'a volé mon escarcelle!

— Oh! mon bon seigneur, mon bon seigneur! s'écria maître Gueffès; je vous jure...

— Bien! bien, mon homme, interrompit Méloir, tu vas jurer tout ce qu'on voudra, mais moi, je vais te faire pendre!

Gueffès se jeta à genoux.

— Mon cher seigneur, dit-il, les larmes aux yeux, et c'était la première fois de sa vie qu'il donnait de pareilles marques d'attendrissement, mon cher seigneur, la mort d'un pauvre innocent ne vous rendra point votre escarcelle, et si vous me laissez la vie sauve, je vous fournirai de quoi gagner les bonnes grâces du riche duc.

— Saurais-tu où se cache le traître Maurever? demanda vivement Méloir.

— Oui, mon cher seigneur, répliqua Gueffès sans hésiter.

Gueffès était trop homme d'affaires pour ne pas voir que la crise était passée.

Il se redressa un petit peu, et son œil fit le tour du cercle.

— La vie sauve! répéta-t-il; vous êtes bien trop généreux, mon cher seigneur, pour ne pas ajouter quelque petite chose à cela.

— Allons ! parle ! s'écria Méloir.

Gueffès se redressa tout à fait.

— Au clair de la lune, là-bas, sur le tertre, dit-il, tranquillement cette fois, j'ai vu passer votre escarcelle, mon cher seigneur. Oh! les beaux cheveux blonds et le gracieux sourire !

— Parle donc !

— Quatre jambes vont plus vite que deux. Hommes d'armes ! montez à cheval, si vous voulez suivre le conseil d'un pauvre honnête chrétien, descendez par le village et piquez droit aux Grèves. Vous trouverez l'escarcelle... et quand vous serez partis, ajouta-t-il en regardant Méloir en face, moi, je parlerai à mon cher seigneur.

— En route ! cria Méloir.

— Et, si c'est un sorcier ? insinua Kervoz, et qu'il vous étrangle, messire ?

Méloir regarda maître Gueffès en-dessous.

— Bah ! fit-il, le jour va se lever, et j'aurai la main sur ma dague. En route !

Homme d'armes et archers s'ébranlèrent. Les chevaux étaient tous préparés dans la cour. On entendit la grand-porte s'ouvrir, puis le bruit de la cavalcade, puis le silence se fit.

— Sarpebleu ! grommela Méloir ; ils vont revenir les mains vides ! Ah ! si j'avais mes douze lévriers de Rieux ! Mais patience ! ils doivent être à Dinan à cette heure, et nous les aurons demain.

— C'est donc vrai, cela, monseigneur ? dit bien respectueusement Gueffès.

— Quoi ?

— Que vous chasserez Maurever dans les Grèves avec des lévriers de race?

— Que t'importe?

— Cela m'importe beaucoup, mon cher seigneur, attendu que j'ai mis dans ma tête de gagner les cinquante écus nantais, promis par François de Bretagne à celui qui...

— Ah! ah! dit Méloir; est-ce aussi pour la fillette à Simon Le Priol?

Gueffès devint tout jaune.

— Il y a donc quelqu'un, murmura-t-il, qui veut aussi gagner les cinquante écus nantais pour la fillette à Simon Le Priol?

— Est-elle jolie? demanda Méloir au lieu de répondre.

— Elle est riche, répliqua Gueffès.

Méloir lui frappa sur l'épaule.

— Le bon compagnon que tu fais, ami Gueffès! s'écriat-il. Mais j'y songe! nous n'aurons guère besoin de mes lévriers de Rieux, puisque tu sais où se cache M. Hue.

— Ai-je dit que je le savais?

— Oui, sarpebleu! sans cela...

— Ah! monseigneur! quand on a la corde au cou...

— Tu ne le sais donc pas?

— Je le saurai, monseigneur.

Maître Gueffès avait un sourire assez irrévérencieux autour de son énorme mâchoire.

— Causons raison, reprit-il; moi, je viens ce pauvre trou de Saint-Jean-des-Grèves, je ne sais pas les nouvelles. Pourtant on m'a dit que vous vouliez épouser Reine de Maurever.

— Ah! on t'a dit cela?

— Mauvaise dot, monseigneur, pour un galant chevalier comme vous, que trois manoirs ruinés où il ne reste que des murailles.

— Et les tenances, mon ami Vincent.

— Et les tenances... mais les tenances et les murailles, vous les aurez sans la fille, puisque les domaines sont confisqués et que le duc François vous les a promis.

— Comment! s'écria Méloir, tu sais aussi cela!

— Mon Dieu, messire, j'ai passé la soirée à écouter vos soudards ivres. Ils disent... mais je ne voudrais pas vous fâcher, mon cher seigneur.

— Que disent-ils?

— Ils disent que la fille de Maurever veut épouser le gentilhomme d'armes, Aubry de Kergariou.

— C'est bien possible, cela, maître Vincent.

— Est-ce que vous êtes philosophe comme le pauvre Gueffès? demanda humblement le Normand.

— Sarpebleu! s'écria Méloir en riant, voilà un coquin qui a de l'esprit comme quatre! Non, non! je ne suis pas si philosophe que cela, mon homme! Mais mon cousin Aubry est en prison... et, s'il plaît à Dieu, il y restera longtemps.

— S'il plaît à Dieu! répéta Gueffès d'un air goguenard.

— Que veux-tu dire?

— Ce que femme veut... commença le Normand.

— Bah! interrompit Méloir, vieux dicton moisi.

— ... Dieu le veut, acheva paisiblement maître Gueffès, et si j'ai de l'esprit comme quatre, c'est mon cher seigneur qui a eu la bonté de me le dire, la fille de Maurever en a quatre fois plus que moi encore.

— Tu la connais ?

— Je gagne ma vie ici et là ; je vais un peu partout à l'occasion et, au besoin, je connais un peu tout le monde.

Méloir lui prit les deux bras et le mit en face de la résine pour le considérer plus attentivement.

— Il me semble que je t'ai déjà vu, murmura-t-il.

— Ce n'est pas impossible, répondit Gueffès, dont la lumière trop voisine faisait clignoter les yeux gris.

— A Avranches ?

— Peut-être à Avranches.

— Sur le passage du duc François un grigou cria...

— Duc ! que Dieu t'oublie ! prononça tout bas Gueffès.

— Par le ciel ! maître Vincent, c'est toi qui était ce grigou !

— Mon bon seigneur, je n'avais pas pu ramasser un seul carolus dans la largesse de François de Bretagne.

— Et tu te vengeais ?

— Une pauvre espièglerie, mon bon seigneur !

Méloir lui lâcha les deux bras et se mit à réfléchir.

— A ce jeu-là, continua tranquillement maître Gueffès, on gagne parfois autre chose que des piécettes blanches. Connaissez-vous le manoir du Guildo, monseigneur ?

— L'ancien fief de Gilles de Bretagne ?

— Un beau domaine, celui-là ! Et qui vous irait bien, messire Méloir ! Mais François l'a donné à Jean de la Haise. Ah ! ce n'est pas pour dire que messire Jean ne l'a pas bien gagné ! Pour en revenir à mon histoire, une fois, je criai aussi sur le passage de monsieur Gilles. C'était en la ville de Plancoët. Monsieur Gilles faisait largesse et je n'avais pu avoir qu'un denier breton dont il faut six pour faire un denier royal à douze du sol tournois. Je criai : « Monsieur Gilles a le feu Saint-Antoine sous sa belle cotte à mailles d'or. »

— Méchant drôle! fit Méloir en riant.

— Un gentil petit page que je n'avais pas aperçu, poursuivit maître Gueffès, dont la joue jaunâtre prit une teinte plus chaude, me sangla un coup de gaule à travers la figure. Tenez, voyez plutôt!

Il montra sa joue rougie, où une ligne blanche se dessinait en effet, nettement.

— Un bon coup de houssine! dit Méloir.

— Oui, répondit Gueffès; il y a bien dix ans de cela. Le coup paraît toujours, et le mire m'a dit qu'il paraîtrait jusqu'à ce que le page soit en terre.

— Le page a dû devenir un homme?

— Un gentilhomme, monseigneur, portant une lance presque aussi bien que vous.

— Tu l'appelles?

— Aubry de Kergariou.

Il y eut encore un silence.

Au dehors l'aube blanchissait l'horizon.

Méloir reprit le premier la parole.

— Maître Gueffès, dit-il avec une certaine noblesse, Aubry de Kergariou est mon cousin, et je suis chevalier, je vous défends de rien entreprendre contre lui.

— Contre lui! moi! s'écria Gueffès de la meilleure foi du monde; ah! vous ne me connaissez guère. Je souhaite que messire Aubry aille en terre, c'est vrai, mais pour l'y mettre moi-même, incapable, mon cher seigneur!

Seulement si vous aviez pensé comme moi qu'un cercueil ferme toujours mieux qu'un cachot, j'aurais dit : Amen.

— Assez sur ce sujet, maître Gueffès!

— Comme vous voudrez, monseigneur. Mais moi qui ne suis pas chevalier, il m'est permis d'avoir d'autres idées... pour mon compte, j'entends! J'ai aussi un rival auprès de Simonnette. Il n'est pas même en prison, et le plus tôt que vous pourrez le faire pendre sera le mieux.

— Comment! le faire pendre! se récria Méloir.

— C'est un petit cadeau que je vous demande par-dessus le marché des cinquante écus nantais.

— Pendre mon petit Jeannin! dit Méloir en souriant.

— Oh! oh! vous le connaissez! Un joli enfant, n'est-ce pas?

— Un enfant charmant!

— Eh bien! quand vous m'aurez promis qu'il sera pendu, nous finirons ensemble l'affaire du Maurever.

— Mais il ne sera jamais pendu, maître Gueffès.

— Assommé alors, je ne tiens pas au détail.

— Ni assommé.

— Etouffé dans les tangues.

— Ni étouffé.

— Noyé dans la mer.

— Ni noyé!

Le chevalier Méloir, à ces derniers mots, fronça un peu le sourcil. Maître Gueffès força sa mâchoire à sourire avec beaucoup d'amabilité.

— Mon cher seigneur, dit-il, vous êtes le maître et moi

le serviteur. Il fait bon être de vos amis, je vois cela. Chez nous, vous savez, en Normandie, on marchande tant qu'on peut ; je suis de mon pays, laissez-moi marchander. Puisque vous ne voulez pas que le jeune coquin soit pendu, ni assommé, ni étouffé, ni noyé, on pourrait prendre un biais. Votre cousin Aubry doit avoir grand besoin d'un page, là-bas, dans sa prison. Ce serait une œuvre charitable que de lui donner ce Jeannin. Cela vous plaît-il, monseigneur?

— Cela ne me plaît pas.

— Alors, mettons-lui une jaquette sur le corps, et faisons-le soldat. Qui sait? il deviendra peut-être un jour capitaine.

— Il ne veut pas être soldat.

— Ah! fit Gueffès, c'est bien différent! Du moment que messire Jeannin ne veut pas...

Il commençait à se fâcher, l'honnête Gueffès.

— Mon cher seigneur, reprit-il, le destin s'est amusé à nous mettre dans une situation à peu près pareille, vous, l'illustre chevalier, moi, le pauvre hère. Vous avez un rival préféré qui s'appelle Aubry, moi j'ai une épine dans le pied qui s'appelle Jeannin.

— Et tu voudrais l'arracher?

— J'allais y venir, répliqua tout naturellement Gueffès. Quand on ne peut manger ni chair, ni poisson, ni froment, ni rien de ce qui se mange, on grignote le bout de ses doigts pour tromper sa faim, c'est de la philosophie. Quand le renard est trop bas, et que les raisins sont trop haut, le renard serait bien fâché d'y mordre, c'est encore de la philosophie.

— Quand le Normand enrage, poursuivit Méloir du

même ton, et qu'il est obligé de rentrer les ongles, le Normand récite des apologues.

— C'est toujours de la philosophie, conclut maître Gueffès.

— Allons, maraud! s'écria le chevalier en se levant tout à coup, l'air est frais ce matin, allume-moi mon feu, et trêve de bavardages! Si tu sais où se cache le traître Maurever, tu me l'apprendras pour remplir ton devoir de vassal. Si tu ne remplis pas ton devoir de vassal, c'est toi qui seras pendu!

Gueffès n'était pas homme à s'insurger contre ce brusque changement.

Il s'inclina jusqu'à terre et alluma le feu.

Mais il savait d'autres fables que celle du *Renard et les Raisins*. Le vieil Ésope n'avait pas entendu notre La Fontaine pour mettre en action la logique bourgeoise.

Gueffès, tout en soufflant le brasier, se disait comme le moissonneur d'Ésope : « Ne compte que sur toi-même. »

Méloir, lui, se promenait de long en large dans la chambre et secouait ses membres engourdis.

Pendant que le feu flambait déjà dans l'âtre, il s'approcha d'une fenêtre et jeta ses regards sur la campagne.

Le monticule où s'asseyait le manoir de Saint-Jean avait à peine quatre ou cinq toises d'élévation au-dessus du niveau des Grèves, mais dans ce pays cinq toises suffisent pour constituer une montagne et donner à la vue le plus vaste des horizons.

La fenêtre tournait le dos à la Normandie. Méloir voyait une échappée des grèves dans la direction de

Cherrueix et de Cancale, et, en face de lui, le Marais, océan de verdure, au milieu duquel le mont Dol apparaît comme une île.

Le soleil s'élevait de l'autre côté du château, derrière les collines de l'Avranchin. Une teinte rosée montait au zénith et laissait le couchant perdu dans ces nuages grisâtres qui rejoignent nos brouillards de Bretagne et confondent en quelque sorte la terre avec le ciel.

Sur la route de Dol, au loin, un point noir se mouvait.

Et le vent d'ouest apporta comme l'écho perdu d'une fanfare.

— Vive Dieu ! s'écria Méloir, voilà Bélissan, le veneur, avec mes lévriers de Rieux ! Maître Gueffès ! nous trouverons bien la piste sans toi !

Maître Gueffès ôta son bonnet de laine :

— Si monseigneur veut se mettre les pieds au feu, dit-il, je vais lui servir son déjeuner ; j'ai encore quelques petites choses à dire à monseigneur.

X

DOUZE LEVRIERS

Quand le chevalier Méloir se fut mis les pieds au feu et qu'il eut entamé l'attaque des volailles froides, absolument comme s'il n'avait point soupé la veille, Gueffès, debout à ses côtés, le bonnet à la main et la mâchoire inclinée, reprit respectueusement la parole.

— Mon cher seigneur, dit-il, je ne sais pas pourquoi je me sens porté vers vous si tendrement. Je vous aime comme un chien aime son maître.

— J'ai eu autrefois un mâtin qui me mordait grommela Méloir entre deux bouchées.

— Moi, mon cher seigneur, poursuivit Gueffès, je n'ai jamais rencontré de gentilhomme qui m'ait traité si favorablement que vous.

— Allons maître Vincent, vous n'êtes pas difficile.

— Je crois, sur ma foi, que si vous m'ordonniez d'aimer le petit Jeannin, je l'aimerais.

Méloir bâilla la bouche pleine.

— Ceci est pour vous faire comprendre, mon cher seigneur, continua encore Gueffès, toute l'étendue de mon dévouement. On dit que je suis un païen, mais qui dit cela ? des gens qui croient à la Fée des Grèves et autres sornettes, au lieu de se fier à la vierge Marie !

— Ah ça ! dit Méloir, au fait, qu'est-ce que c'est que la Fée des Grèves ?

— C'est une jeune fille, monseigneur, qui pourrait, si elle le voulait, vous mener tout droit à la retraite de Maurever.

— Vrai ?

— Très-vrai.

— Où la trouve-t-on, cette jolie fée ?

— Ici et là, tantôt à droite, tantôt à gauche. Vous l'avez vue cette nuit.

Méloir porta la main à sa ceinture, où pendait encore le cordon coupé de son escarcelle.

— Quoi ! s'écria-t-il, ce serait ?...

Gueffès eut un sourire.

— La fée des Grèves, ni plus ni moins, monseigneur, interrompit-il.

Méloir cessa de manger.

— Est-ce que tu voudrais te moquer de moi ? gronda-t-il en fronçant le sourcil.

Le vent apporta le son plus rapproché d'une seconde fanfare.

— A Dieu ne plaise ! monseigneur, répondit Gueffès ; mais voilà vos lévriers qui arrivent. Quand ils seront là, vous ne voudrez plus m'écouter. Permettez-moi de mettre à profit le temps qui me reste. Si je ne peux pas faire mieux, je tiens au moins à gagner mes cinquante écus nantais. Comme je vous le disais, je vais de côté et d'autre pour avoir du pain. Partout où l'on parle, j'écoute. Y a-t-il longtemps que vous n'avez vu la cour ?

— Tout au plus une semaine.

— Un siècle, mon pauvre seigneur ! Combien de fois le vent peut-il tourner en une semaine ? François de Bretagne enfle et pâlit. A la cour du roi Charles, on commence à prononcer le mot de fratricide. Et monsieur Pierre de Bretagne, notre futur duc, a juré qu'il ferait pendre messire Jean de la Haise à la plus haute tour de son manoir du Guildo.

— Tu es sûr de cela ? murmura Méloir..

— Comme je suis sûr de voir devant moi un vaillant chevalier, répondit maître Vincent Guéfiès. Quand à Robert Roussel, on le rôtira sur un feu de bois vert dans la cour du château de la Hardouinays.

Méloir était tout pensif.

— Vous n'avez rien à voir à tout cela, monseigneur, reprit négligemment Guéfiès. Aussi, je ne vous dis même pas ce qu'on fera du Milanais Bastardi, de messire Olivier de Meel et des autres. Seulement, il faut vous hâter, si vous voulez conquérir Reine de Maurever, car, dans une autre semaine, souvenez-vous de ceci, monsieur Hue ne sera plus fugitif. Le vent aura tourné, Monsieur Hue trouvera protection auprès des Normands et jusque dans l'enceinte du Mont-Saint-Michel.

Une troisième fanfare éclata au pied du tertre même.

Méloir ne bougea pas.

La mâchoire de Gueffès souriait malgré lui.

— Voilà vos chiens, mon cher seigneur, dit-il ; je vous laisse. Quand vous aurez besoin de moi, vous me trouverez à la ferme de Simon Le Priol.

Il fit mine de sortir.

Mais il revint.

— Voyons, dit-il encore de sa voix la plus caressante : Si par mon industrie, sans que mon cher seigneur s'en mêlât, le petit Jeannin était pendu...

— Va-t'en au diable, misérable coquin ! s'écria Méloir d'une voix tonnante.

Gueffès se hâta d'obéir.

Cependant sur le seuil, il s'arrêta pour ajouter :

— Pendu, assommé, étouffé ou noyé, j'entends...

Méloir saisit une cruche à cidre. La cruche alla s'écraser contre la porte où maître Gueffès n'était plus.

Mais Méloir entendit sa voix de damné qui disait dans la cour.

— C'est convenu mon cher seigneur, vous ne vous en mêlerez pas !

Bélissan, le veneur, entrait à ce moment dans la cour avec trois valets de chiens menant douze lévriers de la *grande origine*.

Merveilleuses bêtes de tous poils, sortant du chenil de l'aîné de Rieux, sieur d'Acérac et de Sourdéac, dans le pays de Vannes et seigneur des îles.

Ces lévriers étaient dressés à la chasse d'Ouessant, à la chasse des naufragés dans les Grèves.

Car le sang de Rieux était un bon et noble sang. Là-bas, au bout du vieux monde, derrière les rochers de

Penmar'ch, Rieux chassait au naufragé, comme, de nos jours, les religieux du mont Saint-Bernard chassent au voyageur égaré dans les neiges.

Hauts sur leurs jambes, musculeux, frileux, le museau allongé, les côtes à l'air, les douze lévriers, malgré la fatigue de la route, bondissaient dans la cour, jetant çà et là leur aboiement rare et plaintif.

Bélissan, la trompe au dos, les découplait et les caressait.

Le chevalier Méloir descendit.

Les lévriers sautèrent follement, puis vinrent, à la voix de Bélissan qui les appelait par leurs noms.

— Rougeot, Tarot, Noirot! messire, dit-il en les présentant à tour de rôle et chacun par son nom; Nantois. Grégeois, Pivois, Ardois! Ravageux et Merlin! Léopard et Linot! Quant à ce dernier, ajouta-t-il en montrant une admirable bête de poil noir sans tache, il ne vient pas de Rieux ; je l'ai acheté à Dol pour remplacer le pauvre Ravot, qui est mort de la poitrine en route.

— Ils seront bons pour la chasse que nous allons entreprendre? demanda Méloir.

— Ils sont habitués à dépister un homme, vivant ou mort, dans les rocs ou sur la grève, à une lieue de distance, messire. Donnez-leur seulement un jour de repos, et vous aurez de leurs nouvelles !

— Nous les mettrons en grève cette nuit, dit Meloir qui tourna le dos.

Bélissan avait compté sur un autre succès. Recevoir ainsi douze lévriers de Rieux! sans une caresse! Un regard froid et puis bonsoir!

Il fallait que le chevalier Méloir fut malade.

De fait, le chevalier Méloir songeait aux paroles de Gueffès.

Le duc enflait et pâlissait. On prononçait le mot *fratricide* à la cour du roi Charles VII, et monsieur Pierre, le futur maître de la Bretagne, avait juré que messire Jean de la Haise serait pendu à la plus haute tour de son manoir du Guildo.

Le vent tournait.

Désormais, la partie devait être jouée d'un seul coup.

A moins qu'on ne se fit des amis dans les deux camps.

Or, le chevalier Méloir était Normand à demi.

Quand notre beau petit Jeannin, prit congé des hommes d'armes, au pas de course, sous le manoir de Saint-Jean-des-Grèves, ce fut pour retourner à la ferme de Simon Le Priol.

Mais la ferme de Simon Le Priol était close.

L'arrivée des soudards avait mis fin à la veillée. Le métayer et sa femme dormaient ; Simonnette était dans son petit lit en soupente. Les deux vaches, la Rousse et la Noire, ruminaient auprès du lit commun. Quant aux quatre Gothon et au quatre Mathurin, les Mémoires du temps ne disent pas ce qu'il faisaient à cette heure.

Le petit Jeannin courait volontiers au clair de lune. Les nuits passées à la belle étoile ne l'effrayaient point, bien qu'il fût au dire de tout le monde, *poltron comme les poules*.

6

Les trous de sa peau de mouton laissaient passer le vent froid, mais sa peau, à lui ne s'en souciait guère.

Plus d'une fois, et plus de cent fois aussi, le petit Jeannin était venu à pareille heure, à cette même place, l'hiver ou l'été, par le beau temps ou par la pluie.

Il s'asseyait sous un gros pommier, dont le tronc, tout plein de blessures et de verrues, lançait encore vaillamment ses branches en parasol.

Un pommier de *douce-au-bec* ma foi !

Ce sont de bonnes pommes, oh ! oui, sucrées comme les becs-d'anges (bédanges) et goûtées comme les pigeonnets.

Mais le petit Jeannin n'était presque plus gourmand depuis qu'il songeait à Simonnette.

Donc, c'était par une belle nuit de Juin que notre Jeannin, assis sous son pommier et rêvant tout éveillé, avait aperçu la fée, la bonne fée.

Il s'amusait à bâtir toutes sortes de châteaux, faisant de l'avenir un joyeux paradis ou Simonnette avait, bien entendu, la meilleure place, lorsqu'un pas léger effleura les cailloux du chemin.

Jeannin vit une jeune fille. Il ne dormait pas, pour sûr ! La jeune fille passa devant la porte de Simon Le Priol et prit le gâteau de froment que Fanchon la ménagère n'oubliait jamais de déposer sur le seuil, quand il n'y avait pas de bouillie fraîche.

Cela s'était passé la veille.

Jeannin avait eu peur, il s'était bien douté que cette jeune fille était une fée des Grèves.

Et certes, pendant que le frisson lui courait par tout le corps, pendant que ses petites dents claquaient dans sa bouche, il n'avait point songé à poursuivre la fée.

Bien au contraire, il avait fermé les yeux et caché sa tête entre ses deux mains.

Mais c'est qu'il ne savait pas encore, cette nuit-là, l'histoire du chevalier breton dans l'embarras.

Il ne savait pas que ceux qui parvenaient à saisir la bonne fée au corps pouvaient lui demander tout ce qu'ils voulaient.

Aujourd'hui, le petit Jeannin était plus savant que la veille.

Et ce n'était plus tout à fait pour rêver qu'il se cachait sous le vieux pommier à l'écorce rugueuse.

Il guettait la fée.

Il tremblait d'avance à l'idée de ce qu'il allait faire, c'est vrai, mais il était bien résolu.

Rien de tel que ces petits poltrons pour tenter l'impossible.

Jeannin attendait, le cœur gros et la respiration haletante.

Il s'était assuré que l'écuellée de gruau était intacte sur le seuil.

La fée allait venir.

Il attendit longtemps. La lune marquait plus de minuit lorsqu'un murmure confus vint à ses oreilles, du côté du manoir.

Presque aussitôt après, les cailloux du chemin bruirent.

La jeune fille de la veille arrivait en courant.

Jeannin se souleva doucement.

Il s'était dit :

— Quand la fée se baissera pour prendre l'écuelle, je la saisirai.

Mais la fée passa, légère et rapide. Elle ne se baissa point pour prendre l'écuelle.

Le petit Jeannin resta un instant abasourdi.

Puis, ma foi, il jeta son bonnet par-dessus les moulins et se mit bravement à courir après la fée.

XI

COURSE A LA FÉE

Jeannin était le meilleur coureur du pays, mais la fée allait comme le vent. L'hésitation du petit coquetier avait laissé à la fée une centaine de pas d'avance. Après six minutes de course, elle ne semblait pas avoir perdu un pouce de terrain.

Elle allait droit à la grève.

Jeannin jeta ses sabots. Il était déjà tout en sueur. Mais il redoublait d'efforts.

— Heureusement que la mer est basse, se disait-il ; car la fée marche sur l'eau aussi bien que sur le sable, et sur l'eau je ne pourrais pas la suivre...

— Mais pourquoi n'a-t-elle pas pris l'écuellée de gruau ? se demandait-il l'instant d'après. Le gruau était bon pourtant, ce soir ! Peut-être qu'elle aime mieux la galette de froment.

Et ces méditations sérieuses ne l'empêchaient pas d'avaler la route, comme on dit, le long du Couesnon. Maintenant qu'il avait les pieds nus, Dieu sait qu'il faisait du chemin !

Le sentier qu'ils suivaient, lui et la fée, descendait la grève et décrivait mille détours entre les haies. La lune était brillante. Chaque fois que la fée disparaissait à un coude de la route, Jeannin, tournant le coude à son tour, l'apercevait de nouveau, légère comme une vision.

Elle ne faisait point de bruit en courant ; du moins Jeannin n'entendait plus son pas.

Une fois, il crut la voir se retourner pour jeter un regard en arrière.

C'était tout près de la grève, sous un moulin à vent ruiné qui s'entourait de broussailles et de petites pousses de tremble au blanc feuillage.

La fée qui sans doute, jusqu'à ce moment, ne se savait pas poursuivie, sauta brusquement dans les broussailles.

Jeannin la perdit de vue.

Il fit le tour du moulin. Derrière le moulin, c'était la grève uniformément éclairée par la lune, et où personne ne pouvait certes se cacher.

Il n'y avait point de brume. On voyait au loin, noirs tous deux et distincts sur l'azur laiteux du ciel, le Mont-Saint-Michel et Tombelène.

Jeannin tourna autour du moulin ruiné. Puis, sans perdre son temps à battre les broussailles, il se jeta sur le ventre et colla son oreille contre le sable.

Il entendit trois choses : à l'ouest, du côté de Saint-

Jean, des pas de chevaux sonnant sur les cailloux du chemin, au nord, la voix sourde de la mer, vers l'orient, un pas léger.

Ce dernier bruit était si faible, qu'il fallait l'oreille du petit Jeannin pour le saisir.

Il se leva radieux.

— Elle est à moi ! pensa-t-il.

Et il bondit comme un faon dans la direction du bruit léger qui était celui du pas de la fée.

La fée était rentrée dans les terres au moment où Jeannin tournait le moulin. Pour protéger une fuite, la grève est trop découverte. La fée ne savait probablement pas à quel genre d'ennemi elle avait affaire.

Elle songeait à bien d'autres qu'au petit Jeannin !

Quand elle avait regardé en arrière, elle avait vu quelque chose qui se mouvait sur la route. Voilà tout. Car la lune était au couchant et prenait Jeannin à revers, tandis qu'elle éclairait en plein la fée.

La pauvre fée s'était dit :

— Celui-là est en avant parce qu'il court plus vite, mais les autres viennent après !

Les autres, c'étaient les hommes d'armes et les soudards endormis naguères dans la grand'salle du manoir de Saint-Jean.

Elle les avait bravés dans sa témérité folle. Ils venaient la punir.

La fée ne se trompait pas de beaucoup, car, en ce moment même, huit ou dix cavaliers descendaient le tertre de Saint-Jean et prenaient au galop le chemin de la grève.

Seulement, le petit Jeannin ne servait point d'avantgardé à cette troupe de cavaliers. Il chassait pour son propre compte.

La fée avait jugé tout de suite qu'elle ne pourrait échapper que par la ruse.

Or, bon Dieu ! Depuis quand les fées ont-elles besoin de ruse ?

Ne savait-elle plus, cette fée, enfourcher les rayons d'argent de la lune qui étaient sa monture ordinaire ?

Ne pouvait-elle bondir en se jouant par-dessus les chênes ébranchés du Marais, par-dessus les pommiers, par-dessus les trembles aux feuilles de neige ?

Ou glisser, plus rapide que l'éclair, sur la grève mouillée, franchir les lises et plonger sous le flot, jusqu'à ces grottes diamantées qui sont, comme chacun sait, au fond de la mer ?

Vraiment, ce n'est pas la peine d'être fée quand il faut s'essouffler par les chemins battus, donner le change comme un lièvre aux abois et se cacher dans les broussailles !

Ce raisonnement était à la portée du petit Jeannin ; s'il l'eût fait, peut-être aurait-il arrêté sa course, car c'était une vraie fée qu'il lui fallait, une fée pouvant changer sa misère en opulence.

Et non point une fée de hasard, tremblant la peur comme une fillette.

Mais il ne fit pas ce raisonnement. Il avait confiance.

— Elle est à moi ! avait-il dit.

Il se croyait désormais sûr de son fait.

Le bruit léger que saisissait son oreille collée contre terre était dans la direction du Couesnon. En coupant droit au Couesnon sans quitter les bords de la grève,

Jeannin s'épargnait tous les détours des sentiers qui serpentent à travers les champs. Il s'élança dans cette voie nouvelle avec ardeur.

Il ne se souvenait même pas d'avoir eu peur. Il souriait.

La fée n'avait qu'à se bien garer !

Ce sont d'étranges rivières que les cours d'eau qui sillonnent les grèves. Le Couesnon surtout, la *Rivière de Bretagne*.

Aucun fleuve ne tient son urne d'une main plus capricieuse. Torrent aujourd'hui, humble ruisseau demain, le Couesnon étonne ses riverains eux-mêmes par la bizarre soudaineté de ses fantaisies. On aurait dû lui donner un nom féminin, car cette fantasque humeur ne sied point à un dieu barbu, à moins qu'il ne soit en puissance de naïade.

Parfois, en arrivant sur les bords du Couesnon, vous diriez un étang desséché. Ses berges, creusées à pic par le flot qui s'est retiré, semblent des murailles de marne verdâtre. Loin des rives, au milieu du lit, un étroit canal passe ; le Couesnon y coule en bavardant sur des galets.

La veille, sous le pont pittoresque, le Couesnon grondait, blanc comme les fleuves puissants qui tourmentent le limon de leur lit ; le Couesnon tonnait contre les piles du pont. Le Couesnon était fier.

Ce jour-là, il prodigua l'eau de son urne, sans souci du lendemain.

Comme ces fils de famille qui éblouissent la ville avant de lui inspirer de la compassion, le Couesnon a fait des folies.

Et le voilà aujourd'hui tout humble, tout petit, tout réduit, encore comme un pauvre diable entre la dernière nuit d'orgie et le premier jour d'hôpital.

Mais ce n'est rien tant qu'il reste en terre ferme.

Quand il attaque la grève, le caprice des sables s'ajoute au caprice de l'eau, et c'est entre eux une lutte folle.

Le Couesnon est le plus fort. La grève lui appartient tout entière. Il y choisit sa place, aujourd'hui à droite, demain à gauche. Ne le cherchez jamais où il était la semaine passée.

Il coulait ici ; c'est une raison pour qu'il soit ailleurs. D'une marée à l'autre il déménage.

Ce filet d'eau qui raie la grève et qui la tranche en quelque sorte comme le soc d'une charrue, c'est le Couesnon. Cette grande rivière large comme la Loire, c'est encore le Couesnon.

Il est vrai que cette grande rivière, large comme la Loire, on la passe sans mouiller ses jarretières.

Dans ce cas-là, le Couesnon étale sur le sable une immense nappe d'eau de trois pouces d'épaisseur ; le soleil s'y mire, éblouissant. Vous diriez une mer.

Et cette mer a ses naufrages, ses sables tremblent sous les pas du voyageur ; ils brillent, ils s'ouvrent, on s'enfonce ; ils se referment et brillent.

Elle doit être terrible, la mort qui vient ainsi lentement et que chaque effort rend plus sûre, la mort qui creuse peu à peu la tombe sous les pieds même de l'agonisant, la mort dans les tangues.

Et que de trépassés dans ce large sépulcre !

Les gens de la rive disent que le deuxième jour de

novembre, le lendemain de la Toussaint, un brouillard blanc se lève à la tombée de la nuit.

C'est la fête des morts.

Ce brouillard blanc est fait avec les âmes de ceux qui dorment sous les tangues.

Et comme ces âmes sont innombrables, le brouillard s'étend sur toute la baie, enveloppant dans ses plis funèbres Tombelène et le Mont-Saint-Michel.

Au matin, des plaintes courent dans cette brume animée ; ceux qui passent sur la rive entendent :

— Dans un an ! Dans un an !

Ce sont les esprits qui se donnent rendez-vous pour l'année suivante.

On se signe. L'aube naît. La grande tombe se rouvre, le brouillard a disparu.

Au moment où le petit Jeannin arrivait sur les bords du Couesnon, la cavalcade partie du manoir de Saint-Jean s'arrêtait aussi devant la rivière. On sembla se consulter un instant parmi les hommes d'armes, puis la troupe se sépara en deux.

L'une remonta le cours du Couesnon, du côté de Pontorson, l'autre poursuivait sa route vers la grève.

Jeannin ne savait pas quel était le motif de cette marche nocturne.

Il se tapit dans un buisson pour laisser passer les cavaliers qui descendaient à la grève.

Les cavaliers passèrent. — Mais la fée ?

Le pauvre Jeannin avait perdu sa trace.

Hélas ! hélas ! les cinquante écus nantais !

Jeannin mit encore son oreille contre terre. Peine inutile. Le pas lourd des chevaux étouffait tout autre bruit.

La fée s'était-elle cachée comme lui pour éviter les soudards?

La fée avait-elle franchi le Couesnon?

Il ne savait. Pour comble de malheur, la lune était sous un nuage.

On ne voyait rien en grève.

Jeannin était consterné. Il avait bonne envie de pleurer. Désormais, la fée allait se défier de lui. Jamais, au grand jamais, il ne devait trouver l'occasion si belle.

Il s'assit, de guerre lasse, et mit sa tête entre ses mains.

Comme il était ainsi, quelque chose frôla ses cheveux. Il se leva en sursaut et poussa un cri.

Un autre cri faible lui répondit.

C'était la fée qui sautait dans le courant du Couesnon.

Elle ne savait donc plus courir sur l'eau sans mouiller la pointe de ses pieds, la fée?

Jeannin n'eut garde de se faire à lui-même cette indiscrète question.

Il reprit sa course.

La fée avait déjà gravi l'autre rive.

Bonté du Ciel! ce qui avait frôlé les cheveux du petit Jeannin, c'était le voile de la fée. S'il avait eu l'esprit seulement d'avancer le bras!

De l'autre côté du Couesnon, il fallait décidément entrer en grève ou prendre le chemin des bourgs normands qui avoisinent la côte. Ce chemin tourne le dos au Mont-Saint-Michel; et, d'après la première direction suivie, Jeannin pensait bien que la fée allait vers le Mont-Saint-Michel.

Il n'y eut pas longtemps à douter. La fée, après avoir

jeté encore un regard derrière elle, fit un brusque détour et se lança dans les sables à pleine course.

Les sables ! c'était l'élément de Jeannin. Il serra la corde qui lui servait de ceinture, et se remit à jouer des jambes.

La lune sortait des nuages. La grève s'illuminait. On pouvait voir la cavalcade du manoir, de Saint-Jean qui allait çà et là au hasard, sur les tangues, tantôt s'éloignant, tantôt se rapprochant du Couesnon. Jeannin et celle qu'il poursuivait étaient déjà trop loin pour qu'il y eut pour eux grand danger d'être aperçus.

Ils couraient maintenant, à cinquante pas l'un de l'autre, sur un terrain uni comme une glace.

Et il n'y avait pas à dire, le petit Jeannin gagnait à vue d'œil.

Le pas de la fée était toujours léger et rapide, mais Jeannin, qui la dévorait des yeux, croyait découvrir déjà quelques symptômes de fatigue. Son courage en devenait double, et il se disait encore :

— Elle est à moi ! elle est à moi !

Il ne savait pas que les fées sont généralement d'un naturel assez moqueur. Simon Le Priol, qui était très-fort sur les fées, aurait pu lui dire cela. Les fées se laissent approcher par le pauvre garçon qui les poursuit : elles l'encouragent par une fatigue feinte : elles l'amorcent : quand il va se lasser, elles trouvent moyen de le piquer au jeu.

Tant qu'il a un souffle, il court.

Puis, au moment où il croit saisir la fée, la fée s'envole en riant.

Et il tombe à plat ventre, suant et geignant.

Bien heureux si le lutin mignon ne l'a pas attiré dans quelque trou !

C'était un ignorant que ce petit Jeannin.

Prendre une fée à la course ; prendre la lune avec ses dents !

On surprend les fées, on ne les prend pas.

Voilà ce que tout le monde sait bien.

Si le père Le Priol avait entendu le petit coquetier répéter en courant : Elle est à moi ! elle est à moi ! il aurait ri comme un bossu.

Pourquoi le chevalier breton de la légende avait-il réussi ? C'est qu'il avait saisi la fée au moment où elle se baissait pour ramasser les friandises achetées chez le marchand d'épices de la ville de Dol...

Tout cela est évident. Mais le petit Jeannin gagnait du terrain.

Il n'y avait plus guère entre lui et la fée qu'une trentaine de pas.

Le vent vint plus frais à son front.

— La mer monte, se dit-il.

Et d'un regard connaisseur, il interrogea la grève.

Il se vit à moitié route du Mont, dans la ligne de Pontorson.

Tout en courant, il arrangeait un stratagème que lui suggérait sa parfaite connaissance des grèves et des marées.

Les langues sont plates, mais il y a des canaux dont la pente est presque imperceptible à l'œil et où la mer monte bien longtemps avant de couvrir les sables. Le petit Jeannin étudia le terrain pendant quelques secondes.

Puis il changea brusquement de direction. Vous eussiez dit qu'il cessait de poursuivre la fée.

Tandis que celle-ci courait au nord, sur le Mont que l'on voyait comme en plein jour, Jeannin prenait à l'est, sans ralentir son pas le moins du monde.

C'est ici que Simon Le Priol, les quatre Mathurin et les quatre Gothon auraient ri de bon cœur.

Tout à coup la fée s'arrêta devant une mare qu'elle n'avait pas soupçonnée.

Puis, elle voulut en faire le tour et se trouva naturellement en face de Jeannin qui l'attendait de l'autre côté.

Elle rabaissa son voile sur son visage.

— Que voulez-vous de moi? dit-elle d'une voix qui tremblait un peu.

Le cœur de Jeannin battait, battait !

Il répondit pourtant résolûment, dans toute la naïveté de sa foi superstitieuse :

— Bonne fée, pardonnez-moi! Je veux cinquante écus nantais pour me marier avec Simonnette.

Et afin que la bonne fée ne lui jouât pas de mauvais tour (en ceci les quatre Mathurin et les quatre Gothon l'auraient hautement approuvé, ainsi que Simon Le Priol), il saisit la fée, tout en lui témoignant le plus grand respect, et la serra ferme.

XII

LES MIRAGES

— Oses-tu bien m'arrêter, malheureux enfant! dit la fée en grossissant sa douce voix.

— Oh! bonne dame! bonne dame! répliqua Jeannin d'un accent larmoyant, mais en la serrant plus fort, tout le monde sait que je ne suis pas brave. Si je risque ma vie, c'est que je ne peux pas faire autrement, allez.

— Et si je te la prenais, ta vie?

— Bonne fée! je suis un poltron, c'est connu, mais on ne meurt qu'une fois; et j'aime mieux mourir que de voir Simonnette mariée à ce vilain coquin de Gueffès.

— Lâche-moi!

— Non pas, bonne fée! s'écria Jeannin vivement; si je vous lâchais, vous vous changeriez en brouillard!

— Mais je puis me venger sur Simonnette.

Jeannin frémit de tous ses membres.

— Voilà, par exemple, qui serait bien méchant de votre part! murmura-t-il, car Simonnette ne vous a rien fait, la pauvre fille!

— Lâche-moi, te dis-je!

— Ecoutez, bonne fée, une fois pour toutes, je ne vous lâcherai pas que vous ne m'ayez donné cinquante écus nantais. C'est dit.

La fée avait laissé tomber son panier sur le sable. L'escarcelle du chevalier Méloir était à sa ceinture.

Le petit Jeannin avait prononcé ces dernières paroles d'un ton respectueux, mais déterminé.

Il y eut un court silence, pendant lequel on n'entendit que le sifflement du vent du large et la trompe lointaine des cavaliers bretons qui se ralliaient dans la nuit.

— Ce vent annonce que la mer monte, n'est-ce pas? demanda brusquement la fée.

— Oh! dit Jeannin qui se mit à sourire; vous connaissez les grèves aussi bien que moi, bonne dame... quoique je vous aie attrapée, ajouta-t-il, comme si une idée lui fût venue tout à coup, à la mare de Cayeu, qui n'arrêterait pas un enfant de huit ans. Enfin, n'importe; ça vous amuse de faire l'ignorante. Oui, bonne fée, ce vent annonce que la mer monte.

— Montera-t-elle vite, aujourd'hui?

— Assez.

— Combien faut-il de temps pour aller d'ici au Mont-Saint-Michel?

— Vous me le demandez?

La fée frappa son petit pied contre le sable.

— Un gros quart d'heure, en courant comme nous le faisions, ajouta Jeannin.

— Et la mer fermera la route ?

— A peu près dans une demi-heure.

La fée prit l'escarcelle à sa ceinture et la jeta sur le sable, où les écus parlèrent leur langage joyeux.

Jeannin poussa un grand cri d'allégresse, lâcha la fée et se précipita sur l'escarcelle.

Mais un doute le prit soudain.

— Si c'était de la monnaie du diable ! se dit-il.

Il se retourna vivement, pensant bien que la fée était déjà à mi-chemin des nuages.

La fée était debout à la même place.

Et le petit Jeannin remarqua pour la première fois combien sa taille était fine, noble et gracieuse.

On ne voyait point son visage, mais Jeannin, en ce moment, la devina bien belle.

— Enfant, dit-elle, d'une voix triste et si douce que le petit coquetier se rapprocha d'elle involontairement, ne montre cette escarcelle à personne, car elle pourrait te porter malheur.

— Il faudra pourtant bien la porter à Simon Le Priol, pensa Jeannin.

— Simonnette est belle et bonne reprit la fée ; rends-la heureuse.

— Oh ! quant à ça, soyez tranquille !

— Prie Dieu pour monsieur Hue de Maurever, ton seigneur, qui est dans la peine, poursuivit encore la fée, et s'il a besoin de toi, sois prêt !

— Dam ! fit Jeannin avec embarras, je ne suis pas bien

brave, vous savez, bonne dame ! Mais c'est égal, je commence à croire que je deviendrai un homme un jour ou l'autre ! Et, tenez, j'avais bonne envie des cinquante écus nantais, n'est-ce pas, puisque j'ai osé courir après vous pour les avoir ? Eh bien ! ce soir, le chevalier qui est là-bas m'a dit : « Si tu veux me livrer le traître Maurever, tu auras cinquante écus nantais. » Moi, j'ai pris mes jambes à mon cou...

— Est-ce que tu sais où se cache monsieur Hue ? demanda la fée.

— Je pêche quelquefois du côté de Tombelène, répondit Jeannin qui eut un sourire sournois.

La fée tressaillit, puis elle lui prit la main.

Jeannin trembla bien un peu, mais ce fut par habitude.

— Si on t'appelait au nom de la Fée des Grèves, dit-elle, viendrais-tu ?

— Par ma foi, oui ! répondit Jeannin sans hésiter ; maintenant, j'irais !

— C'est bien... souviens-toi et attends. Adieu !

La fée franchit d'un bond la queue de la mare Cayeu.

Le vent du large prit son voile qui flotta gracieusement derrière elle. Jeannin resta frappé à la même place.

C'était à présent que lui venait la terreur superstitieuse.

Un instant, lorsque la fée avait prononcé le nom de Hue de Maurever, une idée avait voulu entrer dans l'esprit du petit Jeannin.

— Mademoiselle Reine... s'était-il dit.

— Ou son *Esprit*, peut-être, avait-il ajouté, puisqu'on dit qu'elle est défunte !

Nous avons glissé à dessein sur la partie prosaïque de la scène.

Par exemple, nous n'avons parlé qu'une seule fois du panier de la fée.

Jeannin n'avait sans doute pas vu ce panier, qui n'allait pas bien à une fée, mais qui eut été tout à fait mal séant pour un *Esprit*.

Un *Esprit* n'ira jamais porter un panier contenant des poulets (ô poésie!), un pain et un flacon de bon vin vieux.

Non. Un *Esprit* est incapable de cela.

Jeannin, cependant, renonça bien plus vite à l'idée de Reine de Maurever vivante qu'à l'idée de Reine fantôme.

Et vraiment, il ne faut pas voir les choses sur ces grèves si l'on veut rester dans la réalité.

Tout y revêt un cachet fantastique. La lumière, source et agent de tout spectacle, s'y comporte autrement qu'en terre ferme. De même que l'objet le plus commun placé au centre du kaléidoscope brille tout à coup et se teint de couleurs imprévues, de même les conditions de l'atmosphère, la nature du sol, quelque chose enfin qu'il importe peu de définir ici, font de ces grèves un immense appareil où la dioptrique et la catoptrique...

Hélas! bon Dieu, où allons-nous? L'auteur affirme sous serment qu'il a trouvé ces deux mots redoutables dans un almanach.

Pour en revenir aux merveilles de nos grèves, aux mille jeux de lumière qui trompent l'œil des riverains eux-mêmes et des Montois, il faut dire qu'aucun appareil, de physique n'en pourrait donner une idée. Pas n'est besoin d'aller au Sahara pour voir de splendides mirages.

Les sables de la baie de Cancale reflètent des fantaisies aussi brillantes, aussi variées que les sables d'Afrique. La pâle lune des rivages bretons évoque des féeries comme le brûlant soleil de Numidie.

Ce sont là de miraculeuses visions, des rêves inouïs que nulle imagination n'inventerait, même dans le délire de la fièvre.

La grève, comme un magique miroir, trahit alors les secrets d'un monde qui n'est pas le monde des hommes.

J'ai vu là des bocages enchantés voguant parmi les nuées qui bercent mollement l'île d'Armide plus belle que dans les songes du Tasse; j'ai vu les froides et nobles lignes du paysage grec, la perspective sans fin des Champs-Elysées; j'ai vu Babylone et ses terrasses orgueilleuses portant des orangers plus hauts que les chênes de nos bois.

J'ai vu, et c'était un fantôme, la forêt morte, la vieille forêt de Scissy, prolongeant ses massifs dans la mer et couvrant de son ombre sacrée Tombelène, le lieu des sacrifices humains.

Plus loin, c'était une flotte qui allait toutes voiles déployées, cinglant sur les tangues à sec. Plus loin une procession muette déroulant la pourpre et l'or de ses anneaux infinis.

Plus loin encore, un pauvre rideau de peupliers, devant la maison aimée...

Illusions! illusions! mensonges qui ravissent ou qui font pleurer!

Mais sous lesquels il n'y a que les sables nus attendant leur proie.

Oh! non, ce n'était pas une femme mortelle, l'être que voyait le petit Jeannin aux rayons de la lune!

Elle courait. Mais Jeannin voyait bien que son pied n'effleurait pas même les lises brillantes, où le pied d'un chrétien se serait enfoncé jusqu'à la cheville.

Elle courait, mais c'était son écharpe et son voile, déployés au vent, qui la portaient.

Parmi ces étincelles que la lune arrache aux tangues mouillées, elle passait comme dans une pluie d'or...

Et tout à coup le sol s'abaissa. La fée monta. Elle glissait dans les nuages.

Puis ce fut autre chose :

Jeannin se repentit amèrement de lui avoir dit que la mer mettait une demi-heure à venir.

Car la mer venait.

La mer passait, lisse comme une lame de cristal, sous les pieds de la jeune fille.

Mais les pieds de la jeune fille ne s'y mouillaient point.

Oh! que c'était bien la fée, la fée du récit de Simon Le Priol! la fée du chevalier breton qui courait sur les vagues...

Un nuage cacha la lune. La fée disparut.

Le petit Jeannin pesa l'escarcelle dans sa main, et reprit tout pensif le chemin du village de Saint-Jean.

Il possédait cette fortune qu'il avait souhaité avec tant de passion, les cinquante écus nantais qui devaient le rendre si heureux; et pourtant sa tête pendait sur sa poitrine.

Ce n'était pas la mer que le petit Jeannin avait vu ous les pieds de la fée, c'était le mirage de la nuit.

Jeannin connaissait trop bien les marées, lui qui vivait les jambes dans l'eau depuis sa première enfance, pour s'être trompé d'une demi-heure.

On a dit souvent que, dans les grèves de la baie de Cancale la mer monte avec la vitesse d'un cheval au galop.

Ceci mérite explication.

Si l'on a voulu dire que la marée partant des basses eaux, gagnait avec la rapidité d'un cheval qui galope, on s'est assurément trompé.

Si l'on a voulu dire, au contraire, qu'un cheval, partant du bas de l'eau en grande marée, aurait besoin de prendre le galop pour n'être point submergé, on n'a avancé que l'exacte vérité.

Cela tient à ce que la grève, plate en apparence, a, comme nous l'avons déjà dit, des rides, — des *plans*, suivant le langage des sculpteurs, — des endroits où la tangue cède d'une manière presque insensible, mais suffisante pour attirer le flot, justement à cause de l'absence de pente générale.

Ces défauts de la grève forment quand la mer monte, des espèces de rivières sinueuses qui s'emplissent tout d'abord et qu'il est très-difficile d'apercevoir dès la tombée de la brune, parce que ces rivières n'ont point de bords.

L'eau qui se trouve là ne fait que combler les défauts de la grève.

De telle sorte qu'on peut courir, bien loin devant le flot, sur une surface sèche et être déjà condamné. Car la mer invisible s'est épanchée sans bruit dans quelque canal circulaire, et l'on est dans une île qui va disparaître à son tour sous les eaux.

C'est là un des principaux dangers des *lises* ou sables mouvants que détrempent les lacs souterrains.

A vue d'œil, la mer monte, au contraire, avec une certaine lenteur, égale et patiente, excepté dans les grandes marées.

Cela ne ressemble en rien au flux fougueux et bruyant qui a lieu sur les côtes.

Ici, on ne voit à proprement parler, ni *vague* ni *ressac*, parce que la lame a été brisée mille fois depuis l'entrée de la baie jusqu'aux grèves et aussi sans doute parce que la marée ne rencontre aucune espèce d'obstacle.

C'est tout simplement le niveau qui monte et l'eau qui s'épanche en vertu des lois de la gravité.

Point d'efforts, point de luttes, point de montagnes chevelues, creusant leur ventre d'émeraude et jetant leur écume folle vers le ciel.

Pour peindre la grande mer et sa fureur, un peintre ne choisira certes jamais les alentours du Mont-Saint-Michel.

Mais qu'importe le mouvement, le fracas, la colère ? Les gens qui frappent froidement et en silence tuent tout aussi bien et mieux que si la rage les emportait.

Le mouvement désordonné, le fracas, les menaces, en un mot, sont des avertissements, tandis que la tranquillité attire et trompe.

Plus d'un parmi ceux qui sont morts sous les sables a dû sourire en voyant la mer monter entre Avranches et le Mont. Pourquoi prendre garde à ce lac benin qui s'enfle peu à peu et qui vient vous caresser les pieds si doucement.

Ce lac benin a de longs bras qu'il étend et referme derrière vous. Prenez garde!

Il était plus de deux heures de nuit lorsque la fée atteignit les roches noires qui forment la base du Mont-Saint-Michel.

La mer venait derrière elle. On l'entendait rouler de l'autre côté du Mont.

La fée s'assit sur un quartier de roc afin de reprendre haleine. Elle appuya ses deux mains contre sa poitrine pour comprimer les battements de son cœur.

De Saint-Jean-des-Grèves au Mont, il y a une grande lieue et demie. La fée, en parcourant cette distance, n'avait pas cessé un seul instant de courir.

Elle releva son voile pour étancher la sueur de son front et montra aux rayons de la lune cette douce et noble figure que nous avons admirée déjà dans la grande salle du manoir de Saint-Jean.

Puis elle tourna la base du roc et entra dans l'ombre sous la muraille méridionale de la ville.

Elle pouvait entendre au haut du rempart le pas lourd et mesuré du soldat de la garde de nuit qui veillait.

Ce n'était pas pour s'introduire dans la ville que notre fée prenait ce chemin, car elle passa derrière la Tour-du-Moulin, qui était la dernière entrée de la ville, et s'engagea dans des roches à pic où nul sentier n'était tracé.

Bien que la nuit fût claire, elle avait grand'peine à se guider parmi ces dents de pierre qui déchirent les mains et où le pied peut à peine se poser.

Elle allait avec courage, mais elle ne faisait guère de chemin.

Elle atteignit enfin une sorte de petite plate-forme au-dessus de laquelle un pan de pierre coupé verticalement rejoignait la muraille du château. Impossible de faire un pas de plus.

Mais la fée n'avait pas besoin d'aller plus loin, à ce qu'il paraît, car elle posa son panier sur le roc et s'approcha du pan de pierre.

Une sorte de meurtrière, taillée dans le granit même défendue par un fort barreau de fer, s'ouvrait sur la plate-forme.

La fée mit sa blonde tête contre le barreau.

— Messire Aubry! dit-elle tout bas.

— Est-ce vous, Reine? répondit une voix lointaine et qui semblait sortir des entrailles mêmes de la terre.

XIII

OU L'ON PARLE POUR LA PREMIÈRE FOIS
DE MAITRE LOYS

L'endroit du Mont où se trouvait maintenant Reine de Maurever était à peine assez large pour qu'une personne pût s'y asseoir à l'aise. Immédiatement au-dessus s'élevait la grande plate-forme du château que surmonte la basilique. Reine avait à sa gauche les murs inclinés de la Montgomerie, par où l'on monte au cloître et à toute cette partie des bâtiments appelée la *Merveille*.

Il y avait un archer de garde dans la guérite de pierre qui flanquait la plate-forme. Reine le savait; ce n'était pas la première fois qu'elle venait là. Elle savait aussi que la consigne des archers était de tirer sans crier gare, partout où ils apercevaient un mouvement dans les rochers.

Et cette consigne, soit dit en passant, n'était point superflue, car les Anglais tentèrent plus d'une fois, en ce siècle, de s'introduire nuitamment et par trahison dans l'enceinte du couvent-forteresse.

Reine de Maurever, dans sa vie ordinaire, était une enfant timide.

Mais Reine avait le cœur d'un chevalier quand il s'agissait de bien faire.

La mort elle n'y songeait même pas! C'était chose convenue avec elle-même que, dans ses courses hasardeuses, la mort était partout, sur les Grèves comme autour du Mont. Les sables mouvants, la mer, les balles ou les carreaux des arbalétriers, tout cela tue. Reine bravait tout cela.

Nous sommes au siècle des vierges inspirées, des dentelles de granit et de splendides cathédrales.

Jeanne d'Arc, une autre jeune fille possédée de Dieu, venait d'accomplir le miracle qui reste comme un diamant éblouissant dans l'écrin de nos annales.

Jeanne d'Arc, que Voltaire a insultée, afin qu'aucun honneur ne manquât à la mémoire de Jeanne d'Arc.

La pauvre Reine n'était point une Jeanne d'Arc. Peut-être que son bras eût fléchi sous l'armure. Mais elle n'avait pas un trône à sauver.

Sa force était à la hauteur de son dévouement modeste.

La vengeance du duc François la faisait plus pauvre et plus dénuée que la plus indigente parmi les filles des vassaux de son père. Elle n'avait plus à donner que sa vie. Elle donnait sa vie simplement, nous allions dire gaiement.

C'était une jeune fille, ce n'était rien, qu'une jeune fille, supportant sa peine avec courage, mais aspirant ardemment au bonheur.

Aubry était bien le fiancé qu'il fallait à cette blonde enfant des Grèves. Brave comme un lion, vif, bouillant, sincère ; un vrai chevalier en herbe.

Il y avait quinze jours qu'Aubry était captif. François de Bretagne l'avait fait arrêter le soir même de l'événement raconté aux premières pages de ce livre. Depuis lors, Aubry n'avait vu que le frère-convers, chargé de lui apporter sa provende, et Reine, qui était venue parfois le visiter.

La fenêtre de son cachot était taillée de façon à ce qu'il ne pût apercevoir que le ciel. Le sol où il reposait restait à six pieds au-dessous de la fenêtre-meurtrière.

Ce cachot avait été creusé, avec trois autres pareils, sous la plate-forme, par Nicolas Famigot, ancien prieur claustral et vingt-quatrième abbé de Saint-Michel. L'intérieur était tout roc. Le dessus de la porte avait un carré taillé au ciseau dans la pierre, avec la date : A. D. 1276.

Les ouvriers, en creusant cette cellule carrée dans le roc vif, avaient ménagé un petit cube de granit destiné à soutenir la tête du prisonnier.

A part cette attention, les quatre cachots étaient entièrement nus.

Ce fut quelques années plus tard seulement que Louis XI, le roi démocrate, s'arrêta émerveillé à la vue de ces prisons-modèles. Louis XI savait les dangers de la guerre qu'il avait déclarée à ses grands vassaux. Il aimait les cachots bien établis. Le Mont-Saint-Michel lui plut au-delà de tout dire.

Il y revint et il utilisa du mieux qu'il put ces cachots si recommandables.

A l'époque où se passe notre histoire, aucun captif politique n'avait encore illustré les dessous du Mont-Saint-Michel. Ces cachots étaient bonnement le pénitentiaire du couvent. On y mettait des moines ou des vassaux de l'abbaye, il avait fallu la requête du duc François pour qu'Aubry de Kergariou y pût trouver place.

Par autre grâce spéciale, le frère gardien avait été autorisé à lui délivrer quatre bottes de paille : de sorte qu'Aubry était à son aise.

Au moment où la voix de Reine se fit entendre sur la petite saillie qui était sous la fenêtre-meurtrière, Aubry dormait, couché sur la paille. Mais le sommeil des captifs est léger. Il ne fallut qu'un appel pour mettre Aubry sur ses pieds.

D'un bond il atteignit l'appui de la meurtrière et s'y tint suspendu.

— Pauvre Aubry! dit Reine.

Et ils causèrent.

Au bout de quelques minutes, la main droite d'Aubry qui tenait l'appui de la meurtrière lâcha prise, parce qu'elle commençait à s'engourdir ; ses pieds touchèrent le sol et rebondirent : sa main gauche saisit l'arête de granit et supporta tout le poids de son corps à son tour.

— Vous souvenez-vous de maître Loys, Reine? dit-il.

— Votre beau lévrier noir?

— Oui, mon beau lévrier ! mon pauvre ami si cher !

Reine convint que maître Loys était un parfait lévrier.

En ce moment, Aubry disparut pour reparaître aussitôt après, et, cette fois, ce fut sa main droite qui saisit l'appui de la meurtrière.

— Il est bien heureux, ce maître Loys ! dit Reine en riant.

— Cela vous étonne que je pense à lui ? demanda Aubry. Quand vous serez ma femme, Reine, vous verrez comme il vous aimera ! Mais vous ne pouvez pas l'aller chercher à Dinan...

— J'ai un messager tout trouvé, interrompit Reine.

Elle songeait au petit coquetier Jeannin qui avait de si bonnes jambes.

— Merci ! merci ! s'écria Aubry avec chaleur ; il me semble que rien ne me manquerait ici si je savais que mon beau Loys est en bonnes mains et traité comme il faut. Mais parlons de vous. Y a-t-il du nouveau ?

Reine secoua la tête.

— Il y a que le pays est rempli de soldats, répondit-elle ; nous aurons bien de la peine à nous défendre et à nous cacher désormais. Hier on a crié la somme promise à qui livrera la tête de mon père.

— Elle n'est pas encore gagnée, cette somme-là, Dieu merci !

— Ils sont nombreux. Une douzaine d'hommes d'armes, sans compter le chef, qui est un chevalier... et beaucoup de soldats.

— Ah ! dit Aubry, notre seigneur François a trouvé un chevalier pour s'avillir à ce métier-là !

— Il n'en a pas trouvé, repliqua Reine ; il en a fait un.

— A la bonne heure ! et quel est le croquant ?...

— Un de vos parents, Aubry...

— Méloir ! s'écria le jeune homme avec cette indignation mêlée de mépris qui ne peut tuer tout à fait le sourire ; Méloir... mon rival, vous savez, Reine...

Reine se redressa.

— Oh ! ne vous offensez pas ! Il était bon autrefois, mais vous verrez qu'il sera pendu quelque jour comme un vilain, si je ne lui donne pas de ma dague dans la poitrine.

— Pauvre Aubry ! dit Reine, entre sa poitrine et votre dague il y a loin !

Aubry disparut, comme si cette observation, cruelle dans sa vérité, l'eût foudroyé.

Ce n'était que sa main droite qui se fatiguait.

Ces plongeons soudains du pauvre prisonnier mettaient le comble à la bizarrerie de cette scène, où la gaieté de deux cœurs vaillants et jeune luttait presque victorieusement contre une profonde détresse.

Quand la tête d'Aubry se remontra, Reine vit qu'il secouait ses cheveux bouclés avec colère.

— Patience ! dit-il ; je sais que je ne suis bon à rien... Mais je payerai toutes nos dettes d'un seul coup, si Dieu le veut. Revenons à vous, Reine, vous parliez de la suite de ce coquin de Méloir...

— Je disais que leur nombre m'épouvante, Aubry, et j'allais ajouter que le secret de la retraite de mon père n'est plus à moi.

— Comment ! vous auriez confié...

— A vous seul, Aubry ! interrompit la jeune fille ; et si j'ai eu tort, ce n'est pas vous qui devez me le reprocher. Mais il y a deux nuits, en traversant la grève, j'ai vu qu'on me suivait. Je suis revenue sur mes pas ; j'ai fait tout ce que j'ai pu pour tromper cette surveillance... j'ai cru avoir réussi ; je me trompais : en mettant le pied sur le roc de Tombelène, j'ai revu la grande ombre maigre et difforme qui sortait du brouillard en même temps que moi...

— Vous avez reconnu l'espion ?

— J'ai reconnu le Normand Vincent Gueffès, qui habite depuis quelques mois sur le domaine de Saint-Jean-des Grèves.

— Est-ce un brave homme ?

— On dit dans le village qu'il vendrait bien son âme pour un écu.

Aubry garda le silence.

— Il y en a encore un autre, poursuivit Reine ; mais celui-là est un enfant loyal et dévoué. Je ne crains que Gueffès.

— Vous souvenez-vous, Aubry ? reprit-elle encore après une pause, la semaine passée nous étions tout pleins d'espoir, nous nous disions : notre peine ne durera, au pis aller, que quarante jours, puisque François de Bretagne n'a plus que quarante jours à vivre. Dieu m'est témoin que je prie chaque soir pour que monseigneur le duc se repente et non pas pour qu'il meure, mais enfin ce sont là des choses que mes prières ne changeront point. Monsieur Gilles a dit : « dans quarante jours » ! Je l'ai entendu ; sa voix mourante sonne encore à mon oreille. Aujourd'hui, deux semaines sont écoulées ; nous n'avons plus que vingt-cinq jours de peine. Nous parlions ainsi... Eh bien ! Aubry, mon espoir s'en va !

— Ne dites pas cela, Reine, où vous me ferez devenir fou dans cette cage maudite !

— Hélas ! continua mademoiselle de Maurever : un vieillard et une jeune fille pour combattre tant de soldats ! Je ne vous ai pas tout appris. Si Vincent Gueffès ne nous vend pas, ils sauront se passer de lui. Avez-vous entendu parler, Aubry, de ces lévriers qui chassent les naufragés sur les grèves d'Audierne et de Douarnenez, autour des rochers de Penmarch ? Méloir attend douze de ces lévriers.

— Le misérable ! s'écria Aubry.

— Demain, en traversant la grève pour porter le repas de mon père, acheva Reine, je serai chassée par la meute de Rieux comme une bête fauve.

La main d'Aubry se tendit jusqu'au barreau qu'il secoua avec furie.

Le barreau, scellé dans le roc, ne remua même pas.

— Il faudra bien qu'il cède, râla le pauvre porte-bannière, emporté par un accès de délire ; je l'arracherai ! oh ! je l'arracherai ! et si je ne peux pas, j'userai le roc avec mes ongles. Reine, je mourrai enragé dans ce trou, maintenant ! et si le vent m'apporte cette nuit les cris de cette meute infernale...

Il n'acheva pas. Un gémissement sortit de sa poitrine.

Sa main ensanglantée lâcha du même coup le barreau et la saillie de pierre.

Reine l'entendit tomber comme une masse au fond du cachot.

— Aubry ! dit la jeune fille effrayée.

Point de réponse.

— Aubry ! murmura-t-elle encore.

Elle n'osait élever la voix, à cause de l'archer qui veillait sur la plate-forme.

Aubry garda le silence.

Reine joignit ses mains, et sa prière désespérée s'élança vers le ciel.

— Mon Dieu ! Et vous, sainte Vierge ! dit-elle, ayez pitié de nous !

— Aubry ! murmura-t-elle pour la troisième fois ; revenez ! revenez ! j'ai été à Dol, je vous apporte une lime d'acier...

Ces mots n'étaient pas achevés, que la tête d'Aubry rayonnait à la meurtrière.

— Une lime ! s'écria-t-il, délirant de joie comme il délirait naguère de douleur ; une lime d'acier ! nous sommes sauvés, Reine, sauvés ! sauvés !

Un bruit rauque se fit à l'intérieur de la cellule, qui s'illumina soudain.

— Baissez-vous ! murmura Aubry qui se laissa choir aussitôt.

Reine obéit ; elle avait eu le temps de voir à l'intérieur du cachot, une tête chauve dont le front plombé recevait en plein la lumière d'une lampe.

XIV

PROUESSES DE MAITRE LOYS

Reine n'eut que le temps de se rejeter en arrière vivement et de se coller à la paroi extérieure du cachot.

A l'intérieur, elle entendit une grosse et joyeuse voix qui disait :

— On vous y prend, messire Aubry ! toujours bâillant à la lune ! Par saint Bruno, mon patron, n'avez-vous pas assez du jour pour songer creux ? Allez ! si mon devoir ne m'appelait pas ici à cette heure, je ronflerais comme le maître serpent du chœur, moi qui vous parle.

— Moi, je n'ai pas sommeil, mon bon frère Bruno, répondit Aubry, qui aurait voulu le voir à cent pieds sous terre.

— Eh bien ! je ne m'y connais plus ! s'écria le convers ; de mon temps, les jeunes gens dormaient mieux que les vieillards! Mais, après tout, c'est la tristesse qui vous pique, mon gentilhomme, et je conçois cela. Que saint Michel me garde! j'ai été soldat avant d'être moine, et je dis que vous avez bien fait de jeter votre épée aux pieds de ce pâle coquin qui a empoisonné son frère.

— Bruno! interrompit sévèrement le jeune homme d'armes, il ne faut pas parler ainsi devant moi de mon seigneur le duc!

— Bien! bien! je sais que vous êtes loyal comme l'acier, messire Aubry. Je vous aime, moi, voyez-vous, et si j'étais le maître, vous auriez la clef des champs à l'heure même, car c'est une honte à l'abbaye de Saint-Michel de servir de prison à ce damné de François. Bien! bien! je retiens ma langue, messire. Je disais donc que vous êtes un joli homme d'armes, mon fils, et que pour tout au monde je ne voudrais pas vous faire de la peine. Et tenez, ajouta-t-il d'un accent tout à fait paternel, si vous me disiez quelquefois : Frère Bruno, je boirais bien un flacon de vin de Gascogne, pourvu que ce ne fut ni quatre-temps ni vigiles, je ne me fâcherais pas contre vous.

L'excellent frère Bruno parlait ainsi avec une volubilité superbe, sans virgules ni points, et pendant qu'il parlait son franc visage souriait bonnement.

C'était presque un vieillard : Une tête chauve, mais joyeuse et pleine, qui avait bien pu être au temps jadis, la tête d'un vrai luron.

Depuis qu'Aubry était prisonnier dans les cachots de l'abbaye, frère Bruno faisait son possible pour adoucir la rigueur de sa captivité.

A l'heure des rondes il ne passait jamais devant la cellule d'Aubry sans y entrer pour faire un doigt de causette. Aubry l'aimait parce qu'il avait reconnu en lui un digne cœur.

Il laissait le frère Bruno lui conter les détails du dernier siége du Mont. Le bon moine s'était refait un peu soldat pour la circonstance. Il aurait voulu que le Mont fût assiégé toujours.

Mais les Anglais vaincus avaient abandonné jusqu'à leur forteresse de Tombelène, après l'avoir préalablement ruinée. Les jours de fête étaient passés.

D'ordinaire, Aubry recevait avec plaisir et cordialité les visites du moine ; mais aujourd'hui, nous savons bien qu'il ne pouvait être à la conversation. Pendant que frère Bruno parlait, il rêvait.

Bruno s'en aperçut et se prit à rire.

— Je ne peux pourtant pas vous déranger, dit-il, car je pense que vous ne recevez pas de visites.

Aubry s'efforça de garder un visage serein.

— Mais j'y pense, reprit le moine en riant plus fort, on dit que le lutin de nos grèves, qui avait disparu depuis cent ans, est revenu. Les pêcheurs du Mont ne parlent plus que de la bonne fée, depuis quinze jours. Vous étiez là perché à votre lucarne quand je suis entré..... peut-être que la Fée des Grèves était venue vous voir à cheval sur son rayon de lune.

Assurément, le frère Bruno ne croyait pas si bien dire.

Aubry rêvait toujours.

— A propos de cette Fée des Grèves, poursuivit le moine, il y a des milliers de légendes toutes plus divertissantes les unes que les autres. Vous qui aimez tant les vieilles légendes, messire Aubry, vous plairait-il que je vous en récite une ?

Ce disant, le frère Bruno s'asseyait sur la paille du lit et déposait sa lampe à terre. L'idée de conter une légende le mettait évidemment en joie.

Aubry le donnait au diable du meilleur de son cœur.

— Au temps de la première croisade, commença frère Bruno, le seigneur de Châteauneuf, qui était Jean de Rieux, vendit tout, jusqu'à la chaîne d'or de sa femme, pour équiper cent lances. M'écoutez-vous, messire Aubry ?

— Pas beaucoup, mon bon frère Bruno.

— La légende que je vous conte là s'appelle la *Grotte des Saphirs*, et montre tous les trésors cachés au fond de la mer.

— Je n'irai point les y quérir, mon frère Bruno.

— Jean de Rieux ayant donc équipé ses cent lances, reprit le moine convers, poussa jusqu'à Dinan suspendre un médaillon bénit à l'autel de Notre-Dame, puis il partit, laissant sa dame, la belle Aliénor, aux soins de son sénéchal.

Aubry bâilla.

— Jamais je ne vis chrétien bâiller en écoutant cette légende, messire Aubry, dit le moine un peu piqué, et cela me rappelle une autre aventure...

— Oh ! mon bon frère Bruno ! si vous saviez comme j'ai sommeil !

— Tout à l'heure vous prétendiez...

— Sans doute, mais depuis...

— C'est donc moi qui vous endors, messire ! demanda le moine en se levant.

— Vous ne le croyez pas, mon excellent frère !..
Aubry lui tendit la main.

Le moine la prit sans rancune et la secoua rondement.

— Allons, s'écria-t-il ; pour votre peine vous ne m'entendrez jamais vous conter la légende de la grotte des Saphirs, qui est au fond de la mer. Bonne nuit donc, messire Aubry, n'oubliez pas vos oraisons et faites de bons rêves.

A peine la porte était-elle refermée qu'Aubry se suspendait de nouveau à l'appui de la meurtrière.

— Reine ! oh ! Reine ! dit-il ; que Dieu vous bénisse pour avoir eu cette pensée d'acheter une lime ! Nous sommes sauvés !

— Puissiez-vous ne point vous tromper, Aubry !..

— Demain soir, ce barreau sera tranché...

— Mais pourriez-vous passer par cette fente étroite ?

— J'y passerai, dussé-je y laisser la peau de mes épaules et de mes reins !

— Et une fois que vous serez passé, mon pauvre Aubry, aurons-nous seulement un ennemi de moins ?

— Vous aurez un défenseur de plus, Reine ! s'écria le jeune homme avec enthousiasme. Ecoutez ! pendant que ce bon moine était là, je rêvais et je me souvenais. Sait-on ce que peut un homme de cœur, même contre une multitude ?. Avec Loys pour combattre les lévriers de Rieux, et moi pour combattre les hommes d'armes du mécréant Méloir, par saint Brieuc ! j'irai à la bataille d'une âme bien contente !

— Je ne sais... voulut dire la jeune fille.

— Ecoutez ! écoutez, Reine, poursuivit Aubry avec

une chaleur croissante ; vous ne connaissez pas maître Loys ! C'est un preux à sa façon, j'en fais serment ! Une fois, il y a deux ans de cela, mon noble père, qui était malade à la mort, eut envie de manger des lombes de daim. Les daims s'en vont de notre Bretagne, mais il y en a encore dans la forêt de Jugon.

Je dis à mon père : Messire, je vas vous quérir un daim.

Il sourit et me donna sa main pâlie : Quand un homme va mourir, il a des désirs fous comme les enfants ou les femmes.

Je pris maître Loys, et je descendis vers Lamballe. Nous marchâmes lui et moi tout un jour.

Au revers de la forêt de Jugon s'élève le manoir des anciens seigneurs de Kermel, habité maintenant par le juif Isaac Hellès, argentier du dernier duc.

Isaac avait six fils qui se prétendaient maîtres de la forêt. Tous grands et robustes, bruns de poil, la bouche rentrée, le nez en bec d'aigle comme les gens d'Orient. Si quelqu'un, gentilhomme ou vilain, chassait dans la forêt, les fils d'Isaac Hellès venaient et le tuaient.

On savait cela.

Ils avaient une meute dressés à fondre sur les braconniers et leurs chiens.

J'arrivai à la nuit tombante sur la lisière de la forêt de Jugon. Maître Loys releva piste dès les premiers pas, mais il était trop tard pour chasser.

Je connus les traces et je fis une lieue dans la forêt pour choisir un affût.

J'avais pour armes mon épieu et mon couteau.

8*

Un bon épieu, Reine, fort comme une lance et pointu comme une aiguille.

J'attachai maître Loys au tronc d'un chataigner, et je lui dis : « Couche ! » il ne bougea plus.

Le daim arriva, trottant dans le taillis ; maître Loys faisait le mort.

Quand le daim passa, je lui plantai mon épieu sous l'épaule ; il tomba sur ses genoux, et je l'achevai d'un coup de couteau dans la gorge.

Maître Loys poussa un long hurlement de joie.

Et alors ! comme si ce cri eut évoqué une armée de démons, la forêt s'illumina soudain. Des torches brillèrent à travers les arbres, la trompe sonna. Je vis des cavaliers qui accouraient au galop, excitant des chiens lancés ventre à terre.

Je me dis :

— Voici les fils d'Isaac Hellès le juif, qui viennent avec leur meute pour me tuer.

D'un revers, je coupai la courroie qui retenait Loys, et je pris mon épieu à la main. Loys ne s'élança pas. Il resta devant moi, les jarrets tendus, la tête haute. Les juifs criaient déjà de loin ; Sus ! sus !

Il y avait un grand chêne qui s'élevait à la droite de la voie ; j'allai m'y adosser, pour ne pas être massacré par derrière.

A ce moment-là même, les fils d'Isaac, avec leur meute et leurs valets, tombèrent sur nous comme la foudre.

Je vois encore leurs visages longs et cuivrés à la rouge lueur des torches.

Vous dire exactement ce qui se passa, Reine je ne

le pourrais pas, car je ne le sais guère moi-même.

Un tourbillon s'agitait autour de moi. Je recevais à la fois des coups par tout le corps. Mon front s'inondait de sang et de sueur.

Je me souviens seulement que je disais de temps en temps, machinalement et sans savoir :

— Hardi ! maître Loys !

Je me souviens aussi que je le voyais toujours devant moi, muet au milieu de la meute hurlante, et travaillant Dieu sait comme !

Mon épieu se levait et retombait. Je commençais à ne plus sentir mes blessures, ce qui est signe qu'on va s'évanouir ou mourir...

Aubry s'arrêta pour reprendre haleine.

En ces temps où toute vie traversait des dangers violents, la délicatesse des femmes, loin de répugner à de pareils récits, doublait l'intérêt qu'elles y portaient. Elles n'avaient plus horreur du sang pour avoir pansé trop de plaies.

Reine écoutait, haletante.

Elle était avec Aubry dans la forêt, au pied du grand chêne. Les torches l'éblouissaient ; le bruit l'étourdissait ; elle saignait par les blessures d'Aubry.

Hardi ! maître Loys ! défends ton maître !

— Pourtant, reprit Aubry, dans la simplicité de sa vaillance, je voulais rapporter les lombes du daim à monsieur mon père, qui en avait désir.

Comme je sentais bien que j'allais tomber, je me dis :

— Allons, Aubry ! un dernier coup de boutoir !

Et je quittai mon poste comme une garnison assiégée

qui fait une sortie. Et je brandis mon épieu ! et je frappai, merci de moi, tant que je pus ! Il me sembla que les torches s'étaient éteintes, et qu'il n'y avait plus personne devant moi. Je crus que c'était le voile de la dernière heure qui s'étendait sous mes yeux.

Je me laissai choir.

Je restai là bien longtemps. Quand je m'éveillai, le soleil se jouait dans les hautes branches des arbres.

Maître Loys, le poil sanglant, léchait mes blessures.

Autour de moi, gisant sur l'herbe, il y avait six cadavres, qui étaient les six fils d'Isaac Hellès. Pour sa part, maître Loys avait étranglé deux juifs et une demi-douzaine de chiens.

C'est une bonne bête que maître Loys !

Je dépeçai le daim ; ne pouvant l'emporter tout entier, je pris le filet avec les lombes, et je revins au manoir, un peu maltraité, mais content.

Mon vieux père, qui n'y voyait plus, ne sut pas que j'étais blessé. Il fit en souriant, avec les lombes du daim, son dernier repas qu'il trouva fort bon, et puis mourut.

Telle fut la conclusion du récit d'Aubry.

Comme Reine écoutait encore, il ajouta :

— Que Dieu me donne cette joie de me voir, avec maître Loys à mes côtés et une arme dans la main, au milieu des soudards de mon cousin Méloir, je ne lui demande pas autre chose !

— Vous êtes brave, Aubry ! dit Reine doucement ; vous serez un capitaine ! Oui, vous avez raison, si vous étiez libre, nous pourrions sauver mon père.

— Eh bien donc, s'écria le jeune homme en donnant

le premier coup de lime au barreau, travaillons à ma liberté !

L'acier grinça sur le fer.

Aubry était bien mal à l'aise, mais il y allait de si grand cœur !

— Et maintenant, Aubry, dit Reine après quelques instants, que Dieu soit avec vous ; je vais me retirer.

— Déjà !

— Il y a deux jours que mon père m'attend.

— Mais la mer est haute !

— Elle baisse. Et s'il reste de l'eau entre Tombelène et le Mont au point du jour, il faudra bien que je la traverse à la nage.

— A la nage ! se récria Aubry ? ne faites pas cela, Reine, le courant est si terrible !

— Si je traversais de jour, on me verrait, et la retraite de mon père serait découverte.

Aubry ne trouva pas d'objection, mais toute son allégresse avait disparu.

La lune tournait en ce moment l'angle des fortifications. Un reflet vint à l'épaule de Reine, puis la lumière monta lentement, se jouant dans les plis de son voile noir et parmi ses cheveux blonds.

— Quand je traverserai la mer à la nage, dit Reine, je serai moins en danger qu'ici, mon pauvre Aubry.

— Pourquoi ?

— Parce que la lune luit pour tout le monde, répliqua Reine. L'archer qui est sur la plate-forme...

— Il vous voit ? interrompit Aubry d'une voix étouffée par la terreur.

— Oui, répondit Reine, le voilà qui tend son arbalète.

— Fuyez! oh! fuyez!

Reine lui fit un adieu de la main et se baissa.

Un trait siffla et rebondit sur les roches.

Aubry se laissa choir au fond de son cachot.

Puis il se reprit encore à la saillie de pierre.

— Reine! Reine! cria-t-il; un mot par pitié...

Un second trait vint frapper l'extrême pointe du rocher, la brisa et fit jaillir une gerbe d'étincelles.

Aubry sentit son cœur s'arrêter.

En ce moment, dans le silence de la nuit, une voix déjà lointaine s'éleva et monta jusqu'à sa cellule.

Elle disait :

— Au revoir!

Aubry se mit à genoux et remercia Dieu comme il ne l'avait jamais fait en sa vie.

XV

A QUAND LA NOCE ?

Le petit Jeannin était resté longtemps à regarder la fée courir sur le miroir des grèves.

Quand la fée disparut enfin dans l'ombre du Mont, le petit Jeannin sembla s'éveiller.

Il secoua sa jolie tête chevelue, pesa l'escarcelle, et fit une gambade. Sa joie s'enflait et grandissait à mesure qu'il marchait, le nez au vent et la tête fière, comme un homme opulent peut marcher. L'allégresse lui montait au cerveau. Il était ivre.

Tantôt il gesticulait follement, tantôt il entonnait à pleine gorge un noël appris à la paroisse de Cherrueix, tantôt encore il prenait son élan, touchait le sable de ses deux mains étendues, retombait sur ses pieds et poursuivait cet exercice durant des demi-lieues.

Quiconque a voyagé sur nos routes de l'Ouest a pu voir de jeunes citoyens exécuter ce naïf tour de force sous le poitrail des chevaux. Cela s'appelle *faire la roue.* Jeannin faisait la roue comme un dieu.

Quand il avait bien fait la roue, il rejetait en arrière la masse de ses cheveux qui l'aveuglait, et c'étaient des éclats de rire, des sauts, des cabrioles.

Il s'en donnait, il s'en donnait le petit Jeannin !

Puis tout à coup il mettait le poing sur la hanche, comme le hallebardier de la cathédrale de Dol. Il marchait à pas comptés. Voyez quel homme grand cela faisait !

Avec une soutanelle de laine brune au lieu de sa peau de mouton, il eût ressemblé à un clerc.

Mais cette gravité-là ne durait point.

Jeannin demeurait aux Quatre-Salines. Sa vieille mère avait une petite cabane où le vent venait par tous les bouts. Cette nuit, le rêve de Jeannin bâtit une bonne maison de marne à sa vieille mère.

Quant à lui, nous savons qu'il couchait rarement au logis.

A l'extrémité du village des Quatre-Salines, il y avait une ferme riche ; devant la ferme, dans le verger, une belle meule de paille six fois grande comme la cabane de la mère de Jeannin.

C'était là le vrai domicile du petit coquetier. Il s'était creusé un trou bien commode dans la paille, et il dormait là mieux que vous et moi.

Sa mère avait une bique (chèvre). La bique tenait dans la cabane la place du petit Jeannin : il lui fallait bien trouver son gîte ailleurs.

Par-delà le mont Dol et les coteaux de Saint-Méloir-des-Ondes, l'aube teintait de blanc les contours de l'horizon, quand Jeannin arriva au bout de la grève. Il était trop tôt pour se présenter chez Simon Le Priol. Jeannin sauta tête première dans sa meule de paille et s'endormit tout d'un temps.

Le bon somme qu'il fit! et les bons rêves!

Il vit des cierges allumés pour ses noces dans l'église du bourg de Saint-Georges. Fanchon la ménagère tenait sa fillette par la main et la conduisait à l'autel. Simon le Priol avait son pourpoint de fêtes gardées.

Quand le petit Jeannin dormait une fois, c'était pour tout de bon. Le soleil se leva et se coucha pendant qu'il dormait. A son réveil, la brune était déjà tombée.

— Oh! dà! se dit-il, le jour tarde bien à se montrer ce matin!

Il sortit de sa meule attendant toujours le soleil.

Ce fut la lune qui vint.

— Allons! se dit le petit Jeannin, j'ai fait un joli somme. Il faut courir chez Simon Le Priol pour demander Simonnette en mariage!

La route se fit gaiement. Jeannin avait son escarcelle sous sa peau de mouton.

Il frappa à la porte de Simon.

— Holà! petiot, lui dit le bonhomme quand il fut entré, depuis quand frappes-tu aux portes comme si tu étais quelque chose?

De fait, le petit Jeannin n'avait point coutume de frapper. Il faisait comme les chats : il entrait tout doucement sans dire gare.

S'il avait frappé ce soir, c'est qu'en effet, sans se rendre compte de cela, il se sentait devenu *quelque chose*

— Bonjour, Simon Le Priol, dit-il avec un pied de rouge sur la joue ; bonjour, dame Fanchon et la maisonnée.

La maisonnée se composait de deux vaches et de quatre *gorets*, car Simonnette était dehors, ainsi que tous les Mathurin et toutes les Gothon.

Fanchon et Simon se regardèrent.

— Qu'a-t-il donc, ce petit gars-là? demanda la métayère ; il a l'air tout affolé !

— Est-ce que tu es malade, petiot? interrompit Simon avec bonté.

Jeannin ne savait pas s'il était bien portant ou malade.

Sa langue était paralysée. Simon le Priol et sa ménagère lui semblaient, en ce moment, plus imposants qu'un roi et une reine.

Il n'avait point préparé son discours.

Tout à l'heure, cela lui paraissait si simple de dire en entrant :

— Bonjour à trétous, je viens pour épouser Simonnette.

Maintenant il ne pouvait plus.

— Femme, dit Simon, il est tout pâle et il tremble les fièvres. Donne-lui une écuellée de cidre bien chaud pour lui recaler le cœur.

— Oh! merci tout de même, murmura Jeannin ; mais dam, je n'ai point froid au cœur. Bien du contraire quoique l'écuellée de cidre ne soit pas de refus. Mais, je vais vous dire : faut que vous sachiez ça tous deux. Il m'est tombé un bonheur.

La porte grinça sur ses gonds.

La mâchoire de maître Vincent Gueffès se montra sur le seuil.

Ce fut dommage, car le petit Jeannin était lancé : il allait défiler son chapelet tout d'un coup.

Vincent Gueffès tira la mèche de cheveux qui pendait sur son front. C'était sa manière de saluer.

Puis il s'assit, dans le foyer, sur un billot. Il fit à Jeannin un signe de tête amical.

Depuis le matin, maître Vincent Gueffès ruminait pour trouver un moyen honnête de faire pendre le petit coquetier.

Jeannin resta la bouche ouverte.

— Eh bien ! dit Fanchon, qu'est-ce que c'est que ce bonheur-là qui t'est tombé, mon petit gars ?

Jeannin se mit à tortiller les poils de sa peau de mouton.

Gueffès vit qu'il gênait. Cela lui fit un véritable plaisir.

— Allons ! cause vite ! s'écria Simon ; crois-tu qu'on a le temps de s'occuper de toi toute la soirée ?

— Oh ! que non fait ! maître Simon, répliqua Jeannin avec humilité, quoique je n'en aurais pas eu l'idée sans vous, bien sûr et bien vrai.

— Quelle idée ?

— L'idée des cinquante écus nantais...

— Est-ce que tu voudrais vendre la tête de notre bon seigneur ! s'écria Fanchon déjà rouge d'indignation.

Maître Vincent Gueffès dressa l'oreille.

Il l'avait longue.

— Pas de moitié ! dit Jeannin, employant ainsi la plus

énergique négation qui soit dans le langage du pays ; le chef des soudards me l'a bien proposé, mais je n'entends pas de cette oreille-là !

— A la bonne heure !

— C'est d'autres écus, reprit Jeannin, des écus qui... que... enfin, je vas vous dire... C'est des écus, quoi !

Il releva la tête, tout satisfait d'avoir pu donner une explication aussi catégorique.

— Ça ne nous apprend pas... commença maître Vincent Gueffès.

Mais Jeannin ne le laissa pas achever.

— Pour ce qui est de vous, l'homme, dit-il rudement, on ne vous parle point ! Et si vous voulez causer tous deux, allez m'attendre à la porte !

Simon et sa femme se regardèrent encore.

Ce petit Jeannin, plus poltron que les poules !

Maître Gueffès essaya de sourire, ce qui produisit une grimace très-laide.

Jeannin se retourna de nouveau vers le métayer et la métayère.

— Voyez-vous, dit-il en forme d'explication, je n'aime pas ce Normand-là, parce qu'il rôde toujours autour de Simonnette.

— Et qu'est-ce que ça te fait, petiot ? demanda Simon en riant.

La figure de Jeannin exprima l'étonnement le plus sincère.

— Ce que ça me fait ! répéta-t-il ; mais je ne vous ai donc rien dit depuis que nous bavardons là ! Ça me fait que Simonnette est ma promise...

Simon et sa femme éclatèrent de rire pour le coup.

— Oh! le pauvre Jeannin! s'écria Fanchon, en se tenant les côtes, il a bien sûr marché sur le trèfle à quatre feuilles!

Il n'en fallait pas tant pour déconcerter le petit Jeannin. Toute sa vaillance tomba, et les larmes lui vinrent aux yeux.

— Dam! fit-il, puisqu'il ne faut que cinquante écus nantais.

— Et où les pêcheras-tu, garçonnet, les cinquante écus nantais?

Jean tira de dessous sa peau de mouton l'escarcelle de fines mailles, qui scintilla aux lueurs du foyer.

Simon et sa ménagère ouvrirent de grands yeux.

Maître Gueffès allongea le cou pour mieux voir.

— Qu'est-ce que c'est que ça? demandèrent à la fois Simon et Fanchon.

Jeannin souriait.

— Ah! mais! répondit-il, quand on tient la Fée des Grèves, elle donne tout ce qu'on demande!

— La Fée des Grèves! répétèrent les deux bonnes gens stupéfaits.

Maître Simon Le Priol était un peu dans la situation d'un charlatan qui évoquerait des fantômes de carton pour amuser son public et qui verrait surgir un vrai spectre.

— La Fée des Grèves! répéta-t-il une seconde fois; mais c'est des contes de veillée, tout ça, petiot!

— Comment? l'histoire du chevalier breton?...

— Un conte!

Jeannin fit sonner les pièces d'or qui étaient dans l'escarcelle.

— Et ça, est-ce des contes? demanda-t-il d'un accent de triomphe ; la Fée des Grèves a bien pu transporter le chevalier au Mont, à la marée haute, puisqu'elle m'a donné de quoi épouser Simonnette !

Ce disant, le petit Jeannin ouvrit l'escarcelle et fit ruisseler les écus sur la table de la ferme. Il y en avait bien plus de cinquante. Simon et Fanchon étaient littéralement éblouis.

Vincent Gueffès restait immobile dans son coin.

Il se disait :

— J'ai pourtant failli être pendu pour ces beaux écus tout neufs, moi!

Il se dit encore :

— La demoiselle aura pris l'escarcelle ; le petit falot, la tête pleine des contes de maître Simon, aura couru après la demoiselle... Et puis, voilà.

Maître Vincent Gueffès, comme on voit, était un homme de beaucoup de sens.

Impossible de mieux résumer l'histoire que nous avons racontée en tant de chapitres!

Simon et sa femme étaient bien loin de voir aussi clair dans ces mystérieuses ténèbres.

Ils regardaient les écus d'un air peu rassuré.

Mais c'étaient des écus. Simon les aimait ; Fanchon aussi.

Simon interrogea Fanchon de l'œil et Fanchon répondit :

— Dam! notre homme. Jeannin est un beau petit gars, tout de même!

— Pour ça, c'est vrai! appuya Simon Le Priol en considérant Jeannin avec attention, ce qu'il n'avait jamais fait en sa vie.

— Il a de beaux yeux bleus, ce petit-là, ajouta Fanchon d'une voix presque caressante déjà.

— Et des cheveux comme une gloire! renchérit Simon.

Le petit Jeannin, rouge de plaisir, se laissait chatouiller. Maître Vincent Gueffès s'était levé bien doucement. Il était au centre du groupe avant qu'on n'eût songé à lui.

— A quand la noce? dit-il.

Son air était si narquois que les deux bonnes gens en tressaillirent.

— Ça ne te fait rien, à toi, répliqua Jeannin, puisque tu n'en seras pas de la noce. Va-t'en!

Maître Gueffès tira sa mèche et s'en alla, mais sur le seuil il se retourna :

— Si fait! si fait! petit Jeannin, dit-il sans se fâcher, tu épouseras la hart, mon mignon... et j'en serai, de la noce!

Il disparut. On entendit au dehors son aigre éclat de rire.

— Bah! fit la ménagère Fanchon, jalousie!

— Rancune! ajouta Simon Le Priol.

Et l'on fit asseoir le petit Jeannin à la bonne place, pour causer du mariage.

Car le mariage était désormais affaire conclue.

Les écus restaient sur la table auprès de l'escarcelle ouverte.

Il se fit tout à coup un grand bruit dans la campagne.

Le cor sonnait, et le pas lourd des chevaux retentissait sur les cailloux.

En même temps, de vagues et lointaines clameurs arrivaient par le tuyau de la cheminée.

Simon, sa femme et le petit Jeannin continuaient de causer mariage.

On heurta rudement à la porte, et l'on dit :

— De par notre seigneur le duc !

Simon, tout effaré, courut ouvrir.

La Noire et la Rousse beuglaient d'effroi sur la paille.

Les hommes d'armes de Méloir entrèrent, commandés par Kéravel et conduits par maître Vincent Gueffès.

Derrière eux venait tout le village, les quatre Mathurin, les quatre Gothon, la Scholastique, trois Catiche, une Perrine et deux Joson.

Simonnette et son frère Julien étaient toujours dehors.

— Que voulez-vous? demanda Simon Le Priol.

L'archer Merry le jeta sans beaucoup de façon à l'autre bout de la chambre.

— Messeigneurs, dit Vincent Gueffès, voici l'escarcelle et voilà le voleur !

Il montrait le petit Jeannin.

Tous les hommes d'armes reconnurent l'escarcelle du chevalier Méloir.

On se saisit du pauvre Jeannin et Kéravel dit :

— Attachez la hart haut et court au pommier qui est en face !

On attacha la hart pour pendre le voleur.

Maître Vincent Gueffès était derrière Jeannin.

— Je t'avais bien dit, petiot, murmura-t-il, que j'en serais de la noce !

XVI

AIMEL ET PENHOR

On dit que parfois, quand le vent du nord-ouest laboure profondément les eaux de la baie, on dit que l'œil du matelot découvre d'étranges mystères entre les deux monts et les îles de Chaussey.

Ce sont des villages entiers, ensevelis sous les flots, des villages avec leurs chaumières et le clocher de leur église.

Des villages dont les noms sont :

Bourgneuf, Tommen, Saint-Etienne-en-Paluel, Saint-Louis, Mauny, Epiniac, la Feillette, et d'autres encore.

Des villages noyés dont les cadavres pâles gisent dans le sable avec les débris des naufrages et les grands troncs de la forêt de Scissy.

L'Océan a mis des siècles dans sa lutte sans pardon contre la pauvre terre de Bretagne. L'Océan, vainqueur, dort maintenant sur le champ de bataille.

Et ce n'est pas la tradition seulement qui a conservé souvenir de ces mortels combats. Les chartriers des familles et des monastères, les archives des villes, les cartons poudreux des gardes-notes renferment une foule de titres authentiques constatant des droits de propriété sur ces domaines défunts, sur ces moissons submergées.

Tel pauvre homme court les chemins avec son bâton et sa besace, qui possède sous ces grands lacs un apanage de prince.

Des châteaux, des prairies, des futaies, de gais moulins qui caquetaient sur le bord des rivières, — des cabanes paisibles dont la fumée lointaine pressait le pas fatigué du voyageur.

Les navires passent maintenant, toutes voiles déployées, à cent pieds au-dessus des demeures hospitalières. La mer a étendu sur le manoir et sur la chaumière, sur le chêne et sur le roseau, son niveau terrible, qui est là mort.

Sombre et prophétique image qui dit à l'homme Titan le néant de ses hardiesses, immense raillerie des railleries du siècle, montrant le linceul comme unique et dernière expression de l'égalité rêvée.

Tout le long de nos côtes, depuis Granville jusqu'au cap Fréhel, derrière Saint-Malo, la mer conquérante a porté ses sables stériles sur l'opulence féconde des guérets.

Çà et là, un rocher reste debout, dressant sa tête noire

au-dessus des vagues, et gardant son ancien nom de fief, de château, de village. Car la terre a ses ossements comme nous, et la montagne décédée laisse après soi un squelette de pierre.

Les Malouins jettent leurs filets de pêche sur les belles prairies de Césambre, et ce lieu austère où Châteaubriand a voulu son tombeau, le Grand-Bé, était autrefois le centre d'un jardin magnifique.

Nul ne saurait dire exactement le temps que la mer a mis à couvrir ces contrées. La lutte était commencée avant l'ère chrétienne. On sait que les bocages druidiques s'étendaient à huit ou dix lieues en avant de nos côtes.

Plus tard, la forêt de Scissy planta ses derniers chênes sur les falaises de Chaussey.

En ce temps-là, le Couesnon était un grand fleuve que Ptolémée et Ammien Marcellin confondaient en vérité avec la Seine.

Ce Couesnon marneux, ce Couesnon grisâtre, cette rivière folle qui s'égare dans les grèves comme une coquetière ivre.

C'était un fleuve fier, suzerain de la Selune et suzerain de la Sée, qui lui apportaient le tribut de leurs eaux. Son embouchure était au-delà des montagnes de Chaussey, qui forment maintenant un archipel.

Il passait alors à droite du Mont-Saint-Michel, longeant les côtes actuelles de la Manche.

Ce fut bien longtemps après qu'il fit sa première *folie*, sautant de l'est à l'ouest, enlevant le Mont à la Bretagne pour le donner à la Normandie.

« Li Couësnon a fait folie :
« Si est le mont en Normandie... »

Aimez-vous les légendes? Penhor, fille de Bud, était la femme d'Amel, le pasteur des troupeaux d'Annan. Annan était seigneur et comte dans le Chezé au-delà du mont Tombelène.

Il avait son château au milieu de sept villages qui lui payaient l'ost quand il mettait ses hommes d'armes en campagne.

L'un de ces villages avait nom Saint-Vinol; Amel et Penhor y faisaient leur demeure.

Penhor avait dix-huit ans; Amel atteignait sa vingt-cinquième année.

Amel était grand, souple et robuste. Un hiver que le loup rayé de Chezé était sorti de la forêt pour trouver sa pâture en plaine, Amel se coucha dans la plaine pour attendre le loup.

Ces loups rayés sont plus grands que des poulains de six mois; ils tuent les chevaux et boivent le sang des bœufs endormis.

Ces loups rayés ne fuient pas devant l'homme. La pointe des flèches ne sait pas entamer leur cuir. Si on les frappe avec l'épieu, l'épieu se brise dans la main.

Amel saisit le loup rayé entre ses bras nerveux et l'étouffa.

Mais avant de partir pour attendre le loup, Amel avait suspendu dans l'église du village, sous la niche où souriait la bonne Vierge, une quenouille de fin lin, arrondie par les belles mains de Penhor.

Amel et Penhor n'avaient point d'enfants.

Quand Amel gardait les troupeaux et que Penhor restait seule dans la chaumière, elle était bien triste. Elle se disait :

— Si j'avais un beau petit chérubin sur mes genoux, le portrait vivant de son père, j'attendrais gaiement le retour d'Amel.

Et de son côté Amel pensait :

— Si Penhor, ma bien-aimée, me donnait un cher petit, son vivant portrait, comme je rentrerais heureux à la maison !

— Penhor, ma chère femme, dit-il un jour, tisse un voile à sainte Marie, mère de Dieu, et nous aurons peut-être un petit enfant.

Penhor tissa un voile à sainte Marie, mère de Dieu, un voile blanc comme la neige, et plus transparent que la brume légère des soirées d'août.

La mère de Dieu fut contente, Amel et Penhor eurent un petit enfant. Ils s'aimèrent davantage auprès de son berceau.

Quand l'enfant eut neuf jours et que Penhor fut relevée, Amel prit le berceau dans ses bras pour porter l'enfant au baptême.

Le baptême reçu, Penhor souleva le berceau à son tour. Elle fit le tour de l'église et gagna l'autel de la Vierge.

— Marie ! ô sainte Marie, dit-elle agenouillée, l'enfant que tu nous as donné, je te le rends ; qu'il soit à toi et qu'il grandisse voué à ta couleur divine. Regardez-le, sainte Marie ; il s'appelle Raoul, comme le père de son père. Regarde-le, afin que tu le reconnaisses au jour du péril.

Amel répondit :

— Ainsi soit-il.

La couleur de Marie est le bleu du ciel.

L'enfant Raoul grandit sous cette pieuse livrée.

Il était beau ; il avait les blonds cheveux de sa mère et l'œil noir d'Amel, le vaillant pasteur, son père.

On ne sait si ce fut à cause des péchés des gens de Saint-Vinol ou à cause des péchés de toutes les paroisses de la côte. Une nuit, nuit de grand malheur, l'eau du Couesnon s'enfla comme le lait bouillant qui franchit les bords du vase.

Le vent soufflait du nord-ouest ; la pluie tombait, la terre tremblait.

La plaine était couverte d'eau.

Quand vint le matin, on vit que le Couesnon débordé, c'était la mer.

La mer qui avait rompu les barrières posées par la main de Dieu.

Elle arrivait, sombre, houleuse, charriant des arbres déracinés et des cadavres de bestiaux.

L'église de Saint-Vinol était située sur une hauteur. — Les gens du bourg s'y réfugièrent.

Amel et Penhor, qui avaient emmené leur enfant, restèrent à la porte, parce qu'il n'y avait plus de place dans la nef.

L'eau montait, montait.

Amel prit sa femme dans ses bras. Ils avaient de l'eau jusqu'à la ceinture. Il dit :

— Adieu, ma chère femme. Soutiens-toi sur moi ;

peut-être que l'eau s'arrêtera enfin. Si je meurs et que tu sois sauvée, ce sera bien.

Penhor obéit.

L'eau montait.

Quand l'eau toucha sa ceinture, Penhor éleva le petit Raoul, disant :

— Adieu, mon enfant chéri. Soutiens-toi sur moi; peut-être que l'eau s'arrêtera enfin. Si je meurs et que tu sois sauvé, ce sera bien.

L'enfant fit ce que lui disait sa mère.

L'eau montait toujours, toujours.

Bientôt, il ne resta plus au-dessus des vagues courroucées que la tête blonde du petit Raoul, et un pan de sa robe bleue qui flottait.

Or, la Vierge de l'église de Saint-Vinol quittait en ce moment sa niche submergée, afin de s'en retourner au ciel.

Elle emportait toutes ses offrandes dans ses mains.

En passant au-dessus du cimetière, elle aperçut la tête blonde du petit Raoul et le pan de sa robe bleue.

La Vierge arrêta son vol et dit :

— Cet enfant est à moi. Je veux l'emporter à Dieu.

Elle le prit par ses blonds cheveux. L'enfant était lourd, bien lourd, pour un si petit corps.

La sainte Vierge fut obligée de lâcher ses offrandes une à une, et d'y mettre ses deux mains.

Quand elle eut lâché ses offrandes, le lin, les fleurs et les fruits mûrs, elle put soulever l'enfant.

Elle vit bien alors pourquoi le petit Raoul était si lourd.

Sa mère le tenait de ses doigts mourants et crispés.

De ses doigts crispés et mourants, le père tenait la mère.

Oh ! le saint amour des familles !

La Vierge sourit. Elle dit :

— Ils s'aimaient bien.

Elle emporta le père avec la mère, la mère avec l'enfant, trois âmes heureuses dans l'éternité de Dieu !

On raconte cette histoire aux veillées entre Saint-Georges et Cherrueix.

Le mont Tombelène est plus large et moins haut que le Mont-Saint-Michel, son illustre voisin.

A l'époque où se passe notre histoire, les troupes de François de Bretagne avaient réussi à déloger les Anglais des fortifications qui tinrent si longtemps le Mont-Saint-Michel en échec. Ces fortifications étaient en partie rasées. Il n'y avait plus personne à Tombelène.

Sur la question de savoir si ce mont doit son nom à Jupiter ou à la douce victime du géant venu d'Espagne, Hélène, la nièce de Hoël, les opinions sont diverses.

Le roman de Brut, père de tous les poëmes chevaleresques, assigne au mot Tombelène cette dernière étymologie.

C'est parce qu'Artus trouva là un tombeau de la nièce de Hoël, déshonorée et immolée par le perfide géant espagnol, que le mont s'appela Tombelène : *Tumba Helenæ.*

« Del tombe ù sî cors fu mis
« A tombe Hélaine c'est nom pris. »

Les historiens et les antiquaires prétendent par contre que Tombelène vient de *Tumba-Beleni.*

Il faut laisser aux antiquaires et aux historiens le plaisir de développer leurs thèses respectives.

Ce qui est certain, c'est que Tombelène a sa chronique comme le Mont-Saint-Michel : seulement, sa chronique est plus vieille. Tombelène se mourait déjà quand saint Aubert vint fonder la gloire du Mont Saint-Michel.

C'était sur le rocher de Tombelène, parmi les ruines des fortifications anglaises, que monsieur Hue de Maurever avait trouvé un asile, après la citation au tribunal de Dieu, donnée en la basilique du monastère.

On ne sut jamais comment Hue de Maurever s'était procuré l'habit monacal, on ne sut pas davantage comment il avait obtenu l'entrée du chœur au moment de l'absoute.

Enfin on s'expliqua difficilement comment il avait pu disparaître devant tant de regards ouverts, gagner l'escalier des galeries et fuir par cette voie si périlleuse.

Il avait fui, voilà ce qui n'était pas douteux.

Le procureur de l'abbé, le prieur des moines et toutes les autorités du monastère s'étaient mis à la disposition du prince breton pour retrouver le fugitif.

Méloir avait fouillé le jour même tous les recoins des bâtiments claustraux, toutes les maisons de la ville, tous les trous du roc.

Peine inutile.

L'aventure devait finir mystérieusement, comme elle avait commencé.

Il faut pourtant dire que si Méloir avait encore mieux cherché, il ne fût point revenu les mains vides auprès de son seigneur; car monsieur Hue n'était rien moins qu'un esprit follet.

A l'éperon occidental du Mont, il y avait une petite chapelle, restaurée depuis, et qui est placée aujourd'hui comme elle l'était alors sous l'invocation de saint Aubert.

Cette chapelle est complétement isolée.

Hue de Maurever s'y était caché derrière l'autel.

Quand la nuit fut venue, il traversa le bras de grève mouillée qui sépare les deux monts, et gagna Tombelène.

XVII

LA FAIM

C'était l'intérieur d'une tour désemparée, formant l'extrême corne des ouvrages anglais à Tombelène, du côté opposé au Mont-Saint-Michel.

Il n'y avait plus de couverture.

Les rayons de la lune frappaient obliquement le haut des murailles, et ne pouvaient descendre jusqu'au sol encaissé que leurs reflets éclairaient néanmoins de lueurs confuses et douteuses.

Sur le sol, il y avait une pierre recouverte avec de l'herbe arrachée aux maigres pâturages de Tombelène; sur la pierre, un vieillard de haute taille était assis et dormait, sa grande épée entre les jambes.

Devant lui, deux meurtrières écorchées par les balles et les traits de toute sorte s'ouvraient. L'une commandait la grève, l'autre voyait le Mont-Saint-Michel.

Le vieillard, qui était monsieur Hue de Maurever, chevalier, seigneur du Roz, de l'Aumône et de Saint-Jean-des Grèves, s'était adossé à la muraille même de la tour. Il avait la tête nue, et les reflets qui tombaient d'en haut mettaient des teintes argentées dans les masses de ses cheveux blancs. Sa longue barbe, blanche aussi, descendait sur sa poitrine.

Il dormait tout droit et semblait un bloc de pierre, tombé de la voûte, mais tombé debout.

Ou mieux encore, dans ces ténèbres vaguement éclairées, vous auriez cru voir la statue d'un chevalier, taillée dans le granit noir, et dont les contours supérieurs sortaient, blanchis par la neige.

C'était cette même nuit où nous avons suivi la course de la Fée des Grèves, depuis le manoir de Saint-Jean jusqu'à la prison d'Aubry de Kergariou, sous les fondements du monastère.

Le ciel était pur, et c'est à peine si un souffle d'air ridait la mer à son reflux.

On n'entendait aucun bruit, sinon le flot murmurant sur le sable du rivage.

Le sommeil du vieillard était tranquille.

Les heures de nuit passaient. Bientôt les reflets de la lune tournèrent et pâlirent. Le crépuscule du matin envoya ces lueurs livides qui creusent les joues et enfoncent l'œil dans l'ombre des orbites agrandies.

La figure du vieillard s'éclaira peu à peu.

Elle était belle, noble, austère.

Mais il y avait de la souffrance dans ces lignes fouillées profondément. Les traits étaient durs à force de maigreur. L'ombre des rides s'accusait, profonde.

Monsieur Hue de Maurever était âgé de soixante ans. Quatre ans auparavant, Gilles de Bretagne, son seigneur, l'avait exilé de sa présence, pour conseils inopportuns et remontrances trop sévères ; car monsieur Hue avait essayé maintes fois d'arrêter le jeune et malheureux prince sur cette pente de débauches et d'intrigues politiques qui devaient servir de prétextes à son frère.

L'arrestation de Gilles de Bretagne fut, en effet, bien regardée d'abord par le peuple.

Monsieur Hue, dès qu'il sut le prince enfermé, revint à lui sans ordres. Il lui servit d'écuyer dans les diverses prisons où la haine de François poursuivit le malheureux jeune homme, et ne le quitta que contraint par la force, au moment où Gilles franchissait le seuil funeste du château de la Hardouinays.

Hue de Maurever était un Breton de la vieille souche : dur et fidèle comme l'acier.

Dans cette retraite qu'il s'était choisie pour fuir la vengeance de François, il n'y avait rien, ni meubles, ni vivres.

Une cruche sans eau et une croix qu'il avait fabriquée lui-même avec deux morceaux de bois, voilà quelles étaient ses richesses.

Au moment où le crépuscule du matin commençait à dessiner les objets au dehors, Hue de Maurever se réveilla en sursaut et serra son épée.

Son regard interrogea l'entrée de la tour qui était barricadée à l'aide de quelques planches, et il fit un pas en avant, l'épée haute, comme pour repousser des assaillants invisibles.

Un rêve lui avait montré, sans doute, sa retraite attaquée.

Le silence profond qui régnait sur le mont Tombelène mit bien vite fin à son erreur; son épée retomba.

— Ce n'est pas encore pour cette nuit, murmura-t-il.

Cela fut dit sans regret, assurément, mais aussi sans joie, sur le ton de l'indifférence la plus parfaite.

Il étira ses membres fatigués et engourdis par la pose qu'il avait gardée dans son sommeil.

Puis il s'agenouilla devant la croix de bois et dit ses oraisons.

Parmi ses oraisons, il y en avait une qui était ainsi :

— « Mon Dieu! pardonnez-moi de m'être élevé contre
« mon seigneur légitime le duc François de Bretagne.

« Donnez à mondit seigneur le repentir.

« Qu'il aille en votre miséricorde à l'heure de sa
« mort. »

Longtemps après qu'il eût achevé ces prières prononcées à haute voix, il resta sur ses genoux, la tête inclinée, un murmure aux lèvres.

Dans ce murmure revenait souvent le nom de Reine.

Reine, sa fille, son amour unique, son espoir chéri.

Hue de Maurever se leva enfin. Le jour avait grandi, mais la brume matinière enveloppait le Mont-Saint-Michel, Hue pouvait sortir comme s'il eut fait nuit noire.

Il jeta de côté les planches qui barricadaient la brèche de sa tour et mit le pied dehors.

La mer baissait avec lenteur. Il y avait encore un large et rapide courant entre le Mont et Tombelène. La brume qui était légère laissait voir le flot bleuâtre à cent pas de distance.

Hue de Maurever marcha vers la rive.

— Elle n'est pas venue hier, pensait-il, ni avant-hier non plus. Mon Dieu! lui serait-il arrivé malheur!

Disant cela, sa main se porta involontairement vers sa poitrine qu'il pressa.

Ce geste n'appartenait pas à son inquiétude de père. C'était une souffrance physique qui le lui arrachait. Il avait faim.

Ses provisions étaient épuisées depuis l'avant-veille.

Reine devait le savoir, et Reine ne venait pas.

Reine qui était la fille courageuse et dévouée!

Il ne sentit pas longtemps ce mal de la faim qui brise les plus forts, car son cœur saigna tout de suite à la pensée de sa fille.

Et la douleur morale tue bientôt la douleur physique.

Mais cette absence de Reine pouvait être expliquée. Depuis deux nuits, la mer se trouvait haute à l'heure où la jeune fille traversait d'ordinaire l'espace qui sépare les deux monts. Peut-être attendait-elle, cachée quelque part dans les Rochers du Mont-Saint-Michel.

Hue de Maurever allait lentement, suivant le cours de l'eau.

A mesure que la raison lui donnait des motifs de penser qu'aucun malheur n'était tombé sur Reine, la faim parlait de nouveau et plus fort.

Ce n'était pas un gourmet que ce chevalier austère.

Et pourtant des rêves sensuels voltigeaient en ce moment autour de son cerveau fatigué.

Qui de vous a eu faim? J'entends la faim qui tord les muscles de la poitrine et fait monter à la tête le délire furieux.

La faim qui est à votre faim quotidienne ce que la

mort est au sommeil, ce que le gril des martyrs est au foyer qui chauffe doucement la semelle de vos souliers.

La faim, le grand supplice !

Vous n'avez jamais eu faim ? tant mieux ! que Dieu vous en préserve !

Celui qui écrit ces pages a eu faim. Il sait quelques-unes des phases de cette lente et terrible agonie.

Il est un moment bizarre où la faim raille et joue. On est encore bien loin de la mort. On souffre, mais la force n'est presque pas entamée, les jambes restent fermes, et c'est à peine si quelques éblouissements courent au-devant des yeux.

On a des rêves, tout éveillé ; entre quatre murs, le phénomène du mirage se produit.

Le vide se meuble. Tout ce qui se mange vient se ranger sur la pauvre table nue. L'étalage d'un marchand de victuailles n'est rien auprès du magnifique buffet que sait vous dresser la faim.

Hue de Maurever en était là.

Il ne demandait qu'un morceau de pain, et la faim généreuse lui prodiguait un festin de roi.

Oh ! les riches pièces de venaison fumantes ! Les jambons, les langues de bœuf, le faisan qui garde son noble plumage !

Les pâtés, dressant sur le lin blanc leur fantasque architecture !

Et les épices, et les pyramides de fruits : la poire dorée, la pêche de velours, le raisin transparent et blond !

Et le vin vermeil qui brille dans l'or ciselé des grandes coupes !

Monsieur Hue voyait toutes ces belles choses en marchand le long de la grève.

Un morceau de pain !

Au manoir de l'Aumône, — un beau nom pour la maison d'un gentilhomme, — la table était loin d'être somptueuse ; mais il y avait simple et noble abondance.

La dernière fois que monsieur Hue avait soupé au manoir de l'Aumône, on mit sur la table un certain haut-côté de sanglier, large, dodu, énorme.

Monsieur Hue s'en souvenait de ce généreux plat : il le voyait, il avait l'eau à sa bouche.

Un morceau de pain ! un morceau de pain !...

Ce fut comme un miracle. Au moment où monsieur Hue se retournait pour regagner sa retraite, car il lui semblait que le voile protecteur de la brume allait s'éclaircir ; au moment où, répondant à la fois à son anxiété de père et aux cris de son estomac en révolte, il murmurait : « Ce soir, elle viendra ! » la manne lui apparut.

Elle ne tombait point du ciel, la manne ; elle glissait sur la mer.

C'était un panier, un joli petit panier, tressé délicatement, d'où sortait le bout d'un pain de froment.

Cette fois, point d'illusion, c'était bien un pain, un bon gros pain, comme on les fait du côté de Saint-Jean.

Le panier allait, entraîné par le reflux.

Monsieur Hue se mit vraiment à courir comme un jouvenceau. — En approchant, il put voir que le bon pain était en compagnie.

Le panier contenait en outre un flacon de vin et deux volailles d'un aspect enchanteur.

Monsieur Hue mit ses pieds dans l'eau et se disposa à saisir le bienheureux panier au passage avec la croix de son épée.

Mais ses doigts se détendirent tout-à-coup ; son épée lui échappa : il devint plus pâle qu'un mort et poussa un cri de détresse.

Il avait reconnu le panier de Reine !

Reine ! Sans doute, elle avait essayé de traverser le bras de mer à la nage.

Elle savait que son père l'attendait.

Reine ! oh ! Reine !

Le vieillard mit ses deux mains sur son visage, et des larmes coulèrent entre ses doigts tremblants.

Pendant cela le petit panier mignon allait à la dérive, emportant le pain, le flacon et le reste.

Monsieur Hue avait manqué l'occasion.

Maintenant, lors même qu'il l'eût voulu, il n'aurait pu se saisir du panier, qui commençait à s'alourdir et qui allait bientôt sombrer avec sa précieuse cargaison.

Mais monsieur Hue songeait bien à cela.

Sa fille ! sa pauvre belle Reine !

Son cœur se déchirait.

Il craignait, en levant les yeux, de voir un lambeau de robe, un voile, un débris, — quelque chose d'horrible !

La brume s'était complétement éclaircie.

Monsieur Hue prit son grand courage et regarda devant lui.

Devant lui, l'eau coulait paisiblement, découvrant de plus en plus la grève.

Au loin, le Mont-Saint-Michel sortait du brouillard,

majestueux et fier, avec sa couronne d'édifices hardis.

Entre lui et le Mont, — dans un rayon de soleil, — une jeune fille courait, gracieuse comme une sylphide.

— Reine ! Reine !

La sylphide se retourna et lança un baiser à travers le bras de mer.

Le vieux Maurever leva au ciel ses yeux mouillés, et remercia Dieu.

C'était bien Reine qui courait là-bas, en s'éloignant de lui, et c'était bien le panier de Reine que le vieux Maurever avait été sur le point de saisir avec la croix de son épée.

Reine, après avoir échappé aux deux décharges de la sentinelle qui veillait sur la plate-forme du couvent, s'était perdue dans les rochers qui descendent à la mer du côté de la chapelle Saint-Aubert.

Elle avait attendu là quelque temps ; puis, voyant venir les premières lueurs de l'aube, elle avait tourné le Mont pour se rapprocher de Tombelène.

Le reflux n'avait pas encore débarrassé le bras de grève qui est entre les deux rochers. Reine se trouva en face d'une sorte de fleuve au courant rapide. Le jour approchait. Elle voulut profiter de la brume et se mit vaillamment à la nage.

Mais le courant la prit dès les premières brasses. Elle fut obligée de lâcher son panier et de rebrousser chemin.

C'était vingt-quatre heures d'attente pour le vieillard qui souffrait.

Reine le savait.

Elle avait le cœur bien gros, la pauvre fille, en traversant la grève ; mais, outre que le reflux avait emporté ses provisions, elle ne pouvait aller à Tombelène en plein jour, sans trahir le secret de la retraite de son père.

La route qui lui restait à faire pour regagner le village de Saint-Jean était longue, car elle ne pouvait traverser la grève bretonne à cause de la présence des soldats de Méloir. Il lui fallait rester en Normandie jusqu'à la terre ferme, où les haies pourraient alors protéger sa marche.

Elle était lasse et presque découragée.

Si le petit Jeannin ne lui eût point pris l'escarcelle de Méloir, elle aurait attendu la nuit de l'autre côté d'Avranches, au bourg de Genest ou ailleurs, elle aurait acheté des provisions, et profité du bas de l'eau, vers le commencement de la nuit, pour passer à Tombelène.

Mais elle n'avait rien ; elle avait tout donné, pressée qu'elle était de s'enfuir.

Le seul moyen qu'elle eût désormais de se procurer des vivres, c'était de rôder la nuit prochaine, autour des maisons de Saint-Jean, et de prendre, au seuil des portes closes, les offrandes déposées pour la fée des Grèves.

Le jour, il fallait qu'elle errât dans la campagne de Normandie.

Il n'était pas encore midi lorsqu'elle arriva au bourg d'Ardevon, à une demie-lieue de la rive normande du Couesnon. Elle s'enfonça dans les guérets, et le sommeil la prit, accablée de fatigue, au milieu d'un champ de froment.

Elle ne fit pas comme le petit Jeannin, qui dormit douze heures ce jour-là dans sa meule de paille. Elle s'éveilla longtemps avant le coucher du soleil, et fit le grand tour pour arriver au village de Saint-Jean à la nuit tombante.

Le manoir était désert lorsqu'elle parvint au pied du tertre

Méloir avait parcouru les bourgs des environs pour publier, à son de trompe l'édit ducal.

La meute de Rieux reposait en attendant la chasse de cette nuit.

Reine descendit jusqu'au village. A mesure qu'elle avançait, il lui semblait entendre un grand bruit de clameurs et de rires.

Au détour d'une haie, elle vit les pommiers du verger de maître Simon Le Priol s'éclairer d'une lueur rougeâtre.

Elle s'approcha ; la haie la protégeait contre les regards.

Elle distingua bientôt, à la lumière des torches, une foule assemblée : des paysans, des femmes et des soudards.

Un archer nouait une corde à la branche du pommier qui était devant la maison de Simon Le Priol.

Elle s'approcha encore.

Elle entendit que les soudards disaient :

— Voler l'escarcelle d'un chevalier ! c'est bien le moins qu'on le pende !

Reine s'arrêta toute tremblante. Elle avait deviné. L'enfant qui l'avait poursuivie sur la grève allait mourir — et mourir à cause d'elle.

XVIII

JEANNIN ET SIMONNETTE

La Bretagne a regretté longtemps le pouvoir national de ses ducs. Maintenant qu'elle est française, elle aime encore à se rappeler ce temps où, placée entre deux grands royaumes, elle maintenait son indépendance à beaux coups d'épée.

La Bretagne, on le sait, n'a pas été conquise. On la glissa la noble et fière nation, comme un colifichet, dans une corbeille de mariage.

Et si elle a gardé bon souvenir à sa duchesse Anne, c'est que la Bretagne n'a point de rancune.

La Bretagne des ducs avait la liberté féodale. La Bretagne des rois fut opprimée par le trône et défendit le trône attaqué de toutes parts.

Nous n'avons point à faire ici le panégyrique du

quinzième siècle en Bretagne ou ailleurs ; mais il ne faudrait pas juger une civilisation par quelques excès isolés, par quelques crimes, qui étaient des crimes alors comme aujourd'hui.

Si l'on jugeait ainsi, notre *Gazette des Tribunaux* nous vouerait tout net à la malédiction et au mépris des siècles futurs.

Car les crimes pullulent parmi notre orgueilleuse lumière, autant et plus que dans les ténèbres antiques.

Et des crimes d'élite, des crimes qui effraieront l'impudeur des dramaturges à venir !

Nous parlons ainsi en songeant à ce pauvre petit Jeannin qui allait être bel et bien pendu par les soldats de Méloir.

Tout le village de Saint-Jean était rassemblé devant la porte de Simon Le Priol. La maison était fermée. Elle servait de prison au petit Jeannin.

Le petit Jeannin avait les mains liées. Il était couché auprès des deux vaches.

Kéravel avait dit qu'il fallait attendre le retour de messire Méloir, au moins jusqu'à l'heure ordinaire du couvre-feu.

Gueffès n'était pas de cet avis, mais il n'avait pas voix au chapitre.

Le petit Jeannin était littéralement foudroyé. Il ne bougeait non plus que s'il eût été mort déjà. Ce coup qui le frappait au milieu de son bonheur l'avait anéanti.

Au dehors, on s'agitait, on parlait, les soldats riaient. Les gens du village, saisis d'effroi, n'avaient pas même l'idée de protester.

Simon et sa femme se tenaient immobiles au seuil de leur maison.

Tous sentaient que la disgrâce de monsieur Hue de Maurever, leur seigneur, leur enlevait les moyens de résister.

Derrière le compartiment de la ferme où se tenaient les bestiaux, une petite porte communiquait avec la basse-cour.

Cette porte s'ouvrit doucement et Simonnette entra dans la salle commune.

Elle avait les yeux gros de larmes et les sanglots étouffaient sa poitrine.

— Oh! pauvre petit Jeannin! s'écria-t-elle en tombant sur la paille auprès de lui, pourquoi allais-tu après cette méchante fée!

Elle lui saisit les deux mains et se prit à le regarder, désespérée.

— Mourir! mourir! balbutia-t-elle parmi ses larmes; mourir! oh! je ne veux pas que tu meures, Jeannin, mon petit Jeannin! je t'en prie!

Elle était comme folle.

Jeannin eut pitié.

— Ecoute, dit-il, il faut te faire une raison, ma fille. Dans notre métier, tu sais bien, souvent on va en grève le matin, et le soir on ne revient pas. Songe donc! si tu m'avais attendu en vain, pauvre Simonnette, auprès des petits enfants orphelins, c'est alors que tu aurais eu raison de pleurer!

Il était sublime de sérénité simple et douce, Jeannin, qu'on accusait d'être *plus poltron que les poules*. Parmi les soldats qui raillaient au dehors, pas un n'eût vu d'un cœur si calme approcher sa dernière heure.

Ce qui l'occupait, c'était de consoler Simonnette.

Mais Simonnette ne pouvait pas être consolée.

A travers la porte, on entendait les soldats qui disaient ;

— Oh çà ! messire Méloir tarde bien à venir. Nous faudra-t-il donc attendre pour souper qu'on ait pendu ce petit homme ?

— Mes bons garçons, répondait maître Gueffès qui était, ce soir, aimable et gai, m'est avis que messire Méloir aimerait autant trouver la besogne faite.

Simonnette s'était retenue de pleurer pour écouter.

— Ils vont venir ! murmura-t-elle.

Jeannin baissa la tête pour essuyer une larme à la dérobée.

— Je sais que tu es bonne, Simonnette, dit-il timidement ; là-bas, aux quatre-Salines, il y a une pauvre vieille femme...

— Ta mère, Jeannin !

— Ma mère... c'est vrai... et j'aurais dû penser plus tôt à elle. Ma mère qui est presque aveugle et qui n'a que moi pour soutien.

— Je serai sa fille ! s'écria Simonnette.

— Le promets-tu ? demanda Jeannin qui gardait un peu d'inquiétude.

— Je le jure !

Le front de Jeannin se rasséréna aussitôt.

— Puisque c'est comme ça, dit-il tu iras chez nous demain matin. Tu ne diras pas tout de suite à la vieille femme : « Dame Renée, le petit Jeannin est mort, » parce que ça lui donnerait un coup, et elle n'est pas forte. Tu lui prendras les deux mains, et tu commenceras ainsi :

« Dame Renée, dame Renée, c'est un métier bien dangereux que de courir les tangues. » Elle arrêtera son rouet pour te regarder. Tu l'embrasseras, Simonnette, et tu reprendras comme ça : « Dame Renée ; oh ! dame Renée !... »

Il s'arrêta et laissa échapper un gros soupir.

Le cœur de Simonnette se fendait.

— Oui, poursuivit encore l'enfant, qui luttait contre le navrant de cette scène avec un courage héroïque ; oui... je ne sais pas, moi, Simonnette, comment tu tourneras cela ; tu es plus habile que moi, pour sûr. Ce qu'il faut, c'est la ménager, car elle aime bien son petiot, va ! Et... et..., oh ! mon Dieu ! Je voudrais bien qu'ils vinssent me prendre et me tuer, car cela fait trop souffrir d'attendre !

Au dehors, les soudards causaient pour passer le temps.

— La fée des Grèves, disait Kervoz, les laveuses de nuit. Les Korigans, les femmes blanches et le reste, ce sont des mensonges, et les nigauds s'y prennent.

— Mensonges, mensonges, grommelait Merry, quand on a vu pourtant !

— Est-ce que tu as vu, toi ?

— Sur l'échallier qui est à droite de la maison de mon père, en Tréguier, répondit Merry, j'ai vu les chats courtauds tenir conseil ; ils étaient deux, un roux et un *gâre* (blanc et noir). Le gâre avait les yeux verts.

— Et qu'est-ce qu'ils faisaient sur l'échallier ?

— Ils parlaient en latin, je ne les ai pas compris.

Un éclat de rire général accueillit cette réponse.

— Quant aux *femmes blanches*, dit l'archer Couan, dans

l'évêché de Vannes, d'où je suis, j'en connais par douzaines. Il y a celle du marais de Glenac, auprès de Carentoir, qui prend les chalands par les deux bouts et les fait tourner comme des toupies, jusqu'à ce qu'elle les mette au fond de l'eau.

— Je n'ai jamais vu ni chats courtauds, ni femmes blanches, reprit un autre soldat; mais mon oncle Renot est mort de la peur que lui fit une lavandière à la lune.

On ne riait plus qu'à demi, parce qu'il ne faut pas parler longtemps de choses surnaturelles, quand on veut que les vrais Bretons restent gaillards.

Ils sont faits comme cela. Au bout de dix minutes, ils ont froid; au bout d'un quart d'heure, leurs dents claquent.

Aussi aiment-il de passion à entendre parler de choses surnaturelles.

— Et les corniquets! poursuivit Merry, qui ne les a vus danser autour des croix sur la lande? Une fois, Merry de Poulven, mon parrain, était dans son courtil à gauler les pommes. C'était dimanche, et il avait tort. A l'heure de la fin des vêpres un gentilhomme entra dans le courtil, par où? je ne sais pas, et dit à mon parrain :

— Mieux vaut gauler des pommes à cidre que de braire au lutrin, mon homme, pas vrai?

— Oh! oui, tout de même, répondit mon parrain, qui ne songeait pas à mal.

Le gentilhomme, qui était un Corniquet, prit une gaule et se mit à gauler des pommes avec mon parrain. Mon parrain pensait :

— Voilà, de vrai, un bon seigneur !

Les pommes tombaient par boissées.

Quand tout fut tombé, le gentilhomme tendit sa perche à mon parrain, qui n'avait guère de malice, oh ! non.

Mon parrain prit la perche.

Aussi vrai comme Poulven est en Ploubalay, devers la rivière de Rance, mon parrain se sentit emporté par-dessus ses pommiers. Le gentilhomme tenait l'autre bout de la perche et il nageait dans l'air comme un poisson dans l'eau.

Ce qu'il arriva ? que mon parrain eut l'idée de dire un Ave, et que le malin là cha la perche, en criant : Tu me brûles !

Quoi ! mon parrain se réveilla avec une côte défoncée, sur les pierres de Saint-Suliac, de l'autre côté de la Rance...

Il y eut un murmure sourd parmi les soldats et les villageois qui s'étaient rapprochés pour entendre l'histoire.

— Mais la Fée des Grèves ? reprit Kervoz, qui n'était déjà plus fanfaron qu'à moitié.

Un Mathurin se chargea de répondre.

— Y avait des années qu'on ne l'avait pas entr'aperçue, dit-il, ornant son langage à cause de la circonstance ; mais depuis quelques jours approchant, elle a reparu de par ici, car les écuellées de gruau s'en vont toutes les nuits, écuelles et tout.

Un Mathurin ayant ainsi parlé, les quatre langues des Gothon brûlèrent.

— Ça, c'est vrai ! s'écrièrent-elles toutes quatre à la fois ; et chacun sait bien que quand on la rencontre en

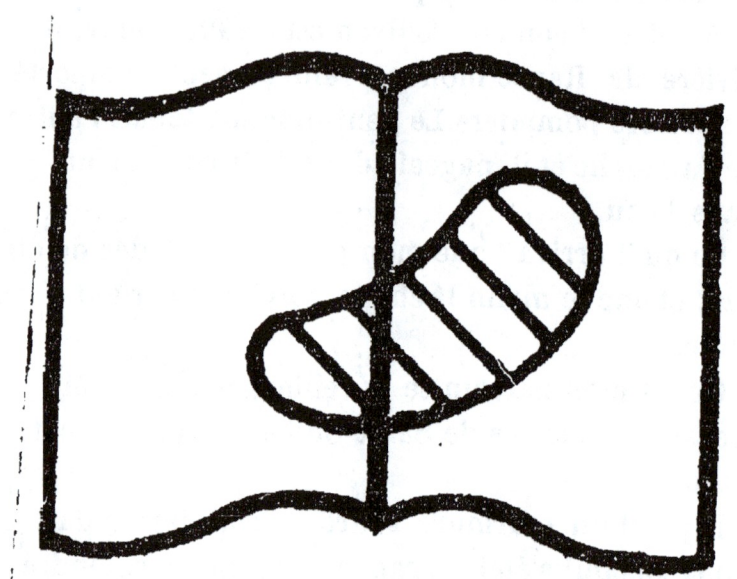

Illisibilité partielle

mauvais état qu'on est de péché mortel, on ne voit pas soleil levant le lendemain matin!

Parmi les soudards, il n'y en avait guère qui ne fussent en mauvais état de péché mortel. Plus d'un regard furfouilla la nuit avec terreur.

Il y eut un silence.

Pendant le silence, le malaise général augmenta. Mestre Méloir tardait trop.

Les torches pâlissaient, à bout de résine.

L'archer Conan ayant secoué la sienne pour en raviver la flamme, on vit une ombre noire glisser derrière le sommier où pendait déjà la hart. Chacun écarquilla les yeux.

Quand le jet de flamme mourut, l'ombre sembla rentrer en terre.

Soudards et paysans, tous frissonnèrent jusque dans la moëlle de leurs os.

— Allons, enfants! dit de loin Morgan, l'homme d'armes qui remplaçait Kéravel, finissons en. Allez chercher le petit gars et mettez-lui la corde au cou, vivement!

XIX

LE DÉPART

Les soldats se mirent en devoir d'obéir à l'ordre de Morgan, mais ce fut à contre-cœur. Ils avaient l'esprit frappé.

Dans la ferme, Jeannin et Simonnette étaient à genoux côte à côte.

Jeannin avait prié Simonnette de l'aider à dire sa dernière prière.

Simonnette pleurait, à chaudes larmes, mais Jeannin avait encore la force de sourire, quand il la regardait.

Il priait de son mieux, demandant que sa mère eût une douce vieillesse, et Simonnette une longue vie de bonheur.

Et vraiment, ainsi agenouillé, les yeux au ciel, ce petit Jeannin avait la figure d'un ange.

Lorsque les soldats entrèrent il se releva.

— Adieu, Simonnette, dit-il, pense un petit peu à moi, et souviens-toi de ce que tu m'as juré pour ma mère.

— Oh ! Jeannin ! ne t'en va pas ! criait la jeune fille qui s'attachait à lui avec désespoir.

Simon et sa ménagère regardaient cela du dehors. Ils voyaient bien que le bonheur de leur foyer n'était plus.

Les soldats prirent Jeannin et le menèrent vers le pommier qui devait servir de potence.

Maître Vincent Gueffès se cachait derrière les Gothon. Sa mâchoire souriait diaboliquement.

— Mon joli petit Jeannin, cria-t-il comme l'enfant passait, je t'avais bien dit que je serais de la noce !

Une main se posa sur l'épaule du Normand.

C'était la main de Simon Le Priol.

— Vincent Gueffès, dit le bonhomme, je te défends de passer jamais le seuil de ma maison.

Gueffès se recula et grommela entre ses dents :

— Voilà qui est bien, maître Simon !

Il y avait une agitation singulière parmi les soudards qui attendaient sous le pommier. Ils se parlaient à voix basse et d'un accent effrayé.

On entendait :

— Je te dis que je l'ai vue... une grande figure blanche et pâle sur un corps tout noir.

— Elle est là, balbutia un autre ; elle nous guette...

— Où ça ?

— Derrière la haie.

— Saint Guinou ! c'est vrai ! Je vois ses yeux briller entre les feuilles.

Les torches jetaient des lueurs ternes et mourantes qui faisaient tous les visages livides.

La lune, énorme et rouge, montrait la moitié de son disque sur le talus du chemin.

— Est-ce fait ? cria Morgan.

Les deux soldats qui prirent le petit Jeannin pour passer son cou dans le nœud de la hart, tremblaient de la tête aux pieds.

Jeannin murmura :

— Ah ! bonne fée ! bonne fée ! Elle m'avait pourtant bien dit que ces écus-là me porteraient malheur !

— Il appelle la fée ! balbutia l'un des soldats.

L'autre lâcha prise. Le cou de Jeannin était pris dans la hart.

— Est-ce fait ? demanda encore Morgan.

— C'est fait.

— Agitez les torches, que je voie cela !

Les torches s'agitèrent et lancèrent de longs jets de flammes.

On vit le pauvre Jeannin suspendu au pommier.

Mais on vit aussi une belle jeune fille qui soutenait ses pieds et portait le poids de son corps.

Jeannin souriait, au lieu de rouler ses yeux et de tirer la langue comme font les patients de la hart.

Les torches avaient jeté leurs dernières lueurs. Elles s'éteignirent.

Dans cette obscurité soudaine, la panique prit les soldats de Méloir, qui s'enfuirent en criant.

Ils avaient vu le pendu sourire et la Fée des Grèves qui le soutenait par les pieds !

Pas n'est besoin de dire que les Mathurin, les Gothon,

les Catiche, la Scholastique et les Joson avaient devancé les soudards.

Quelques minutes après, dans la ferme barricadée, Fanchon la ménagère, et Simonnette s'empressaient autour du petit Jeannin évanoui.

Simon Le Priol et Julien, son fils, étaient pensifs auprès du foyer.

Dans un coin, une femme vêtue de noir se tenait immobile.

— Il revient à lui, le pauvre gars, dit Fanchon.

— Jeannin, mon petit Jeannin! répétait Simonnette, qui souriait et pleurait.

— On ne peut pas le rendre à ses coquins de soudards, maintenant, murmura Julien, c'est bien sûr!

Simon secoua la tête.

— J'avais dit que mon gendre aurait cinquante écus nantais, pensa-t-il tout haut ; mais j'avais compté sans ma fillette. Le petit gars n'a pas un denier vaillant, mais c'est tout de même, puisque ma fillette le veut, il sera mon gendre.

— Le petit gars aura les cinquante écus nantais, s'il plaît à Dieu! dit une douce voix dans l'ombre.

Jeannin se leva tout droit.

— C'est la voix de la bonne fée! s'écria-t-il.

Julien et Simonnette disaient en même temps :

— C'est la voix de notre demoiselle!

Ils demeurèrent un instant interdits, parce que Reine avait passé pour morte, et que l'idée d'un fantôme vient toujours la première à l'esprit du paysan breton.

Il fallut que Reine se montrât à visage découvert.

Le petit Jeannin, tout chancelant encore, vint se mettre à genoux devant elle.

— Fée ou femme, dit-il, morte ou vivante, que Dieu vous bénisse !

Reine lui prit la main.

— Oh ! notre chère demoiselle est en vie, s'écria Julien, puisqu'elle prend la main du petiot !

Simonnette tenait déjà l'autre main de Reine et la baisait.

— Je vous aimais bien déjà, murmura-t-elle, avant que vous l'eussiez sauvé...

— Et tu m'aimes deux fois plus à présent ? interrompit Reine, qui souriait. Simon et Fanchon, mes bonnes gens, nous ferons ce mariage-là pour la Sainte-Anne.

Le Priol et sa femme se tenaient inclinés respectueusement.

— Il me fallait bien sauver, continua Reine, ce beau petit homme-là, puisque c'était moi qui lui avais mis la corde au cou.

Tous les regards l'interrogèrent, tandis que Jeannin murmurait confus :

— Si j'avais su que c'était vous, là-bas, sur la grève, notre demoiselle, je n'aurais pas serré si fort !

— Mes amis, dit Reine, je vais vous expliquer l'énigme en deux mots : c'est moi qui avais enlevé l'escarcelle du chevalier Méloir, parce que l'escarcelle contenait le prix maudit de la vie de mon père. Jeannin qui me prenait pour la Fée des Grèves, a exigé de moi cinquante écus d'or. J'étais pressée, car je portais des vivres à monsieur Hue de Maurever : j'ai jeté l'escarcelle en lui disant de bien prendre garde...

— C'est vrai, ça, interrompit Jeannin, et je ne méritais guère un si bon conseil en ce moment-là !

— C'était donc vous, noble demoiselle, que j'avais aperçue hier, à la brune, par les fenêtres brisées du manoir ? demanda Julien.

— C'était moi.

— Et c'était vous aussi, notre maîtresse, ajouta Fanchon, qui emportiez le gruau que nous placions sur le seuil de nos maisons pour la Fée des Grèves ?

— C'était moi.

— Et pourquoi notre chère demoiselle, murmura Simonnette, en caressant la main de sa maîtresse et amie, n'entrait-elle pas chez ses vassaux dévoués ?

— Parce qu'il s'agissait de vie et de mort, fillette, répondit Reine qui, cette fois, ne souriait plus.

— Notre demoiselle se défiait de nous, ma sœur, dit Julien, avec un peu d'amertume ; elle se faisait passer pour morte, afin que les Le Priol ne pussent point la trahir !

— Votre demoiselle, ami Julien, répliqua Reine, a partagé vos jeux quand vous étiez enfant. Elle vous aurait confié de bon cœur sa propre vie, mais...

Julien l'interrompit d'un geste plein de respect et mit un genou en terre auprès de Jeannin.

— Ce que notre demoiselle a fait est bien fait, dit-il ; ma langue a trahi mon cœur.

Reine lui tendit la main, tout émue.

Il y avait l'étoffe d'un beau soldat dans ce grand et fier jeune homme qui était à genoux devant elle.

La main qu'on lui tendait, Julien Le Priol la baisa avec un enthousiasme chevaleresque.

— Je ne suis qu'un paysan, s'écria-t-il, mais je sais un

lieu où il y a des épées, et si Maurever, mon seigneur, et sa fille ont besoin de mon sang, me voilà !

— Et moi aussi, me voilà ! répéta gaillardement le petit Jeannin.

— Comment, toi, petiot ! dit Reine, qui riait, attendrie, toi qui es plus poltron que les poules !

— Je ne suis plus poltron, notre demoiselle, répliqua Jeannin de la meilleure foi du monde ; je crois même que je suis brave ! Depuis que j'ai vu la mort face à face, je sais ce que c'est ; je ne crains plus que le bon Dieu. Quant au diable et aux soudards, eh bien, tenez, je m'en moque !

Il rejetait en arrière ses cheveux blonds d'un air mutin et ses yeux pétillaient.

Simonnette fut si contente de ce discours, qu'elle lui planta un gros baiser sur la joue.

— Et moi aussi, me voilà ! s'écria-t-elle ensuite, et mon père, et ma mère, et tout le monde ici ! et tout le monde dans le village ! Ah ! Seigneur Jésus ! que je me battrais bien pour ma chère demoiselle !

— Donc, me voici à la tête d'une armée, dit Reine gaiement, ma première opération militaire sera de diriger un convoi de vivres vers la retraite de monsieur Hue, que je n'ai pu joindre depuis trois jours.

— Prenons tout ce qu'il y a dans la maison et partons ! dit Julien.

Simon Le Priol et Fanchon s'étaient mutuellement interrogés du regard.

Ils étaient dévoués aussi, mais ils étaient gens d'âge.

— Bien parlé, fils, prononça Simon d'un ton ferme, quoique peut-être il eût été mieux de consulter ton père.

— Mon père ne sait pas ce que je sais, répondit le jeune homme en se tournant vers le vieux Le Priol; je me suis mêlé aux soldats tout à l'heure. Cette vipère de Vincent Gueffès les a excités au mal. Ils disaient que le village de Saint-Jean était un nid de traîtres, et que le mieux serait d'y mettre le feu une de ces nuits.

— Ils sont les plus forts, murmura le vieillard en baissant la tête.

— Pas pour longtemps peut-être, poursuivit Julien, car je sais encore autre chose. Pendant que le chevalier Méloir repose sa meute et s'apprête à mal faire, il se dit d'étranges nouvelles du côté de la ville. Le duc François est malade, et chacun regarde sa maladie comme un châtiment infligé par Dieu au fratricide. Un prêtre l'a dit en chaire dans l'église de Combourg. Si monsieur Hue voulait, demain, il serait à la tête de dix mille bourgeois et paysans...

— Monsieur Hue ne voudra pas! interrompit Reine; Hue de Maurever est un gentilhomme et un Breton. Il aimerait mieux mourir mille fois que de lever sa bannière contre son souverain légitime!

— Je vous le dis, notre demoiselle, reprit Julien, les choses iront alors sans lui, et les soudards n'ont qu'à se presser s'ils veulent avoir le temps d'incendier nos demeures. En attendant, si mon père et ma mère acceptent pour fils ce petit gars là (il tendit la main à Jeannin), et j'en serai content, car il a un bon cœur sous sa peau de mouton percée, m'est avis qu'il nous faut prendre le large, car, demain, il fera jour, et toute cette ribaudaille, sonnant le vieux fer, n'a peur des lutins que la nuit.

Fanchon, la ménagère, parcourut la ferme d'un regard triste.

— Voilà trente ans que je dors sous ce toit, murmura-t-elle : c'est ici que vous êtes nés tous deux, mes chers enfants.

— C'est ici que mon père est mort, dit à son tour Simon Le Priol, et aussi le père de mon père. Sur ce lit qui est là, j'ai fermé les yeux de ma mère. Ecoute-moi, fils Julien, et crois-moi : par intérêt, pour tout l'or de la terre, par crainte, avec la mort devant mes yeux, je ne quitterais point la pauvre maison des Le Priol. Je m'en vais hors d'ici parce que je veux montrer mes vieux bras à mon seigneur Hue de Maurever, et lui dire : Voilà ce qui est à vous !

Reine sauta au cou du vieillard et l'embrassa comme s'il eût été son père. Puis elle embrassa la ménagère Fanchon, qui essuyait ses yeux pleins de larmes.

Simonnette, le cœur gros et la main tremblante, caressait les deux belles vaches, la Rousse et la Noire.

— Allons ! allons ! dit le petit Jeannin qui grandissait en importance et prenait voix au conseil, nous reviendrons, maître Simon, nous reviendrons, dame Fanchon. Simonnette, ma mie, nous retrouverons la Noire et la Rousse. En route avant que la chasse ne commence, ou nous pourrions bien rester en chemin !

Ce mot frappa tout le monde. Julien s'élança vers la partie de la salle qui servait d'étable. Il appela de bonne amitié le petit Jeannin, son nouveau frère, et tous deux revinrent bientôt avec trois arbalètes et trois épées. Les paniers des femmes s'emplirent. Tout ce que la ferme avait de provisions y passa.

Tubleu ! si vous saviez comme le petit Jeannin était considérable avec sa grande épée au côté et son arbalète à l'épaule !

Il cherchait d'instinct quelque chose à friser au coin de sa lèvre.

Il est vrai qu'il n'y trouvait rien.

Quand tout fut prêt, Julien ôta les barricades de la porte.

C'était une caravane, vraiment, qui partait :

Le père, la mère, Reine, Julien, Simonnette et le petit Jeannin équipé en guerre.

On fut bien encore un quart d'heure à tourner pour ne rien oublier.

Puis le père Simon dit de sa plus grosse voix :

— Partons !

Mais il avait les yeux mouillés, le vieil homme.

Quant à Fanchon, la ménagère, on fut obligé de l'entraîner. Elle s'était agenouillée devant le crucifix de bois qui pendait à la ruelle du lit. Elle disait :

— Une minute encore, que j'achève ma prière.

C'était comme si on l'eût menée au supplice.

Et le petit Jeannin n'avait point fait tant de façons pour aller sous le pommier.

Enfin, tout le monde était dehors. Simon referma sa porte et donna sa maison à la garde de Dieu.

Les bestiaux étaient libres dans le pâtis.

La caravane se mit en marche.

Jeannin faisait l'avant-garde, comme de raison. Les trois femmes venaient ensuite. Simon et Julien formaient l'arrière-garde.

Au premier détour du chemin, Jeannin reconnut, contre la haie, l'ombre longue et mal bâtie de maître Vincent Gueffès.

Il épaula vivement son arbalète. Mais le Normand perça la haie et se sauva en criant :

— Bon voyage !

XX

DEUX COUSINS

Ce Vincent Gueffès était un gaillard sans préjugés comme sans faiblesse. Son malheur était de vivre en ces temps ténébreux où de larges épaules valaient mieux que la philosophie. Au sein de notre âge éblouissant, maître Gueffès aurait fait son chemin.

Il faut plaindre ces siècles gothiques où des gens de talent comme Vincent Gueffès étaient réduits à commettre des perfidies inédites au fond d'une bourgade. Perles dans un fumier!

Vincent Gueffès compta nos voyageurs de nuit. Ils étaient six.

Vincent Gueffès ne croyait pas à la Fée des Grèves. Il savait parfaitement le vrai nom de la fée prétendue.

Il lui en voulait à mort pour avoir sauvé le petit coquetier Jeannin.

Il en voulait au vieux Simon Le Priol, qui lui avait interdit le seuil de sa demeure. Il en voulait à Simonnette qui l'avait méprisé, il en voulait à Julien qui était beau et brave : il en voulait à tout le monde.

D'un saut, il gagna le manoir de Saint-Jean, où les soldats s'étaient installés, et pria qu'on l'introduisît auprès du chevalier Méloir.

Le chevalier Méloir venait de rentrer à son quartier-général, après avoir couru les bourgs environnants pour crier l'édit ducal.

Il était las et de mauvaise humeur.

Pour le distraire, Bellissan le veneur découplait les lévriers devant lui, dans la cour du manoir.

— Oh! Tarot! oh! Voirot! *Fa-hi!* Rougeot! *Fa hi!* Voyez Nantois, messire, quel jarret! et Pivois! et Ardois!

— Mais ce grand noir? demanda le chevalier en montrant un énorme lévrier magnifiquement venu, qui se couchait à l'écart.

— Une belle bête, messire, répondit Bellissan, mais paresseuse et couarde, je crois.

— Comment l'appelles-tu?

— Je l'ai acheté d'un manant qui le tenait par le cou et qui ne savait pas son nom. Il y a bien quelque chose de griffonné sur son collier, mais du diable si j'ai appris à lire!

— Il aura nom Reinot, pour l'amour de ma dame, dit Méloir.

— Reinot, soit. Ici, Reinot! Reinot, ici, chien!

Le lévrier noir, assis sur la hanche, les deux jambes de devant croisées, gardait une superbe immobilité.

Bellissan fit claquer son fouet.

Le lévrier se leva, tira ses jambes, bâilla de toute la fente de sa gueule et poussa un hurlement plaintif, en allongeant le cou.

— Voilà tout ce qu'il sait faire? demanda Méloir d'un ton de mépris.

En ce moment, Grégeois et Pivois, les deux plus fortes bêtes de la meute, s'approchèrent de leur nouveau compagnon pour le reconnaître. Entre chiens, la connaissance ne se fait guère autrement que par un coup de gueule. Il y eut des grognements échangés. Pivois et Grégeois voulurent mordre. Le lévrier noir bondit par deux fois.

Grégeois et Pivois roulèrent en hurlant sur le pavé de la cour.

— Bon là! Reinot mon filleul! cria Méloir enchanté; voilà un brave camarade, Bellissan, et nous allons le mettre à la besogne cette nuit même. Or ça, soupons lestement, et puis en route!

— C'est encore toi? se reprit-il, en voyant qu'on lui amenait maître Vincent Gueffès.

— C'est encore moi, mon cher seigneur.

— Que veux-tu?

— Je veux vous dire que vous allez vous mettre en route d'abord, quitte à souper ensuite.

— Explique-toi.

Gueffès ne demandait pas mieux. Il raconta la fuite de la famille et prononça le nom de Reine.

Méloir ne le laissa pas achever.

— Quel chemin ont-ils pris? demanda-t-il.

— La route de Normandie, mon cher seigneur.

— A cheval, têtebleu! à cheval! cria Méloir; si nous

arrivons avant eux au Couesnon, la fille du traître Maurever est à nous !

Le souper, cuit aux trois quarts, flairait bon pour l'appétit. Hommes d'armes et archers s'ébranlèrent avec un regret manifeste.

Méloir laissa au château la moitié de sa troupe, sous les ordres de Morgan.

Bien entendu qu'on n'avait pas même dit à Méloir l'histoire du petit Jeannin pendu au pommier. C'était là un détail de trop mince importance.

On partit. La meute s'élança au-devant des chevaux, et le lévrier noir au-devant de la meute.

Au manoir restaient Corson, le héraut, Morgan et huit ou dix soldats.

Corson soupa, bâilla et s'endormit ; Morgan fit de même.

Maître Gueffès dit alors aux soudards :

— Il y a du cidre, du vin et de l'hypocras à la ferme du vieux Simon Le Priol.

Les soldats descendirent sans bruit la colline. On enfonça la porte de Le Priol et l'on se mit à faire bombance.

De ce qui se passa en ce lieu entre Gueffès et les soldats ivres, nous ne donnerons point le détail.

Mais quand nos fugitifs, qui avaient poussé leur pointe dans les terres jusqu'au-delà d'Ardevon pour éviter les poursuites, descendirent dans le village de la Rive et entrèrent en grève, le petit Jeannin s'arrêta tout à coup. Son bras étendu montra la côte de Bretagne, dans la direction de Saint-Georges.

On voyait une grande flambée parmi les arbres,

Les Le Priol et Reine se retournèrent. Reine poussa un cri.

— Qu'est cela? demanda-t-elle.

Le vieux Simon fit un signe de croix.

— Que Dieu nous assiste, balbutia-t-il ; c'est au village de Saint Jean-des-Grèves.

Fanchon fut obligé de s'asseoir sur le sable. Le cœur lui manquait.

— Femme, lui dit Simon, la maison de mon père est brûlée. Nous n'avons plus rien sur la terre, mais nous avons fait notre devoir.

Les doigts de Julien se crispaient autour du bois de son arbalète.

Les fugitifs restèrent là, cinq minutes. Puis le petit Jeannin dit : En avant !

On tourna le dos à l'incendie, et l'on se dirigea sur Tombelène.

Le vieux Simon ne se trompait point. C'était bien au village de Saint-Jean qu'avait lieu l'incendie, et c'était bien sa maison qui brûlait.

Seulement, il y avait d'autres maisons que la sienne.

Maître Vincent Gueffès ne faisait jamais le mal à demi.

Pendant toute cette nuit-là, Aubry travailla de son mieux. Il avait travaillé la nuit précédente et la journée entière.

La lime était bonne. Aubry avançait à la besogne.

N'eût été la posture intolérable qu'il était obligé de garder, limant d'une main, et de l'autre se soutenant à l'embrasure de la meurtrière, sa tâche aurait été vite à fin.

Mais à chaque instant, ses doigts fatigués lâchaient prise. Il retombait au fond de sa cellule, suant à grosses gouttes, épuisé, haletant.

Pour retrouver du cœur, il lui fallait évoquer l'image de Reine.

Mais aussi, quelle vaillance nouvelle dès que ce nom chéri venait à sa lèvre !

Il la voyait ; elle était là, le soutenant et l'encourageant.

Il l'entendait qui disait :

— Nous avons besoin de votre bras, Aubry, pour nous défendre contre nos persécuteurs. Courage !

Ce fut une nuit de fièvre, pendant laquelle plus d'une imagination folle visita la solitude du captif. Vers le matin, la plus étrange de toutes le prit au milieu de son travail.

Ce qu'il avait prévu la veille, dans sa conversation avec Reine, arrivait. Il croyait entendre les aboiements lointains d'une meute chassant sur la grève.

C'était une illusion, sans doute. Et pourtant, chaque fois que le vent donnait, il apportait les aboiements plus distincts.

Et une fois, parmi ces aboiements, Aubry crut reconnaître celui de maître Loys, son beau lévrier noir.

La fièvre amène comme cela de bizarres illusions. Aubry reprit sa lime et travailla. La barre de fer était presque coupée.

Pourtant, elle tenait encore. L'aube se leva. Aubry se coucha sur la paille et voulut prendre un instant de sommeil.

A peine était-il endormi que le bruit de la clé de

frère Bruno, tournant dans la serrure, le réveilla en sursaut. Frère Bruno était pourtant déjà venu faire sa ronde et raconter son histoire. Ordinairement, il ne venait qu'une fois.

Allait-il prendre l'habitude de faire deux rondes par nuit, et de raconter deux histoires?

Ou bien le travail nocturne d'Aubry avait-il éveillé les soupçons?

Avant que notre prisonnier eût eu le temps de répondre en lui-même à ces questions, un pas lourd et sonnant la ferraille succéda au bruit des verroux.

— Eh bien! mon cousin Aubry, dit une grosse voix à la porte, nous dormons encore! par mon patron, il paraît que nous faisons ici la grâce matinée?

Aubry se leva vivement.

— Méloir! s'écria-t-il.

— Entrez, entrez, sire chevalier, dit le frère Bruno à son tour; ce n'est pas très-grand ces cellules, mais pour ce qu'on y fait, voyez-vous, ça suffit. Je me souviens qu'en l'an trente-cinq, peu de temps après mon arrivée au monastère, il y avait un prisonnier nommé Olivier Triquetaine, lequel prisonnier était si gros qu'on eut bien du mal à lui faire passer la porte pour entrer. Quant à sortir, il n'en sortit que dans sa bière. Cet Olivier Triquetaine était un assez joyeux compagnon. Il disait toujours le samedi soir...

— Quand vous me reconduirez, mon frère, dit Méloir en le congédiant, vous m'apprendrez au long ce que disait Olivier Triquetaine les samedis soirs.

— Bon! fit Bruno, je n'y manquerai pas, puisque ça vous intéresse, sire chevalier.

Il sortit et ferma la porte à triple tour.

— Sire chevalier, cria-t-il à travers la planche de chêne, à l'heure où il vous plaira de vous en aller, frappez et ne vous impatientez pas, je vais à matines.

— Peste! dit Méloir en se tournant vers Aubry, mon cousin, tu as un geôlier de bonne humeur! Et comment te portes-tu, depuis le temps?

— Bien, répliqua Aubry.

— Le fait est que tu n'as pas encore trop mauvaise mine.

— Que viens-tu faire ici?

— Savoir de tes nouvelles en passant, mon cousin Aubry, et te donner une bonne poignée de main.

Il tendit sa main à Aubry, qui la repoussa.

— Oh! oh! fit Méloir; sais-tu que c'est la main d'un chevalier, mon cousin?

— Je le sais, et j'ai grande honte pour la chevalerie.

— Qu'est-ce à dire! s'écria Méloir qui fronça le sourcil.

Mais il se ravisa tout de suite.

— De temps immémorial, continua-t-il, les vaincus ont eu droit d'insolence. Ne te gêne pas, mon cousin, ces murs de granit doivent bien aigrir un peu le caractère. Des captifs, des enfants et des femmes, un chevalier sait tout souffrir.

— Un chevalier! répéta Aubry qui haussa les épaules. Et l'on se plaint que la chevalerie s'en va! Par Notre-Dame, mon cousin, s'il y a beaucoup de gens comme toi portant éperons d'or et cœurs de coquins...

Méloir pâlit.

— J'ai dit *cœurs de coquins*, appuya Aubry, dont la

voix était calme et froide ; si tu as quelque chose dans l'âme, va-t'en ; car je n'aurai pour toi que des paroles de mépris.

— Eh bien ! mon cousin Aubry, dit Méloir en riant de mauvaise grâce, j'en prends mon parti et je reste. Accable-moi, cela te soulagera. Et moi, je prierai Dieu de me compter cette humiliation, chrétiennement supportée, quand il s'agira de passer la grande épreuve.

Que diable ! ajouta-t-il, changeant de ton brusquement ; ne peut-on se faire la guerre et vivre en amis pendant la trêve ? Allons ! cousin Aubry, laisse là ta gourme d'Amadis et causons comme d'honnêtes parents que nous sommes.

Nous ferons remarquer ici que le type normand se divise en trois catégories bien distinctes, mais également sujettes à caution.

Et il est entendu ici que ce mot *normand* ne s'applique pas du tout dans notre bouche aux habitants d'une province aussi célèbre par son beurre que recommandable par son cidre. Le mot *normand* est passé dans la langue usuelle au même titre que le mot *gascon*, que le mot *juif*, et autres vocables exprimant des nuances de mœurs ou de caractères.

Le *Juif* est un *Arabe* double ; l'*Arabe* est un coquin sans malice qui fait la petite usure et devient rarement ministre des finances. Le *Gascon* ment pour mentir, c'est un artiste en mensonges ; le *Normand* n'a garde de faire ainsi de l'art pour l'art : il ment pour de l'argent.

Chez le Gascon, il n'y a pas beaucoup de bon, tandis que chez le Normand, il n'y a rigoureusement que du détestable.

Voici du reste les trois catégories normandes :

1° Le *Normand*-finaud : type connu surabondamment ; le maquignon ordinaire des naturalistes.

2° Le *Normand*-doux, bien gentil garçon, mais plat comme ces insectes dont le nom est proscrit, et qui troublent le sommeil du pauvre.

3° Le *Normand*-brusque : un brave homme, un peu rustique, un peu rude, mais le cœur sur la main.

Un franc luron, grosse voix, gros corps, gros mots.

Ah ! un bien digne cœur, allez ! trop probe peut-être pour nos siècles corrompus, trop intègre, trop pur, à ce qu'il dit.

Néanmoins, veillez à vos poches !

Le chevalier Méloir n'était qu'une moitié de Normand collée à une moitié de Breton.

La moitié bretonne déterminait son genre ; il était *Normand*-brusque.

Maître Guéffès appartenait à une quatrième espèce, le *Normand*-vipère.

Mais, encore une fois, la patrie de Corneille, le moins *normand* des grands poètes, est en dehors de tout cela, et nos *normands* typiques naissent à Paris aussi souvent, pour le moins, qu'en Normandie.

Méloir avait repris son air sans gêne.

— Songe donc, mon cousin Aubry, continua-t-il gaiement, je suis las comme un malheureux, j'entre au couvent pour me reposer, le prieur, comme de raison, m'offre sa table ; mais moi je lui réponds : « Mon révérend, vous avez ici un jeune homme d'armes qui est mon cousin et que j'aime comme s'il était mon frère cadet, il est prisonnier, permettez-moi de l'aller voir. »

On me fait descendre des escaliers du diable, au lieu de m'asseoir devant un bon pâté de venaison, je m'enfouis dans un trou humide; et, pour me récompenser, tu me dis des injures !

— Je ne t'avais pas prié de venir.

— C'est vrai, mais si je venais pour t'apporter de bonnes nouvelles ?

— Je n'aimerais pas à les recevoir de toi.

— Peste ! mais c'est décidément de la haine !

— Non, prononça Aubry sans s'émouvoir ; ce n'est que du mépris.

Méloir eut encore un petit mouvement de colère. Ce fut le dernier. On s'habitue à l'insulte comme à autre chose.

— Haine ou mépris, mon cousin Aubry, dit-il, peu m'importe ; je suis venu ici pour causer, et, de par tous les diables, nous causerons ! prête-moi la moitié de ta paille.

Aubry ne répondit pas.

Méloir prit une brassée de paille et la jeta à l'autre bout du cachot.

— Comme cela, poursuivit-il en s'asseyant le dos contre le roc, nous serons tous les deux à notre aise et nous ne pourrons pas nous mordre.

Il avait débouclé son ceinturon pour s'asseoir, et son épée était près de lui.

XXI

LA RUBRIQUE DU CHEVALIER MÉLOIR

Il faisait grand jour maintenant, et, bien que le sol du cachot fût encaissé profondément, Aubry et le chevalier pouvaient se voir.

Le chevalier s'était arrangé de son mieux sur la paille et paraissait bien décidé à ne point abréger sa visite.

— Te souviens-tu, mon cousin Aubry, dit-il, d'une conversation que nous eûmes ensemble non loin d'ici, sur la route d'Avranches au Mont? Tu portais la bannière de monsieur Gilles ; moi, je portais la bannière de Bretagne. Tu jugeais sévèrement notre seigneur le duc ; moi qui ai plus d'âge et d'expérience, j'étais plus indulgent. Nous en vînmes à parler de nos dames, car il faut toujours en venir là, et nous nous aperçûmes que nous étions rivaux. Eh bien! Aubry, la main sur le cœur, cela me fit de la peine pour toi.

Aubry eut un dédaigneux sourire.

— Il ne s'agit pas de cela, dit Méloir, ton sourire fait bien sous ta moustache naissante, mais comme ELLE n'est pas là, ton sourire est perdu. Il ne s'agit pas du tout, entre deux hommes qui se disputent une belle, de savoir lequel des deux elle aimera.

— De quoi s'agit-il donc?

— Il s'agit de savoir lequel des deux en définitive sera son seigneur et maître. Or, j'avais de la peine pour toi, mon cousin Aubry, parce que je savais d'avance que tu ne gagnerais pas la partie.

— Je ne l'ai pas perdue encore, murmura Aubry.

Le regard du chevalier se fixa sur lui à la dérobée, vif et perçant.

Puis il examina le cachot en détail comme s'il eût voulu guérir une crainte fâcheuse qui lui était venue tout à coup.

Cette boîte de granit était bien faite pour chasser toute inquiétude.

— Figure-toi, cousin Aubry, dit-il, qu'une idée folle vient de me traverser la cervelle. La manière dont tu as prononcé ces paroles : « Je ne l'ai pas encore perdue! » m'a sonné à l'oreille comme une menace. J'ai pensé que tu avais peut-être un moyen de trouver la clé des champs. Or, si tu la trouvais, la clé des champs, ta partie ne serait vraiment pas trop mauvaise.

Le regard d'Aubry se releva lentement.

— Voilà qui commence à piquer ta curiosité, n'est ce pas? interrompit Méloir. Je pourrais te tenir rigueur à présent, car tu n'as pas été aimable avec moi, mais je suis bon prince et n'ai point de rancune. Je vais te parler absolument comme si tu m'avais reçu à bras ouverts. Oui, mon cousin Aubry, la chance tourne, et si tu étais en liberté, tu aurais, comme on dit, les quatre as et la quinte de grande séquence, qui marquent, (ensemble le point,) quatre-vingt-dix sans jouer. Et alors, moi, je me trouverais repic avec ma fameuse maxime : il vaut mieux se faire craindre qu'aimer, car je n'aurais plus même le moyen de me faire craindre.

Aubry écoutait de toutes ses oreilles.

Méloir fit une pause.

Il semblait jouir de l'attention nouvelle que lui prêtait son compagnon.

— Mais, reprit-il avec un gros rire railleur, il te manque justement la clé des champs, mon cousin Aubry, et ce n'est pas moi qui te la donnerai! Voilà de bonnes murailles, ma foi! mon jeu vaut mieux que le tien. On t'aime, mais j'épouserai. N'y a-t-il pas de quoi rire?

— Quand on est un mécréant sans foi ni honneur... commença Aubry.

— Fi donc! tu en arrives tout de suite aux gros mots. Ta position te protége, mon cousin, ce n'est pas généreux.

— Fais-moi descendre en grève, s'écria Aubry, donne-moi une épée, et prends avec toi deux ou trois de tes routiers, tu verras si je soutiens mes paroles!

— Bien riposté! Mais nous sommes trop vieux, mon cousin, pour nous laisser prendre ainsi. Je te tiens quitte de toute réparation. Tu es le plus vaillant écuyer du monde, voilà qui est dit. Si nous étions tous deux en grève, tu me pourfendrais, comme Arthur de Bretagne pourfendit le géant du mont Tombelène, voilà qui est convenu... En attendant, causons raison ; il me reste à t'apprendre pourquoi ta partie serait si belle, si une bonne fée venait, par aventure, briser tes fers et percer les murailles de ton cachot. Les choses ont bien marché depuis le huitième jour du présent mois de juin qui va finir. François de Bretagne est demeuré frappé de la citation solennelle à lui portée par le vieux Maurever. Il a vieilli de dix années en deux semaines. Sans cesse il pense au dix-huitième jour de juillet, qui est le jour fixé pour sa comparution devant le tribunal de Dieu. Et ses médecins ne savent pas s'il atteindra ce terme, tant la vie s'use vite en lui. Or, le soleil couchant n'a plus guère d'adorateurs : les mages vont au soleil qui se lève ; en ce moment où je te parle, un homme résolu qui déploierait au vent un chiffon armorié en criant le nom de monsieur Pierre, le futur duc, mettrait en fuite mes cavaliers et mes soudards, comme une troupe d'oies effrayées.

Aubry baissait la tête pour cacher le feu qu'il sentait dans ses yeux.

Il songeait à son barreau de fer coupé aux trois quarts.

Dans quelques heures il pouvait être libre.

Il avait besoin de toute sa force pour contenir le cri de joie qui voulait s'échapper de son cœur.

Méloir qui lui voyait ainsi la tête basse, triomphait à part soi.

Il poursuivit :

— Mais qui diable songerait à jouer ce jeu, sinon toi, mon cousin Aubry ? Le vieux Maurever, qui est un saint, — cela, je le proclame ! — aimerait mieux se faire tuer cent fois que de lever la bannière de la révolte. Et notre petite Reine n'est qu'une femme, après tout.

— Oh ! gronda Aubry, feignant le désespoir et la rage, être obligé de rester là comme une bête fauve dans sa cage de fer !

— C'est désolant, je ne dis pas non, car je travaille, moi, pendant ce temps-là, mon cousin Aubry. Si bas que soit le duc François, j'ai toujours bien une quinzaine devant moi, et je n'en demande pas tant, par Dieu ! Dans trois jours j'aurai fait mon affaire...

— Trois jours ! répéta Aubry plaintivement.

— Au plus tard. J'oubliais de te le dire : cette fatigue qui m'oblige à m'asseoir sur ta paille vient de ce que j'ai fait un petit tour de chasse cette nuit dans les grèves.

— Ah ! fit Aubry qui se redressa ; j'avais bien cru entendre...

— Les cris de ma meute ? interrompit Méloir ; ah ! les chiens endiablés ! Quelle vie ils ont menée ! Figure-toi qu'ils sont venus jusque dans les roches au pied du Mont. Cette nuit nous les mènerons à Tombelène.

Un frisson courut dans le sang d'Aubry, mais il garda le silence.

— D'ailleurs, poursuivit Méloir, c'est du luxe que cette meute. Je l'ai fait venir pour me donner des airs de grandissime zèle, car je sais un coquin qui me mènera, dès que je le voudrai, à la retraite de Maurever.

Aubry ne respirait plus.

Le chevalier s'arrangea sur la paille et chercha ses aises.

— Ce n'est pas là le principal, dit-il ; ce que je veux t'apprendre, c'est ce qui a trait à notre fameuse partie, c'est le moyen que j'emploierai pour obtenir la main de notre belle Reine.

— La violence? murmura Aubry.

— Fi donc! tu ne me connais pas. La belle avance de se faire craindre, pour en arriver à menacer comme un brutal! Ce ne serait vraiment pas la peine. Se faire craindre, mon cousin Aubry, c'est, comme je te l'ai dit déjà, le grand secret d'amour, mais à la condition d'avoir en soi, quand on use de ce cher talisman, tout ce qu'il faut pour plaire. Or, malgré les quinze ou vingt années que j'ai de plus que toi, Aubry, mon ami, je porte encore assez galamment mon panache ; ma jambe n'enfle pas trop le cuissard : regarde! et dans ce corselet d'acier, ma taille conserve sa souplesse. La violence! sarpebleu! les voilà bien, ces jouvenceaux, qui frapperaient les femmes s'ils ne soupiraient pas en esclaves à leurs pieds! Nous autres chevaliers, — et Méloir se redressa, ma foi, d'un grand sérieux, — nous avons d'autres rubriques. Et pour ton édification, mon cousin Aubry, je vais t'en enseigner une.

Il s'interrompit et son gros rire le reprit.

— Oh! oh! s'écria-t-il, pour le coup, te voilà qui dresses l'oreille! Il faut, en vérité, que je sois un bien bon parent, ou que j'aie confiance majeure dans les verroux de messer Jean Gonnault, prieur des moines du mont Saint-Michel, pour te montrer comme cela le fond de mon sac. Mais je ne me souviens pas d'avoir vu jamais une figure plus drôle que la tienne, mon cousin Aubry : je m'amuse à te contempler comme on s'amuse à regarder un *mystère* ou une *sotie*, représenté par d'habiles histrions.

Ce fut au tour du prisonnier de froncer le sourcil.

Méloir prenait rondement sa revanche.

— Ne te fâche pas, continua-t-il, et laisse-moi me divertir. Voici donc la rubrique annoncée : J'arrive à la retraite de monsieur Hue de Maurever, mon futur et vénéré beau-père, je l'arrête au nom du duc François, lui, sa fille et sa suite, s'il en a, par fortune, ce que je ne crois guère. Je les emmène. Tu suis bien, n'est-ce pas? En chemin, je pousse mon cheval aux côtés du sien et je lui dis :

— Sire chevalier, je fus de vos amis, et vous avez dû vous étonner grandement de me voir prendre le rôle qui est présentement le mien.

Il ne répond que par un regard de dédain. J'insiste. Il m'envoie au diable.

Tu vois que je mets tout au pis, mon cousin.

J'insiste encore et je lui dis avec tristesse :

— Vous m'avez bien mal jugé, Hue de Maurever. Tout ce que j'ai fait, je l'ai fait pour vous. Dès la première heure où vous avez été en danger, j'ai voulu vous sauver, fût-ce au péril de ma propre vie !

Naturellement il ouvre une oreille, car enfin, dès qu'une énigme est posée, on aime à en savoir le mot.

Moi, je salue respectueusement, et je fais mine de vouloir me retirer.

Il me retient en disant :

— Je ne vous comprends pas.

A moins qu'il ne préfère dire :

— Expliquez-vous.

Je lui laisse le choix entre les deux tournures.

Je reviens aussitôt d'un air humble et affectueux. Je reprends :

— Messire Hue, j'aime votre fille...

— Et à ce coup, il te tourne le dos, malandrin que tu es! interrompit Aubry.

— Je crois que tu as raison, répondit tranquillement Méloir ; à cet aveu, il devra me tourner le dos. C'est la crise. Mais je ne me démonte pas, et j'ajoute d'un ton pénétré :

— Pensez-vous, messire Hue, qu'avec un pareil amour, j'aie pu, un seul instant...?

Il m'interrompt par un rude :

— En voilà assez!

Car il faut faire la part de sa mauvaise humeur. Moi, je m'écrie :

— Ah! messire Hue! l'accusé a du moins le droit de la défense ; au moment où je vous ai dit : j'aime votre fille, vous avez cru deviner le mobile de ma conduite vous avez pensé : le chevalier Méloir veut nous conduire aux pieds du duc François, livrer ma tête et demander pour récompense la main de ma fille...

Si je puis verser une larme en cet endroit, mon cousin Aubry, tout est dit!

Si je ne peux pas verser une larme, je ferai semblant de m'essuyer les yeux et je poursuivrai avec chaleur :

— Hélas! messire Hue, tel n'est point mon dessein. Je ne suis qu'un pauvre gentilhomme, c'est vrai, mais j'ai le cœur aussi haut qu'un roi. Mon dessein, c'était de prendre l'emploi de vous pourchasser, afin qu'un autre, moins ami, n'en fut point chargé. Mon dessein était, le premier jour comme aujourd'hui, de venir à vous et de vous dire : « La terre Normande est là, sous vos pieds, messire Hue ; vous êtes libre. Que Dieu vous garde... »

— Ah! scélérat maudit! s'écria Aubry, qui avait de la sueur aux tempes.

— Aimerais-tu mieux me voir le livrer au grand prévôt du duc François? demanda Méloir en ricanant.

— Je voudrais te voir en champ clos et l'épée à la main, charlatan d'honneur!

— Puisque tu te fâches ainsi, mon cousin Aubry, interrompit Méloir en se levant, c'est que ma recette est bonne et qu'elle doit réussir.

Aubry se leva également.

— Oui, elle est bonne, ta recette! balbutia-t-il d'une voix entrecoupée par la fureur; Hue de Maurever, qui est la générosité même. Et peut-être que Reine pour sauver la vie de son père...

— Par saint Méloir! s'écria le chevalier, chacune de tes paroles me ravit d'aise, mon cousin. Il paraît décidément que j'ai touché le joint.

La colère bouillait dans le cœur d'Aubry.

L'effort même qu'il faisait pour se contenir était un aliment à sa fureur.

Méloir le regardait d'un air provoquant.

— Et maintenant, reprit-il, je n'ai plus rien à te dire, mon pauvre cousin. Au revoir, et bien de la résignation je te souhaite. Quand nous nous retrouverons, je te présenterai à ma dame.

La rage du jeune homme fit explosion en ce moment.

Toute idée de prudence avait disparu en lui.

— Lâche! lâche! lâche! s'écria-t-il par trois fois en s'adossant contre la porte; tu me retrouveras plus tôt que tu ne penses... et quand tu ouvriras la bouche pour tromper le noble vieillard et sa fille, mon épée te fera rentrer le mensonge dans la gorge!

— Ah!... fit Méloir qui recula jusque sous la fenêtre.

Aubry aurait voulu rappeler les paroles prononcées.

Mais il n'était plus temps.

— Sarpebleu! dit Méloir, j'étais venu un peu pour cela. Il paraît que nous avons, nous aussi, des rubriques?

Il regarda tout autour du cachot une seconde fois et plus attentivement.

Aubry s'était recouché sur sa paille; il ne parlait plus.

Aubry avait les mains libres; plus d'une fois l'idée lui était venue de s'élancer sur le chevalier; mais celui-ci était armé jusqu'aux dents, et Aubry n'avait rien pour se défendre.

Après qu'il eut fait son examen, Méloir grommela :

— Pas une fente où passer le doigt! ce petit-là n'est pas un farfadet, pourtant!

— Ah! fit-il en se ravisant; la meurtrière!

Aubry tressaillit de la tête aux pieds.

Méloir redressa sa grande taille, et comme sa tête n'atteignait pas encore la meurtrière, il sauta.

— Un lapin passerait bien par là! murmura-t-il.

Son regard sembla faire la comparaison de la largeur de la fenêtre avec l'épaisseur du corps d'Aubry.

— Si le barreau était coupé... pensa-t-il tout haut.

Il ôta son gantelet de fer, se haussa sur ses pointes et le lança violemment contre le barreau qui rendit un son fêlé.

— Ah! sarpebleu! sarpebleu! s'écria-t-il, mon cousin, j'ai bien fait de venir!

Mais il n'acheva pas, parce que le jeune homme se voyant perdu et prenant une résolution soudaine, avait profité du moment où Méloir attaquait le barreau pour s'élancer sur lui.

En un clin-d'œil, Méloir fut terrassé.

Aubry, qui appuyait son genou contre sa poitrine, lui mit sa propre épée sur la gorge.

— Un cri, un mot, dit-il à voix basse, et je te tue comme un chien !

— Et bien tu ferais, mon cousin Aubry, repartit Méloir qui ne se déconcertait pas pour si peu ; tu as agi de bonne guerre... Et je n'ai pas déjà si bien fait de venir! Mais tu peux serrer ma gorge un peu moins fort si tu veux. Je t'engage ma parole de chevalier que je n'appellerai pas au secours.

XXII

FRÈRE BRUNO

Quand Aubry eut un peu lâché prise, Méloir avala une lampée d'air avec une satisfaction manifeste.

— Tu as un bon poignet, mon cousin, dit-il, et moi, je suis un sot. Ta rubrique vaut beaucoup mieux que la mienne. Voilà tout. Il n'y a pas de quoi se fâcher pour cela.

— Ecoute, Méloir, lui répondit le jeune homme d'armes, tu étais un brave soldat autrefois, et un bon compagnon... Je n'ai pas le courage de te tuer...

— Peste! interrompit Méloir, me tuer! Tu n'y vas pas par quatre chemins, toi, mon cousin Aubry!

— Je le devrais pour monsieur Hue de Maurever et pour sa fille...

— Du tout, interrompit encore Méloir; tu sais bien, je suis incapable...

La main d'Aubry s'appesantit un peu plus sur la gorge du chevalier.

— Tais-toi! dit-il rudement; je n'ai pas le loisir d'écouter tes billevesées. Je veux bien t'épargner, mais c'est à condition que tu ne me gêneras point dans l'accomplissement de mon dessein.

— Foi de chevalier! s'écria Méloir; tu n'as qu'à scier ton barreau devant moi; si tu veux, je te ferai la courte échelle.

— Bien obligé. Cette voie me semble désormais incommode et dangereuse. Pourquoi sortir par la fenêtre, quand la porte est là?

— Je te fais observer, mon cousin Aubry, que tu me serres le cou sans y songer. Je déteste les demi-mesures. Étrangle-moi comme il faut, morbleu! ou lâche-moi!

— Je te lâcherai dès que nous serons d'accord.

— Je ne peux pourtant pas t'ouvrir cette porte, moi! s'écria Méloir d'un ton dolent.

— Me promets-tu qu'une fois libre, tu ne tenteras contre moi aucune résistance?

— Je le promets.

— Me promets-tu que tu te laisseras lier les mains et les jambes?

— À quoi bon, mon cousin?

— Et mettre un bâillon sur la bouche? acheva Aubry, dont les doigts firent un petit mouvement.

— Je le promets! je le promets! je le promets! dit Méloir précipitamment.

— T'engages-tu à me céder ton armure pour que je m'en revête sous tes yeux?

— Mon armure?

— Depuis les éperonnières jusqu'à la salade.

— Ah! cousin Aubry! mon cousin Aubry, grommela le pauvre chevalier, je ne t'aurais jamais cru si madré que cela!

— T'y engages-tu?

— Je m'y engage.

— Sous serment?

— Sous serment.

— A la bonne heure! Relève-toi donc et tiens ta parole comme un gentilhomme.

Pour ce qui était de se relever, Méloir ne se le fit point dire deux fois. Quant à tenir sa parole, peut-être aurait-il trouvé quelque *exception*, comme on dit au Palais, s'il n'avait pas vu sa bonne épée toute nue entre les mains d'Aubry.

Sa dague restait bien encore au fourreau, mais Aubry de Kergariou était un fier homme d'armes. L'attaquer avec une dague quand il avait l'épée à la main, c'eut été folie.

Méloir se secoua, s'étira, se tâta.

— Allons, dit Aubry, en besogne!

Méloir fit un pas vers lui.

Aubry lui mit sans façon la pointe de l'épée entre les deux yeux.

— A distance! dit-il; les bons comptes font les bons amis; ne m'approche pas, ou je te pique!

— Tu as donc défiance?

— J'ai hâte. En besogne!

— J'y suis, mon cousin Aubry, j'y suis!

Méloir se mit en effet à délacer son armure. Il n'avait

que les pièces légères et non point la carapace en fer que le quinzième siècle portait encore au combat.

Son équipement consistait en éperonnières d'acier, vissées aux cuissards de gros buffle, corselet de mailles, manches de buffle, salade sans visière, à plumail.

Aubry le suivait de l'œil.

Quand Méloir eut achevé de se désarmer, ne gardant que ses chausses et son justaucorps, Aubry prit sous la paille de son lit une corde qui devait lui servir dans son évasion projetée.

— Donne tes poignets ! commanda-t-il.

— Attends au moins que tu sois armé.

Aubry eut un sourire.

— Je m'armerai quand tu seras lié, répliqua-t-il ; donne tes poignets !

Méloir obéit enfin, mais bien à contre cœur. Ce bon chevalier avait espéré véritablement rétablir sa partie pendant qu'Aubry ferait sa toilette.

Il grommela en tendant ses poignets :

— Qui diable aurait pensé que ce petit homme-là pût jouer si serré ?

— Voilà, dit Aubry, qui avait fait un beau nœud ; je te tiens quitte des pieds. Assieds-toi maintenant à ma place et réfléchis, si tu veux, aux vicissitudes du sort.

Méloir s'assit.

Il avait beaucoup l'air d'un renard qu'une poule aurait pris.

En un clin-d'œil, Aubry fut armé de pied en cap.

— Suis-je bien comme cela ? demanda-t-il.

— Sarpebleu ! s'écria Méloir en colère, ne faut-il pas encore que je te serve de miroir ?

— Allons ! allons ! ne te fâche pas, cousin Méloir. Une fois ou l'autre je te rendrai tes armes. A présent, nous n'avons plus que le bâillon à mettre.

Il était trop tard pour faire résistance.

Méloir se laissa bâillonner.

Mais il ne restait plus trace de son excellent caractère. Il roulait dans sa tête de féroces pensées de vengeance.

Aubry lui souhaita courtoisement le bonjour et donna du gantelet dans la porte.

Il frappait à tour de bras, se souvenant que le bon frère Bruno avait dit : « Je vais à matines. »

Mais il paraît que le bon frère Bruno s'était ravisé, car au premier coup la porte s'ouvrit.

Aubry ne put s'empêcher de faire un pas en arrière.

— Il était là ! pensa-t-il : il a dû tout entendre.

Et comme, au même instant, Méloir se leva brusquement, poussant des cris inarticulés sous son bâillon, Aubry se vit perdu.

— Qu'a donc ce maître fou ? s'écria cependant le bon frère Bruno. Sire chevalier, donnez-lui du plat de votre épée entre les deux épaules !

Méloir s'était élancé vers la porte. Il cherchait à mettre son visage en lumière et à se faire reconnaître du moine convers.

Mais celui-ci se tournant vers Aubry :

— Je n'ai jamais vu le prisonnier comme cela ! dit-il, vous l'aurez donc fait boire, sire chevalier ? En l'an trente-neuf, nous avions un captif du nom de Thomas Gréveleur, qui devint maniaque dans ce même cachot. J'ai envie de vous conter son histoire. Figurez-vous que ce Thomas Gréveleur...

Méloir se démenait furieusement.

— Sortons ! dit Aubry qui était tout pâle et qui s'étonnait que la méprise du frère pût se prolonger ainsi.

Le bon Bruno fit retraite aussitôt, et comme Méloir s'attachait à lui, le bon Bruno ne crut pouvoir moins faire que de communiquer à ce prisonnier récalcitrant un coup de poing paternel.

C'était un digne poignet que celui du bon moine. La poitrine de Méloir sonna comme un tambour. Il chancela et tomba sur la paille.

— Voire ! dit Bruno indigné, ce n'est pas ma besogne que de caresser les fous ! je m'en suis fait mal à la deuxième phalange du doigt *annularius*...

Aubry avait passé le seuil.

Bruno le suivit, parlant toujours et grondant de plus belle.

Il ferma la porte avec soin.

Cela fait, il se prit les côtes à deux mains et regarda Aubry en éclatant de rire.

Aubry ne savait que penser.

— Oh !... oh !... oh !... disait le frère Bruno, dont les yeux se remplissaient de larmes ; j'en mourrai, messire Aubry, j'en mourrai ! Voilà une histoire, seigneur Dieu ! une histoire comme on n'en a jamais racontée !

— Vous m'aviez donc reconnu ? balbutia Aubry déconcerté.

— Bon Jésus ! pensez-vous que j'aie la berlue ! Oh ! oh ! les côtes ! les côtes ! il s'est déshabillé de lui-même ! il a été bien obéissant !

— Ah çà, est-ce que vous le voyiez ?

— Le trou de la serrure, donc, messire Aubry ! Je le

voyais comme je vous ai vu toute la journée d'hier limer votre barreau, et j'avais bonne envie de vous apporter une escabelle pour tenir vos pieds, car vous deviez fatiguer dans cette position-là.

Aubry le regardait ébaubi.

— Eh bien ! mon jeune seigneur, reprit Bruno, quand vous m'aurez regardé avec des yeux d'une toise ! J'aime les bonnes histoires, moi ! Et je raconterai encore celle-là dans vingt ans si je vis. D'ailleurs, vous savez bien : j'étais un soldat entier, vertubleu ! avant d'être une moitié de moine. Le vieux Maurever m'a gagné le cœur en venant jusqu'ici rabattre l'orgueil d'un meurtrier. Vous m'avez gagné le cœur, vous, en brisant votre épée pour ne la point déshonorer. Et ce coquin de Méloir, au contraire, m'échauffa les oreilles quand il fit le chien couchant, ce jour-là. Or, tout ceci me rappelle une assez gaillarde histoire qui se passa en l'an vingt-huit, derrière Bellesmes, en Normandie...

— Mon bon frère Bruno, interrompit Aubry, le plus pressé est que je sorte de l'enceinte du monastère ; vous me conterez votre histoire dehors.

— Je puis vous la conter en chemin, messire Aubry. C'était le chevalier Potbon de Xaintrailles qui voulait entrer dans Bellesmes, de nuit, malgré l'Anglais. Durham était dans Bellesmes avec quatre cents archers du Nord, qui auraient tué une alouette à cinquante toises...

Aubry serra tout à coup le bras du frère convers.

Ils étaient sortis du corridor et débouchaient dans le cloître, où quantité de moines se promenaient.

Bruno changea de ton soudain.

— Oui, sire chevalier, dit-il avec toutes les apparences

d'un respect profond ; les trois cachots se font suite l'un à l'autre et sont creusés dans le roc vif. Dom Nicolas Famigot, vingt-quatrième abbé du saint monastère, fit, en outre, redorer la statue tournante de saint Michel, archange, qui est au sommet du campanile. Son décès eut lieu le dix-neuvième jour de mars, en l'an 1272, et le cartulaire rapporte...

Le cloître était traversé.

— Du diable si je sais ce que rapporte le cartulaire, messire Aubry, reprit Bruno ; le cartulaire ne contient point de bonnes aventures comme celle dont j'ai été témoin aujoud'hui. Ah ! laissez-moi rire encore un petit peu, je vous en prie. Quelle figure il avait ce Méloir ! et ses regards piteux !... Ah !... ah !... ah !... Et maintenant, je donnerais bien deux ou trois deniers pour savoir quelle vie il mène tout seul dans votre cachot !

Aubry ne pouvait partager l'expansive hilarité du frère servant. Son casque n'avait pas de visière. Méloir avait dû amener quelque suite avec lui au couvent : Aubry craignait de rencontrer des hommes d'armes sur son passage et d'être reconnu.

Mais Bruno avait contre sa crainte des arguments sans réplique.

— Les soudards, disait-il ; ah ! ah ! je les ai vus, ce sont d'assez bons drilles. C'est moi qui les ai menés au réfectoire des laïques. Ils y sont entrés sur leurs jambes ; mais il faudra les en tirer sur des civières, oui bien ! Ah ! ah ! j'ai été soldat, et je fais pénitence !

Frère Bruno passa sa langue sur ses lèvres, ému au souvenir de quelque bonne aventure.

Ils descendirent le grand escalier, traversèrent la salle

des chevaliers, le réfectoire des moines, et arrivèrent au seuil de la salle des gardes.

— La tête haute! dit frère Bruno qui était un observateur; l'air insolent, le poing sur la hanche, c'est comme cela que marche le Méloir!

Les gardes firent avec respect le salut des armes.

La porte extérieure s'ouvrit.

— Je suis chargé, dit le moine servant au portier, de montrer la chapelle Saint-Aubert au digne chevalier Méloir.

— Que Dieu vous accompagne! souhaita le frère tourier.

Et ils passèrent.

Aubry respira bruyamment.

Le frère Bruno était aussi content que lui.

— Maintenant, reprit-il, où allez-vous, mon jeune seigneur?

— Je ne puis vous le dire, répliqua Aubry.

— Ah! si fait, si fait! s'écria Bruno, puisque je vais avec vous.

— Comment! vous venez avec moi?

— Je vous suis au bout du monde!

— Mais votre habit, mon frère?...

— Je n'ai pas fait de vœux, messire Aubry, je vous l'ai dit: je ne suis qu'une moitié de moine, et je ne me soucie pas beaucoup de vous remplacer dans le cachot creusé par dom Nicolas Famigot, vingt-quatrième abbé du mont Saint-Michel, — bien que ce soit un fort bel ouvrage.

— Vous croyez qu'on vous rendrait responsable?...

— Le chevalier Méloir parlerait du coup de poing. Un

beau coup de poing, messire, avez-vous vu? Et ce soir je coucherais sur la paille. A ce sujet-là je sais une histoire qui va véritablement vous bien divertir, du moins je l'espère. C'était en l'an... attendez donc!... l'année m'échappe, mais c'était bien sûr avant l'an quarante, parce que j'avais encore mes trois dents de devant qui me furent cassées d'un méchant coup de masse d'armes sous Hennebon. Et celui qui me gâta ainsi la mâchoire en mourut. Il arriva que le sire de Villaine qui tenait la seigneurie de Landevan...

— Mon frère Bruno, interrompit Aubry, je vais en un lieu où je n'ai pas le droit de vous emmener.

— Tournez ici, messire Aubry, répondit le convers; mieux vaut entrer un peu en grève que de marcher dans ces roches diaboliques qui usent en deux jours de temps la meilleure paire de sandales. Comme ça, vous ne voulez pas de mon histoire? C'est bon messire Aubry; quant au lieu où vous allez, si vous ne m'y menez pas, moi, je vous y mènerai.

— Vous sauriez?...

— Croyez-vous que le troisième carreau de mon compagnon Alain, l'archer qui veillait sur la plate-forme, il y a deux nuits, n'aurait pas mieux touché but que les deux premiers? Mon compagnon Alain n'a jamais manqué trois coups de suite en sa vie. Et Dieu merci, on voyait la jeune fille au clair de la lune comme je vous vois, messire Aubry. Heureusement, j'avais écouté au trou de la serrure, pendant que vous causiez avec elle...

— Ah ça! tu es un diable, toi! s'écria le jeune homme d'armes, moitié riant, moitié fâché.

— Plaignez-vous! Je saisis le bras d'Alain, mon compagnon, et je lui dis : Voici un gobelet de vin que saint Michel archange envoie à son fidèle gardien. Et maître Alain de relever son arbalète pour prendre la tasse. La tasse était profonde. Quand Alain, mon compagnon, l'eut retournée, la demoiselle Reine de Maurever était à l'abri derrière l'angle de la muraille.

Aubry lui prit la main et la serra vivement.

Frère Bruno s'arrêta et releva les manches larges de son froc.

— Regardez-moi ça, dit-il en montrant des bras d'athlète ; quand les soudards de Méloir viendront chercher le vieux Hue de Maurever là-bas, à Tombelène, ces bras-là pourront leur faire encore bien du chagrin. Je tiens joliment une épée. Quand je n'ai pas d'épée, j'aime assez un gourdin. Quand je n'ai pas de gourdin, tenez, je m'en tire comme je peux.

Il avait saisi à deux mains une grosse roche qu'il balança un instant au-dessus de sa tête. La roche partit comme si elle eût été lancée par une machine de guerre, et s'en alla briser un poteau planté dans le sable à trente pas de là.

Frère Bruno sourit bonnement.

— Supposez le Méloir en place du poteau, dit-il, ça lui aurait, bien sûr, ôté l'appétit pour longtemps.

— Mais dites-moi, mon jeune seigneur, reprit-il soudainement, avez-vous jamais ouï conter l'aventure de Joson Drelin, bedeau de la paroisse de Saint-Jouan-des-Guérets ?

XXIII

COMMENT JOSON DRELIN BUT LA RIVIÈRE DE RANCE

Tout en parlant, Aubry de Kergariou et frère Bruno avaient fait le tour du Mont. Ils se trouvaient à peu près en face de Tombelène.

Aubry réfléchissait.

Bruno racontait.

— Joson Drelin, disait-il, en son vivant bedeau de la paroisse de Saint-Jouan-des-Guérets, était un vrai compère qui se connaissait en cidre, comme le pauvre monsieur Gilles de Bretagne, dont Dieu ait l'âme, se connaissait en vins de France.

Et après tout, messire Aubry, se connaître en rubis gascons est le fait d'un chevalier, comme se connaître en jus de pommes est le fait d'un bedeau, c'est moi qui dis cela, sauf le respect d'un chacun et la révérence-parler.

Donc, au baptême des cloches de Saint-Jouan-des-Guérets, en l'an quarante-trois, ou quatre, car la mémoire n'y est plus. Ah dam! je n'ai plus vingt-cinq ans, non, ni trente non plus : être et avoir été, ça fait deux !

Je disais donc qu'en l'an quarante-trois ou quatre, Joson Drelin sonna tant qu'il but beaucoup.

S'il sonna tant, c'est que le sonneur était malade ; s'il but beaucoup, c'est qu'il avait grand soif, pas vrai ? M'écoutez-vous, messire Aubry ?

Aubry ne répondit point. Il pressait le pas, car il avait grande hâte de voir ceux qu'il aimait.

Et après tout, il ne pouvait pas renvoyer ce brave homme, qui s'était compromis pour le sauver.

Pourtant, introduire un étranger dans la retraite du proscrit ! Aubry hésitait parfois.

— C'est bon ! je vois bien que vous m'écoutez, cette fois, continuait le bon frère servant, qui suait, qui soufflait, qui bavardait tant qu'il pouvait ; et ça ne m'étonne point, l'histoire étant agréable, quoique véridique en tout point. Pour avoir bu beaucoup, il advint qu'un soir, Joson Drelin se trouva un peu ivre. Sa ménagère lui dit : Couche-toi, Joson, mon bon homme ; comme ça tu seras sûr de ne point battre et de n'être point battu.

Joson Drelin, justement, n'avait pas sommeil.

— Holà ! dit-il, la femme, donne-moi la paix ou je vais reboire !

— Reboire ! Tu n'avalerais pas seulement plein mon dé de cidre, tant tu es rond, mon pauvre bonhomme Joson !

Quant à cela, chacun sait bien que les femmes sont sur la terre pour nos péchés.

Défier un homme de boire ! Avez-vous vu chose pareille ?

Joson Drelin, ainsi tenté par le démon de son chez soi, prit la rage ; il appela des métayers qui passaient sur le chemin et leur dit :

— Hé ! les chrétiens ! voulez-vous voir un homme boire toute l'eau de la rivière de Rance ?

Les métayers s'approchèrent.

— Voilà ce que c'est, reprit Joson Drelin, mes vrais amis, écoutez-moi bien. La femme dit que je ne boirais pas plein un dé de cidre ; moi, je parie boire toute l'eau qui présentement, coule en rivière de Rance, de Plouër jusqu'à Saint-Suliac...

Les métayers haussèrent les épaules.

L'un d'eux avait un sac de cuir plein de pièces d'argent, parce qu'il avait vendu ses vaches au marché de Châteauneuf.

Joson Drelin lui dit :

— Ton argent contre ma maison !

Qui poussa les hauts cris ? Ce fut la ménagère.

Mais l'homme au sac de cuir regarda la maison, qui était bonne, et répondit bien vite :

— Tope ! Ta maison contre mon argent !

Les autres métayers dirent :

— C'est topé la main dans la main ! Qui renie est un failli coq !

— Au fait, s'écria Aubry répondant à ses propres réflexions, un brave soldat de plus, dans la bagarre, c'est quelquefois le salut.

— Oh ! sur ma foi, messire Aubry, repartit Bruno, Joson Drelin était bedeau, non point soldat du tout, je vous l'assure.

— Allons ! marchons ferme, frère Bruno ! La mer monte, et il nous faut passer à Tombelène.

— Je sais bien, messire, je sais bien. Mais vous n'avez donc pas fantaisie de connaître comment fit Joson Drelin pour boire toute l'eau qui coulait en rivière de Rance, depuis Plouër jusqu'à Saint-Suliac ?

C'est pourtant là le merveilleux de l'histoire. Et je me souviens que le frère Pacôme, second sommelier du temps de l'abbé défunt... Oh ! oh ! mais c'est ce frère Pacôme qui eut une bonne aventure en l'an trente-sept ! Figurez-vous que la veille de Noël, il était allé quérir le vin des trois messes...

— Allons ! disait Aubry qui voyait venir la mer ; pressons le pas !

— Saint-Sauveur ! je vais pourtant de mon mieux ! frère Pacôme se trouvait être sourd d'une oreille depuis l'an vingt-huit, qu'il avait été piqué d'un insecte malfaisant dans les blés normands.

En allant chercher le vin des trois messes, il rencontra maître Olivier Chouesnel, syndic des peaussiers et mégisseurs de la ville d'Avranches. Savez-vous comment il s'était marié, ce maître Olivier Chouesnel ? Mais il ne s'agit pas de maître Oliver Chouesnel. Revenons à frère Pacôme... c'est-à-dire, finissons auparavant, afin de procéder par ordre, l'histoire de Joson Drelin, bedeau de Saint-Jouan-des-Guérets ; les autres viendront ensuite à leur tour.

Une belle paroisse, messire Aubry, où j'ai connu un

vicaire qui se nommait Mélin Moreau, et qui fatiguait bellement les chantres au lutrin quand il voulait.

Son frère cadet vendait du lard au Pré-Botté de Rennes, du lard et des œufs cuits durs, saindoux, savons, fromage et beurre assaisonné. Il mourut des coups que lui avait donnés sa troisième femme.

Oh! la maîtresse femme! L'année qu'il trépassa, je me souviens que le feu prit en l'église Saint-Sulpice, à Fougères, et que mon oncle Mathieu, hallebardier de la chanoirie, eut la jambe cassée par un cheval fou.

Donc, Joson Drelin était bien empêché quand il fallut tenir sa gageure de boire la rivière.

Sa ménagère se lamentait et pleurait, disant : Que Dieu ait pitié de nos vieux jours ! Nous voilà sans maison et sur la paille !...

Frère Bruno en était là de son récit, lorsque Aubry le saisit rudement par les épaules et le poussa en avant.

La mer arrivait dans le lit du ruisseau qui sépare les deux monts, et frère Bruno avait déjà de l'eau jusqu'aux mollets.

Or, dans ces sables, quand on a de l'eau jusqu'aux mollets, la tête y passe souvent.

Frère Bruno se mit à rire quand il fut à pied sec.

— Messire Aubry, dit-il, je vous rends grâce. Voilà ce que c'est que de bavarder : je ne regardais pas mon chemin. Cela me rappelle l'histoire du vieux Martin de Saint-Jacut, qui fut noyé en chantant *ma mère l'Oie...* Donc, la femme de Joson Drelin...

— Morbleu ! mon frère ! s'écria Aubry, nous allons nous fâcher si vous ne laissez là une bonne fois Joson Drelin et sa femme !

Bruno le regarda stupéfait.

— L'histoire ne vous plaît pas, messire ? dit-il ; c'est surprenant. Mais des goûts, il ne faut point discuter, et je vais, alors, vous achever l'aventure de Pacôme, second sommelier de l'abbé défunt.

— Ni cette aventure ni d'autres, mon frère ! Avalez votre langue et mettez vos jambes au trot, car la mer va nous entourer.

— Oh ! répliqua le moine servant, j'aurai toujours bien le temps de vous conter ce qui advint à maître Olivier Chouesnel, syndic des peaussiers et mégisseurs de la ville d'Avranches, le jour de ses noces.

— Un mot de plus, et je vous laisse là, mon frère !

— Bon, bon, messire Aubry, ne vous fâchez pas ! Je ne conte mes anecdotes qu'à ceux qui me les demandent. Et encore, bien souvent je me fais prier, témoin ce qui m'arriva en l'an quarante-cinq, au pardon de Noyal-sur-Seiche...

Aubry n'en voulut point entendre davantage. Il prit sa course, et le frère Bruno resta seul dans les tangues.

— Oh ! oh ! fit-il : pareille chose m'advint en Basse-Bretagne avant la guerre. Je voulus raconter l'histoire du meunier Rouan, qui vendit son âme au Malin pour une paire de meules, mais...

— Oh ! oh ! fit-il encore en sautant, voici la mer pour tout de bon !

Cette fois, il n'entama aucune histoire, et prit ses jambes à son cou.

La forteresse que les Anglais avaient construite au

mont Tombelène, était considérable, et pouvait contenir nombreuse garnison. En partant, quelques mois avant les événements que nous mettons sous les yeux du lecteur, Knolle ou Kernol, le lieutenant de Bembroc, qui était resté le dernier à Tombelène, avec cent ou cent cinquante hommes d'armes, fit sauter les ouvrages de défense, rasa le château et mit le mont à nu.

Il ne restait debout que la partie occidentale des murailles, flanquée par la tour démantelée où nous avons vu monsieur Hue de Maurever dormir, son épée entre les jambes.

Ces murailles, la tour, une courtine élevée de plusieurs pieds au-dessus du sol, et le bâtiment intérieur dont le rez-de-chaussée n'avait été démoli qu'en partie, formaient encore une retraite assez vaste, qu'il était très-facile de clore et de mettre à l'abri d'un coup de main, surtout à cause de cette circonstance, que le reste de l'île était complétement découvert.

Au moment où Aubry de Kergariou et le frère Bruno traversaient la Grève, il y avait bien des yeux inquiets fixés sur eux derrière les murailles en ruine. Monsieur Hue de Maurever, qui était resté si longtemps seul sur le roc abandonné, avait maintenant de la compagnie, plus qu'il n'en eût voulu peut-être.

Outre sa fille Reine, les Le Priol et le petit Jeannin qui étaient arrivés au milieu de la nuit, nous trouvons à Tombelène tout le village de Saint-Jean : les quatre Gothon, les quatre Mathurin, Scholastique, les trois Catiche, les deux Joson et d'autres, dont nous ferions le dénombrement avec zèle si ces humbles pages étaient une épopée.

Nous dirions l'âge, le poil et la généalogie de tous ces braves fils du Marais, de toutes ces vierges laides ou belles. Et après avoir invoqué la muse Calliope, fille de Jupiter et de Mnémosyne (patronne antique des plagiaires), nous prêterions à nos Bretons des actions grecques ou latines.

Mais les brouillards salés de l'Armorique détendraient vite les cordes de la vieille guitare d'Apollon. Le *biniou* seul, avec sa poche de cuir et sa nazillarde embouchure, supporte le rhume chronique de ces contrées.

Chantons au biniou !

Les paysans du village de Saint-Jean-des-Grèves avaient émigré, parce que leurs demeures n'étaient plus qu'un monceau de cendres.

Maître Vincent Gueffès avait payé ainsi l'hospitalité reçue.

Il avait dit aux soudards ivres :

— Le traître Maurever se cache dans une des maisons du village. J'en suis sûr.

Les soldats avaient enfoncé les portes. Quand on enfonce la porte du paysan breton, si faible qu'il soit, il frappe. Les bonnes gens avaient tapé de leur mieux. Il y avait eu la bataille.

Puis l'incendie.

Car c'était bien le village de Saint-Jean que Reine et les Le Priol avaient vu flamber en entrant dans la grève, de l'autre côté d'Ardevon.

Hommes, femmes, enfants, ils étaient là une quarantaine derrière les débris de la forteresse anglaise.

Comme ils se doutaient bien qu'on avait reconnu leurs traces et qu'on les relancerait, toute la nuit avait été employée au travail. Des pierres amoncelées bouchaient déjà les brèches, et une nouvelle enceinte s'élevait du côté de l'intérieur.

On se préparait à un siége.

Le vieux Maurever ne s'occuppait point de tout cela. Il était dans sa tour ; Reine, assise à ses pieds, mettait sa belle tête blonde sur ses genoux. Maurever était plus heureux qu'un roi.

— Reine, disait-il en caressant les doux cheveux de la jeune fille, j'ai cru que je ne te verrais plus. Quand ton panier a passé sous mes yeux emporté par le courant, mon cœur est devenu froid et comme mort. Oh! que je t'aime, ma fille chérie ! Pour les travaux de ma longue vie, je ne demande à Dieu qu'une récompense, ton bonheur !

Reine couvrait ses mains de baisers.

— Toi, reprenait Maurever avec mélancolie, tu m'aimes bien aussi, je le sais. Mais l'amour des jeunes gens pleins d'espérances ne ressemble point à l'amour triste des vieillards. A mesure qu'on vieillit, Reine, la tendresse se concentre et se resserre, parce que les objets aimés deviennent plus rares. Ainsi, moi, j'ai perdu ma femme qui était une sainte, j'ai perdu tes frères qui étaient de nobles cœurs. Il ne me reste que toi. Toi, au contraire, tu prendras un mari et tu l'aimeras. Tu auras des enfants et tu les adoreras. Que restera-t-il pour ton pauvre vieux père ?

— Ce qui restait à votre mère tant aimée quand vous fûtes époux et que vous devîntes père.

Une larme tomba sur la barbe blanche du chevalier.

— Ma mère ! murmura-t-il ; Dieu m'est témoin que je l'aimais. Oh ! Reine ! pourtant ma mère est morte seule au manoir du Roz, pendant que j'étais en guerre. Promets-moi que tu seras là pour me fermer les yeux !

Reine ne répondit que par des baisers plus tendres.

Ç'avait été une scène touchante, lorsque le vieux proscrit, après trois jours entiers d'attente, avait revu enfin sa fille, escortée par ses fidèles vassaux.

Avant de la baiser, il avait mis un genou en terre pour remercier Dieu.

Puis, il l'avait serrée contre sa poitrine déjà creusée par la faim.

Puis encore, il avait mangé avidement, au milieu des Le Priol, qui avaient des larmes plein les yeux à l'idée de ce qu'avait souffert leur pauvre seigneur.

Reine le servait, lui présentant le pain et la coupe pleine.

On les avait laissés seuls après le repas.

Il y avait déjà longtemps qu'ils s'entretenaient ainsi.

Un silence se fit. Le chevalier contemplait sa fille. Un sourire vint à sa lèvre austère.

— Je suis jaloux de lui ! murmura-t-il.

— Lui qui vous aime tant, mon père !

— Et crois-tu que je ne l'aime pas, moi, pour lui donner ainsi mon cher trésor ! s'écria le proscrit qui enleva Reine dans ses bras et la posa sur ses genoux comme un enfant. C'est un bon soldat, c'est un cœur généreux ; je veux bien qu'il soit mon fils. Mais je te le dis, ma Reine bien-aimée, la vieillesse est un long supplice. Nous n'acquérons plus jamais, et toujours nous perdons jusqu'au seuil de la tombe. Voici un homme fort, jeune, heureux, souriant aux promesses que l'avenir prodigue. Le monde est à lui ! que fait-il ? Il vient demander au vieillard dépossédé une part de son bien suprême. Le riche a besoin de l'obole du pauvre : ainsi est la vie !

Il baissa la tête, et ses cheveux blancs inondèrent son front.

Reine était devenue triste à l'écouter.

— Tu l'aimes donc bien ! demanda-t-il brusquement.

Reine se redressa.

— Oui, mon père, dit-elle d'une voix grave et lente.

— Et lui ?

— Mon père il m'aime assez pour renoncer à moi si je lui dis : Monsieur Hue de Maurever a besoin de sa fille et la veut garder.

Elle n'acheva pas, parce que le vieillard l'étouffait en un baiser passionné.

— Folle ! folle ! disait-il. Oh ! le cher cœur ! Oh ! la bonne fille qui aime bien son père ! Écoutes-tu les paroles d'un fiévreux ! Je rêve, tu vois bien, je rêve ! Ce qu'il me faut, ma Reine, c'est ton bonheur, c'est le sourire à ta lèvre rose. Écoute, la vieillesse n'est si malheureuse que par son égoïsme ombrageux. Nous ne gagnons rien, disais-je. Ingrat et insensé ! Ce fils, Aubry, qui va venir remplacer mes fils décédés, n'est-ce rien ? Et ces beaux anges blonds qui ressembleront à leur mère, les enfants de ma Reine, mes petits-enfants, mes jolis amours !

Reine cacha dans son sein son front rougissant.

Il lui prit la tête à pleines mains et la baisa.

— Dieu est bon, dit-il en extase ; ce sont de beaux jours qui me restent !

A ce moment, les planches qui fermaient la tour tombèrent en dedans.

— Le chevalier Méloir avec un moine ! cria Julien Le Priol, essoufflé.

— Le chevalier Méloir ! répéta Maurever, qui s'élança vers la meurtrière.

On se souvient qu'Aubry avait endossé l'armure de l'ancien porte-bannière de Bretagne.

— Noir et argent, murmura le vieux seigneur après avoir regardé ; ce sont bien ses couleurs !

Julien posa un carreau sur son arbalète.

— Je ne manque guère mon coup, messire, dit-il en épaulant son arme, et j'attends vos ordres.

XXIV

DITS ET GESTES DE FRÈRE BRUNO

Heureusement Reine avait de bons yeux. Elle abattit vivement, de sa blanche main, l'arbalète de Julien Le Priol qui cherchait déjà son point de mire.

— Ce n'est pas le chevalier Méloir, dit-elle.

— Et qui est-ce donc, notre demoiselle?

— C'est Aubry de Kergariou.

— Déjà! murmura Maurever.

Julien sourit, débanda son arbalète et sortit.

— Si j'étais seulement gentilhomme, pensait-il en regagnant l'abri de sa famille, je voudrais qu'elle ne reconnût personne d'aussi loin que cela!

Il soupira un petit peu.

Et ce fut tout, car Julien était un vaillant gars dont la pensée pouvait se montrer tout entière.

L'instant d'après, Aubry entrait dans la tour.

Maurever lui tendit les bras et l'appela son fils.

Reine lui donna sa main.

Il fallut savoir l'histoire de ce déguisement. Aubry s'assit entre sa fiancée et son père. Cet instant-là compensait toutes les heures cruelles passées dans la cage de pierre.

— Mes fils, disait cependant Bruno aux émigrés du village de Sain-Jean, nous avons vu vos maisons brûler, du haut de la plate-forme, ici près, au monastère. Moi qui ai été soldat avant d'être moine, je connais cela. Si vous avez un verre de cidre, je boirai à votre santé, bien volontiers, mes fils, car, tout le long du chemin, messire Aubry m'a forcé de lui conter des histoires.

Jeannin lui en plit une écuelle.

— Toi, reprit Bruno en caressant la joue du petit coquetier, tu ressembles comme deux gouttes d'eau au saint Jean-Baptiste de l'église de Tinténiac, mon pays natal, et je vais te conter une histoire qui te fera grand plaisir.

— Si vous avez été soldat comme vous le dites, repartit Jeannin, mieux vaudrait nous aider dans nos travaux.

— Bien parlé, mon neveu ! s'écria Bruno, comme disait Malestroit, mon capitaine, qui eut le bras coupé par un boulet de pierre au bas de Bécherel, en l'an trente et un. Quant à vous aider, ce sera de bon cœur ; je suis ici pour cela, ne pouvant rentrer au monastère sans une immunité du prieur claustral. Voyons votre besogne.

Il rejeta son froc en arrière et retroussa ses manches,

en homme de vert travail. Jeannin, Julien, quelques Mathurin et les Joson lui montrèrent le commencement d'enceinte. Frère Bruno approuva le tracé et se mit immédiatement à l'œuvre.

Dans la courtine, étaient Simon Le Priol, sa femme, Simonette, toutes les Gothon et autres Catiche; Scholastique préparait le repas commun. On était triste en cet endroit-là. Simonnette avait la larme à l'œil, parce que le petit Jeannin, étant devenu un homme de guerre, ne s'occupait plus d'elle autant qu'elle l'aurait voulu.

Les choses étaient bien changées, rien que depuis l'avant-veille, jour de la Saint-Jean. Ce soir-là, souvenez-vous-en, le petit Jeannin avait ses pieds nus dans les cendres si humblement ! Et, pour une fois qu'il osa prendre la parole, on le fit taire.

Mais il avait été pendu depuis lors, et cela forme un jeune homme.

Son importance grandissait à vue d'œil, les Gothon le regardaient ; les Mathurin le jalousaient. On prétendait que deux Suzon, dont nous n'avons point parlé encore à cause de l'abondance des matières, l'avaient effrontément demandé en mariage.

C'était un personnage.

— Peau-de-Mouton, mon joli blondin, lui dit frère Bruno, je me fais maître-maçon, et je te prends pour ma coterie.

A ce coup Jeannin se redressa ; sa position était désormais officielle.

Il jeta un regard vers la courtine, où les femmes étaient rassemblées, et prit le pas sur tous les Mathurin.

— Je ferai de mon mieux, frère Bruno, répliqua-t-il avec une orgueilleuse modestie.

— Apporte-moi cette roche, mon garçonnet, reprit le moine en montrant une pierre presque aussi grosse que Jeannin.

Jeannin s'y prit vaillamment, mais son effort n'ébranla pas même la roche.

Les Mathurin se mirent à rire.

— Vous qui riez, dit le moine, mettez-vous quatre et faites ce que le blondin n'a pu faire.

Les Mathurin suèrent sang et eau ; la pierre ne bougea pas.

— Oh ! oh ! s'écria le frère Bruno ; on dit que les gars du Marais ont des mains de beurre. Voyez ce que vaut la moitié d'un moine !

Il saisit la roche et la porta, l'espace de dix pas, jusqu'à l'enceinte improvisée.

Tout en la portant, il disait :

— Personne de vous n'a connu Robin de Ploërmel, qui écrasa la queue du diable ? Je vous réciterai sa légende au souper. A présent, travaillons, mes mignons, car nous aurons du nouveau cette nuit.

Les Mathurin le contemplaient avec admiration.

Frère Bruno leur assigna leur poste de travail et entonna la ronde du pays de Vannes :

La beauté, de quoi sert-elle,
Ligèrement belle hirondelle,
Ligèrement ?
El' sert à porter en terre,
Ligèrement, blanche bergère,
Ligèrement !

Il chantait cela, le frère Bruno, d'une belle voix de vêpres, sur un de ces airs tristes et bizarrement rhythmés que l'on ne trouve qu'en Bretagne.

C'était de la gaieté, mais de la gaieté bretonne, qui donne aux noces même une bonne couleur d'enterrement.

Les gars se prirent à travailler en mesure comme les matelots au cabestan.

La besogne allait, le moine chantait :

>As-tu la chanson nouvelle,
>Ligèrement, belle hirondelle,
>Ligèrement ?
>La chanson du cimetière,
>Ligèrement, blanche bergère.
>Ligèrement !

La fable d'Orphée se renouvelait. Les pierres dansaient au son de cette musique. Les gars se démenaient.

— Holà ! les filles ! cria le frère Bruno, je ne peux pas tout faire, moi ! Venez donc chanter pendant que nous peinons !

Les filles qui s'ennuyaient toutes seules ne demandaient pas mieux. Le troisième couplet, un peu plus lugubre que les deux premiers, s'entonna en chœur, bien joyeusement. Le quatrième, où *bière* rime avec *bergère*, fut chanté en sautant. Au cinquième, on ne se sentait plus d'allégresse.

Au sixième, les Gothon, les Catiché, la Scholastique, les Suzon, Simon Le Priol et sa grave ménagère elle-même, remuaient la terre en gavottant comme des bienheureux.

L'enceinte s'élevait.

Quand le vieux Maurever, Aubry et Reine sortirent de la tour, ils étaient dans une véritable forteresse.

Le frère Bruno s'approcha respectueusement de monsieur Hue.

— Que Dieu vous bénisse, mon bon seigneur, dit-il, et la jolie demoiselle, et même messire Aubry, mon ami, qui m'a planté là en pleine grève, quoique je prisse la peine de lui raconter une histoire ou deux pour abréger le chemin. Je viens ici dérouiller mes pauvres bras, qui s'engourdissaient là-haut.

— Mais, si le prieur s'aperçoit de votre fuite, répliqua monsieur Hue, il enverra ses hommes d'armes après vous.

— Quel prieur? Il faut distinguer: le prieur claustral, je ne dis pas; mais il ne s'occupe pas du dehors. Quant au prieur des moines, il a porté l'armure comme moi, et la main lui démange trop souvent pour qu'il ne comprenne point mon cas. Dailleurs, je n'ai point prononcé de vœu, mon bon seigneur, et à mon retour je n'aurai que la discipline simple, qui est donnée par frère Eustache, mon compère.

Le vieux Maurever fronça le sourcil.

— Je n'aime pas qu'on plaisanté, même innocemment, des choses de la religion, mon frère, dit-il avec sévérité.

— Bon! s'écria Bruno désespéré, voilà qu'on va me renvoyer avant la bagarre! J'aurai la discipline tout de même et je ne me serai point battu! Mon bon seigneur, ayez pitié de moi!

— Père, murmura la douce voix de Reine, il a aidé Aubry à se sauver.

— Et j'ai donné trois tours de clé sur ce coquin de Méloir ajouta Bruno ; saint patron, monseigneur, si vous aviez vu sa figure !

— C'est un excellent homme, dit Aubry, à son tour ; sans lui, les jours de ma captivité auraient été bien durs.

— Oui, oui, s'écria Bruno ; je lui ai conté de fières histoires au jeune seigneur...

— Et tenez, interrompit-il en prenant sans façon monsieur Hue par la manche, ce frère Eustache, dont je vous parlais, a eu, avant d'entrer en religion, vers l'an trente-trois, au mois d'avril, une bien gaillarde aventure dans la ville de Guichen, entre Rennes et Redon.

Il venait de vendre des poules au marché de Guer, car il tenait une métairie pour la douairière de La Bourdonnaye, là-bas, sous Pont-Réan. Il était à cheval, jambe de ci, jambe de là, sur son bât, et il allait chantant :

> Dansons la litra,
> Litra lilanrire,
> Dansons la litra,
> Litra lilanla !

Vous savez, la *litra* se danse à reculons, en se tapant les talons devant derrière. Et j'ai connu au bourg de Bains un tailleur de cercles en châtaignier pour les fûts, poinçons et barriques, qu'on venait voir danser la *litra* de dix lieues à la ronde. Il était borgne d'un œil et se nommait Pelo Halluin. Sa sœur Matheline piquait la toile à voile à la Roche-Bernard et fut mariée à Juillon le Guénnec, qu'on appelait le Bancal, à cause de ses jambes qu'il avait de travers.

Ce Pelo Halluin... mais c'est de frère Eustache que je veux vous entretenir, mon bon seigneur.

— Que vous disais-je? murmura Aubry à l'oreille de monsieur Hue.

Le vieillard se prit à sourire. Il paraît qu'Aubry lui avait déjà parlé du digne frère Bruno et de ses histoires.

— Donc, reprit ce dernier, frère Eustache, était alors un jeune gars, éveillé comme un ver luisant...

— Assez ! frère Bruno, interrompit monsieur Hue.

Le pauvre moine s'arrêta court.

— Aurais-je offensé mon bon seigneur? balbutia-t-il.

— Assez! vous dis-je, je vous permets de rester ici avec nous.

Bruno frappa ses mains l'une contre l'autre et poussa un long cri de joie.

— Mais à une condition, ajouta Maurever.

— Laquelle, monseigneur, laquelle?

— C'est que, pendant votre séjour, vous ne raconterez pas une seule histoire.

— Ah! s'écria le moine en riant de tout son cœur; voilà, par exemple, qui n'est pas difficile ! Croyez-vous que je sois un bavard, Seigneur Dieu ! Cela me rappelle une aventure qui m'arriva en l'en quarante-quatre dans une auberge de la Guerche. Nous étions trois: mon cousin Jean, Michel Legris et moi. Je dis à Michel Legris : Michel, mon fils, as-tu ouï conter l'aventure du gruyer-juré de Lamballe qui...

Il fut interrompu par un éclat de rire que poussa en chœur toute l'assistance.

Pourquoi riait-on ? Frère Bruno ne le devina point.

— Si vous aviez attendu un petit peu, dit-il c'est mon histoire qui vous aurait fait rire !

Le chevalier Méloir, enfermé dans la prison d'Aubry, supporta d'abord assez gaîment son infortune. Il était philosophe. Le pis-aller, c'était quelques heures passées dans ce fâcheux état.

Mais les heures se succédaient et la philosophie du chevalier Méloir s'usait. Il était environ dix heures du matin quand Aubry lui avait emprunté de force son costume. Midi sonna au beffroi du monastère. Puis une heure, puis deux heures, puis trois.

Sarpebleu ! le chevalier Méloir perdait patience.

S'il n'avait pas eu ce diable de bâillon, il aurait appelé ; mais son bâillon était très-bien attaché.

Ses jambes seules étaient libres. Il s'en servit d'abord pour arpenter son cachot étroit à grands pas, puis pour lancer des coups furieux dans le chêne de la porte.

Mais c'est bien le moins que les prisonniers aient le droit de passer leur mauvaise humeur sur les portes ou les murs de leurs cabanons.

Des coups de pied du chevalier Méloir personne ne s'inquiétait.

Vers quatre heures de l'après midi, une clef tourna pourtant dans la serrure.

— Eh bien ! Bruno ! dit une voix sur le seuil, est-ce toi qui fais tout ce tapage ? Pourquoi tes clefs sont-elles au dehors ?... Mais Bruno n'est pas là... où est-il ?

Le malheureux Méloir n'avait garde de répondre.

Il se mit au-devant du nouveau venu qui était frère Eustache, et qui pensa :

— Bruno a lié les mains du prisonnier avec une corde et lui a mis un bâillon sur la bouche.., c'est peut-être parce qu'il est enragé.

Méloir poussait des sons inarticulés sous son bâillon.

— Bien sûr qu'il est enragé ! reprit Eustache ; je voudrais bien savoir ce qu'il a fait du pauvre Bruno !

Eustache était partagé entre l'envie de faire retraite et le désir de savoir.

La curiosité finit par l'emporter.

Il s'approcha de Méloir et lui dit :

— Ne me mordez pas, l'homme, ou je vous assomme avec mon trousseau de clefs.

Cette précaution oratoire une fois prise, il détacha le bâillon du chevalier.

— Votre Bruno, s'écria aussitôt Méloir, qui écumait de rage, votre Bruno est un coquin ; vous aussi et tous ceux qui habitent ce monastère maudit. Jour de Dieu ! nous verrons si monseigneur François de Bretagne ne tirera point vengeance de cette indignité !

— Messire, dit Eustache étonné, n'est-ce point monseigneur François de Bretagne qui vous fait détenir en cette prison ?

Méloir le poussa violemment au lieu de répondre, monta les escaliers quatre à quatre, et força l'entrée du réfectoire où le procureur de l'abbé dînait au milieu de ses moines.

Méloir montra ses mains liées, et demanda raison au nom du duc de Bretagne.

Guillaume Robert le regarda en face.

— Je vous ai déjà vu dans le chœur de la basilique, messire, dit-il froidement, le jour où le fratricide fut confondu devant Dieu et devant les hommes.

— Le fratricide! répéta Méloir qui recula stupéfait; est-ce de monseigneur François que vous parlez ainsi?

Guillaume Robert ne répondit point,

— Déliez les mains de cet homme, dit-il; si le village qu'il a incendié hier était de Normandie au lieu d'être de Bretagne, je fais serment qu'il ne sortirait pas vivant du monastère de Saint-Michel!

— Un village incendié! balbutia Méloir.

— Va-t'en! lui dit encore le procureur; ton duc a le pied droit dans la tombe. Je prie Dieu qu'il lui inspire des sentiments de pénitence.

— Il faut, en effet, que monseigneur François de Bretagne soit aux trois quarts mort et un peu plus, pour que ce moine parle de lui en ces termes, pensa Méloir; j'ai gâté ma partie, le diable soit de moi!

En arrivant dans la cour, il trouva ses hommes d'armes qui l'attendaient.

Comme il allait passer la porte, son regard tomba sur deux ou trois douzaines de pauvres hères qui recevaient des aumônes de vivres sous la tour.

Parmi eux, il reconnut maître Gueffès, lequel faisait bois de toutes flèches et empochait bravement le pain de Dieu.

— Viens avec moi, lui dit Méloir.

Vincent Gueffès s'inclina et obéit.

Méloir lui fit donner un cheval. On prit au galop la route du manoir de Saint-Jean.

Pendant la route, Gueffès dit bien des fois à Méloir :

— Mon cher seigneur m'a ordonné de le suivre, pourquoi ?

Méloir ne répondait pas et restait enfoncé dans sa sombre rêverie.

Arrivé en terre ferme, il se tourna brusquement vers Gueffès :

— C'est toi qui a mis le feu au village, dit-il.

— Non, messire, ce sont vos braves soldats.

— Ce doit être toi ! tu ne seras pas puni, si tu me dis où est Maurever.

— Je dirai à mon cher seigneur où est Maurever, répondit Gueffès avec assurance, à condition qu'on me donnera : 1° cent écus d'or ; 2° la tête de ce petit malheureux, Jeannin le coquetier ; 3° la fille de Simon Le Priol, Simonnette, dont je prétends me venger quand elle sera ma femme.

XXV

GUEFFÈS S'EN VA EN GUERRE

Méloir arrêta son cheval et regarda Vincent Gueffès. Celui-ci ne baissa point les yeux.

Méloir était pâle ; des gouttes de sueur perlaient à ses tempes.

— C'est comme si je vendais mon âme à Satan, murmura-t-il ; mais peu importe! Tu auras les cent écus d'or, la tête du petit Jeannin et la jolie Simonnette.

— Quels sont mes gages?

— Ma foi de chevalier que je te donne.

Vincent Gueffès aurait peut-être préféré autre chose, mais il n'osa pas le dire.

— La foi d'un illustre chevalier tel que vous, répliqua-t-il, vaut toutes les garanties du monde.

Il toucha son cheval pour se mettre sur la même ligne que Méloir et reprit :

— Le traître Maurever a maintenant de la compagnie. Les gens du village ont été le rejoindre, après que vos soldats... car ce sont bien vos soldats qui ont mis le feu, messire ! Moi, j'ai fait tout ce que j'ai pu pour les en empêcher...

— Je m'en fie à toi, maître Vincent !

— Je suis un homme de paix, messire, et cette catastrophe m'a gravement saigné le cœur. Nous trouverons donc, disais-je, auprès du traître Maurever les manants du village de Saint Jean, plus sa fille Reine, qui se moqua si bien de vous l'autre nuit, en coupant les cordons de votre escarcelle...

— C'était Reine ! s'écria Méloir.

— Elle aurait pu vous donner de votre propre dague dans la gorge, messire, et les rieurs seraient restés de son côté. Je continue : nous trouverons probablement aussi cette bouture de chevalier, messire Aubry de Kergariou.

— Celui-là, que Dieu le confonde !

— *Amen!* mon cher seigneur ! En conséquence, ce n'est plus une meute qu'il nous faut, mais une armée.

— Une armée ! dit Méloir en haussant les épaules, une armée pour réduire deux douzaines de patauds et quelques femmes. Sont-ils donc dans une forteresse?

— Oui, messire, répondit Gueffès.

— Ils ne sont pas au couvent du mont Saint-Michel, je pense ! s'écria Méloir.

Gueffès secoua la tête en ricanant.

— Ma foi, répondit-il, s'ils n'y sont pas, c'est qu'ils n'y veulent point être ; car votre duc François est terriblement en baisse parmi les bons moines. Mais, enfin, ils n'y sont pas. Seulement, des murs du couvent qui dominent la ville, on les voit assez bien...

— Ils sont à Tombelène !

— Vous l'avez dit, messire. On les voit assez bien remuer leurs roches et clore leur enceinte. Il y a de bons bras parmi eux, mon cher seigneur, et de bonnes têtes, car leur petit fort prend tournure.

— Hommes d'armes ! cria Méloir : au galop !

Les lourds chevaux frappèrent le sable en mesure. On passait devant le bourg de Saint-Georges.

Gueffès, quoique un peu maquignon, n'était pas un écuyer de première force.

Il se prit à la crinière de sa monture et galopa ainsi aux côtés de Méloir.

Plusieurs fois il voulut poursuivre la conversation, mais le mouvement de son cheval et le vent de la grève lui coupaient la parole.

Quand la cavalcade traversa le lieu où le pauvre village de Saint-Jean élevait naguère ses huit ou dix chaumines, Méloir détourna la tête.

Vincent Gueffès pensait :

— Toutes ces bonnes gens se moquaient de moi. On riait quand je passais. Les enfants disaient : voici venir la mâchoire du Normand... la mâchoire avait des dents, elle a mordu, voilà tout.

Et il regardait les places noires qui marquaient l'incendie.

C'était un coquin sans faiblesse, n'ayant pas plus de nerfs que de cœur.

Placé comme il faut, au temps qui court, il eût été loin, ce maître Vincent Gueffès !

La troupe de Méloir était campée maintenant dans la cour du manoir de Saint-Jean. Les hommes d'armes occupaient la salle où nous avons assisté à ce triomphant souper de la première nuit.

Les choses avaient beaucoup changé depuis lors, à ce qu'il paraît, bien qu'on ne fût séparé de ce fameux souper que par quarante-huit heures à peine.

Dans la cour, les soudards et archers vous avaient une contenance mélancolique. Bellissan, le veneur, lui-même grondait, sans motif aucun, ses grands lévriers de Rieux.

Il était pourtant arrivé dans la journée sept ou huit lances de Saint-Brieuc avec leur suite.

— Holà, qu'on se prépare à partir ! cria Méloir en entrant dans la cour.

D'ordinaire, ce commandement trouvait tous les soldats alertes et joyeux. Ce soir, ils s'ébranlèrent lentement et comme à contre-cœur.

Était-ce conscience de leur méfait de la nuit précédente? On n'oserait point l'affirmer. En tout temps, le soldat se pardonna bien des choses à lui-même, mais ces hommes d'armes qui venaient d'arriver apportaient des nouvelles.

La main de Dieu était sur le duc François de Bretagne.

Tout le monde l'abandonnait à la fois.

Et tout le monde attendait avec une sévère impatience le moment fatal, fixé par la citation de monsieur Gilles.

Personne, d'ailleurs, ne doutait que François ne dût aller, avant quarante jours écoulés, devant le terrible tribunal où l'appelait son frère.

Car, l'histoire, si variable en ses autres enseignements, ne s'est jamais démentie sur ce fait : les princes à qui la Pensée religieuse a déclaré la guerre sont perdus :

Soit qu'une excommunication tombe sur leur tête rebelle des hauteurs du Vatican, soit que la conscience populaire se mette au lieu et place des foudres de l'Église.

Ici, c'était la voix du sépulcre qui s'était élevée, et la voix des morts, comme la voix du pape ou la voix du peuple, est la voix de Dieu.

Au moment où le chevalier Méloir passait le seuil de la salle où étaient rassemblés ses hommes d'armes, une discussion très-vive et très-échauffée cessa brusquement.

Méloir n'en put entendre que quelques mots ; mais ce qui suivit fut une explication parfaitement suffisante.

Kéravel et Fontebrault se levèrent en même temps à son approche.

— Messire, lui dit Kéravel ; je m'en vais retourner à mon manoir du Huelduc, devers Hennebon, sauf votre bon vouloir.

— Et pourquoi cela? demanda le chevalier en fronçant le sourcil.

— Parce que mes moissons se font mûres, répondit le brave hommes d'armes avec embarras.

— Du diable si tu te soucies de tes moissons, toi, Kéravel! Mais va-t-en où tu voudras, tu es libre.

— En vous remerciant, messire.

Kéravel tourna les talons.

— Et toi, Fontebrault, dit Méloir, est-ce que tu aurais aussi fantaisie d'aller voir mûrir tes seigles?

— J'ai reçu avis, messire, répliqua gravement Fontebrault, que madame ma femme est en voie de délivrance.

— Sarpebleu ! s'écria Méloir ; c'est affaire du médecin-chirurgien, mon compagnon.

— Sauf votre bon vouloir, messire, je vais m'en retourner du côté de Lamballe, où est ma demeure.

— Sarpebleu ! sarpebleu !

Fontebrault prit congé.

Méloir jeta un regard oblique sur les hommes d'armes qui restaient.

Il vit Rochemesnil qui se levait.

— Toi, tu n'as ni moissons ni femme, Rochemesnil ! s'écria-t-il ; je te préviens qu'il y a bataille cette nuit. Si tu veux t'en aller après cela, honte à toi !

— S'il y a bataille, je reste, repartit Rochemesnil ; mais après la bataille, je m'en vais.

— Où ça ?

— Devers Guérande, où feu monsieur mon cousin Foulcher m'a laissé des salines sous son beau château de Carheil.

Méloir se laissa choir sur l'unique fauteuil qui fût dans la salle.

— Sarpebleu ! sarpebleu ! sarpebleu ! grommela-t-il par trois fois.

Et c'était preuve d'embarras majeur.

— En sommes-nous donc là déjà ? reprit-il ; je croyais que nous avions encore, au moins, une vingtaine de jours devant nous.

Comme on le voit, entre lui et les autres, ce n'était qu'une question de semaines.

Il demeura un instant pensif ; puis il se redressa tout à coup.

— Allons ! Rochemesnil, dit-il, va-t-en voir les salines

que t'a laissées feu monsieur ton cousin Foulcher de Carheil et que le diable t'emporte!

Rochemesnil ne se le fit pas répéter.

Méloir regarda ceux qui restaient.

— Voilà les brebis parties, s'écria-t-il. Il ne reste plus céans que les loups. Sarpebleu! mes fils, une dernière danse et qu'elle soit bonne! Après, s'il le faut, nous aurons toute une quinzaine pour faire notre paix avec le futur duc, que saint Sauveur protége! ajouta-t-il en touchant la toque qui remplaçait, sur sa tête, le casque conquis par Aubry de Kergariou.

Ce bout de harangue fit un assez bon effet.

Péan, Coëtaudon, Kerbehel, Corson, Hercoat et d'autres encore se levèrent et dirent :

— Nous sommes prêts.

— Donc, commençons le bal! ordonna Méloir.

Chacun s'arma.

On ne laissa pas un seul soldat au manoir.

Bellissan fut chargé d'emmener les lévriers qu'on devait parquer sous la chapelle Saint-Aubert au mont Saint-Michel, afin de couper la retraite aux proscrits s'ils s'avisaient de vouloir tenter la fuite à travers les grèves.

A la nuit tombante, la cavalcade sortit du manoir, suivie par les archers et les soldats en bon ordre.

Maître Gueffès était de la partie.

Son souhait se trouvait, du reste, accompli. C'était une véritable armée, une armée trois fois plus forte qu'il ne fallait, selon toute apparence, pour réduire les pauvres gens réfugiés à Tombelène.

XXVI

AVANT LA BATAILLE

A Tombelène, on avait dîné gaîment, car la gaîté se fourre partout, même dans une retraite de proscrits. Seulement, il y avait là tant de bouches largement fendues en communication directe avec d'excellents estomacs, qu'un seul repas suffit pour engloutir la presque totalité des provisions apportées.

Les quatre Gothon dévoraient. Les Mathurin étaient des gouffres. Quant aux Joson, il n'y avait guère que les Catiche qui mangeassent plus gloutonnement qu'eux.

Les Catiche étaient nées en juin, et Matthieu Laensberg dit :

« Femme née en juin aura le teint et les cheveux rouges, sera robuste, aimera la bonne chère, mais point le travail entre ses repas. »

Or, qui oserait prétendre que Mathieu Laensberg se soit trompé ou ait jamais trompé?

La grande famille formée par tous les ménages de Saint-Jean réunis se prit à réfléchir en regardant les débris du festin.

Et le résultat des réflexions de chacun fut ceci :

— Il n'y a pas de quoi faire un autre repas.

— J'ai vu le temps, dit frère Bruno, répondant au sentiment général, le temps où nous prenions de beaux mulets (le *lupus* de Pline) au nord de Tombelène. L'abbé Gontran, un rude amateur de poissons, les appelait des surmulets, et à cet égard, je sais une aventure...

— Mais, se reprit-il précipitamment, monsieur Hue m'a défendu de conter des histoires!

— Dites-nous plutôt comment nous prendrions bien des mulets! s'écria le petit Jeannin.

— Avec des filets, mon fils, c'est bien simple.

— Mais où prendre des filets?

— Voilà, mon garçonnet, où j'en voulais venir. Nous n'avons pas de filets, par conséquent, nous ne pouvons prendre de mulets ou surmulets, suivant l'abbé Gontran, en latin *lupus*.

— C'est bien la peine de nous mettre l'eau à la bouche s'écrièrent trois Gothon.

La quatrième dormait, comme font encore de nos jours beaucoup de Gothon, tout de suite après la soupe.

— Ah, ah! dit le frère Bruno, on est goulu sur la côte bretonne; je sais bien ça, et l'histoire de Toinon Basselet, la mailletière, le prouve du reste!

— Voyons l'histoire de Toinon la mailletière, crièrent en chœur les filles et les gars.

Pour la première fois de sa vie, le frère Bruno comprit le mystérieux plaisir de la résistance. Pour la première fois de sa vie, il put entrevoir la valeur que donne à une chose ou à un homme le « se faire prier, » cette qualité qui est le seul mérite de tant d'esprits graves et de tant de chanteurs légers!

D'ordinaire, quand il voulait conter, on lui coupait la parole.

Aujourd'hui qu'il était muet, on le suppliait d'ouvrir la bouche.

On s'instruit à tout âge. Le frère Bruno, qui était un homme avisé, fit peut-être son profit de cette leçon. Nos renseignements, recueillis sur les lieux mêmes, ne nous donnent, néanmoins, aucune certitude à cet égard.

— Je vous dirai l'histoire de Toinon la mailletière à la veillée de la mi-août, répliqua-t-il; et quant aux mulets ou surmulets, le nom n'y fait rien, je sais quelque chose qui les remplacerait avec avantage.

— Quoi donc? quoi donc?

— Sautés dans le beurre frais, avec ciboule, persil, casse-pierre et civettes à la reine, les lapins de Tombelène sont un manger de chevalier.

— Chassons le lapin! s'écria Jeannin.

Chacune des quatre Gothon pensa au fond de son cœur :

— Je mangerais bien du lapin!

Scholastique, depuis qu'elle avait atteint l'âge de garder les oies, avait envie de manger du lapin.

Le petit Jeannin s'était levé, fier comme Artaban, et enjambait déjà le mur d'enceinte, l'arbalète à la main.

— Attends, mon fils, attends! dit le frère Bruno; les lapins de Tombelène sont bons, c'est vrai, mais il n'y en a plus, depuis que les Anglais ont tenu garnison dans l'île.

— Oh! les coquins d'Anglais! gronda le chœur.

— Ils aiment le gibier comme s'ils étaient des chrétiens, repartit Bruno, le mieux est de gratter le sable pour trouver des coques, si nous voulons souper ce soir.

— Nous autres, ça ne fait pas grand'chose, dit Jeannin, qui n'obtint point cette fois l'approbation des Gothon; mais monsieur Hue, mademoiselle Reine et Simonnette ne doivent manquer de rien. Hé! ho! les Mathurin! aux coques! aux coques!

— Eh bien! se disait le bon moine convers, je raconterai cette histoire-là : Le petit Jeannin du village de Saint-Jean, sous la ville de Dol, qui portait une peau de mouton comme saint Jean-Baptiste... en l'an cinquante...

Ces détails principaux se gravaient dans un des mille casiers de sa redoutable mémoire. C'était de la matière pour plus tard.

Les Mathurin, Bruno et Jeannin sortirent de l'enceinte pour aller chercher des coques au revers de Tombelène.

Pendant cela, Aubry était seul avec le vieux sire de Maurever dans la tour démantelée. A deux pas de là, dans un angle saillant de l'ancienne ligne des murailles, Jeannin avait bâti à l'aide de pierres et de planches apportées par le flot, une petite cabane où Reine et Simonnette étaient assises l'une auprès de l'autre.

Simon Le Priol, sa femme Fanchon et le reste de l'émigration s'abritaient du mieux qu'ils pouvaient et faisaient leurs préparatifs de nuit.

— Mon fils, disait le vieux Maurever à Aubry, ce me fut un grand crève-cœur, quand je vous vis jeter votre épée aux pieds de notre seigneur François. C'était pour l'amour de Reine qui est ma fille que vous faisiez cela, et je pensais : Me voilà, moi, Hugues de Maurever, chevalier breton, qui enlève une bonne épée à mon duc de Bretagne !

— Monsieur mon père, répondit Aubry, ce que je fis ce jour-là, tous les nobles du duché le feront demain.

Maurever courba sa tête blanche.

— Alors, puisse Dieu m'épargner le châtiment que j'ai mérité peut-être ! murmura-t-il.

Et comme Aubry le regardait, étonné, le vieillard reprit :

— J'ai cru faire mon devoir, mais le crime de l'homme est entre l'homme et Dieu. Le crime ne change pas le droit de notre seigneur duc à qui appartient la vie de notre corps. J'ai mal fait, mon fils Aubry, j'ai mal fait, j'ai mal fait !

Il se frappa la poitrine durement.

— J'aurais dû rester à genoux sur la dalle du chœur, continua-t-il, et tendre mes vieilles mains aux fers. Au lieu de cela, traître que je suis, j'ai pris la fuite parce que je devinais derrière son voile de deuil le doux visage de Reine, ma fille, et que je voulais l'embrasser encore.

— Vous ! un traître ! s'écria Aubry ; vous, le saint et le loyal !

15*

— Tais-toi, enfant! tais-toi! ne blasphème pas! Oui, je suis un traître, et Dieu m'a puni en livrant aux flammes les demeures de mes vassaux de Saint-Jean. Dans ma solitude, n'ai-je pas entendu comme un écho funeste? Coëtivy est mort devant Cherbourg, Coëtivy, notre grand homme de guerre! Ainsi s'en vont les Bretons vaillants, laissant leurs dépouilles dans les champs de la Normandie. Je te le dis, Aubry, je te le dis : la Bretagne commence son agonie dans la victoire, comme le duc François lui-même. Un vent souffle de l'est, qui sera une tempête. La France allongera son bras de fer... et l'on dira : « C'était autrefois une noble nation que la Bretagne... »

Aubry ne comprenait pas.

Maurever poursuivait avec une exaltation croissante, les cheveux épars et les yeux au ciel :

— Maudit soit, entre tous les jours maudits, le jour où tu mourras, ô Bretagne! Maudite soit la main qui touchera l'or de ta couronne ducale! Maudit soit le Breton qui ne donnera pas tout son sang avant de dire : « le roi de France est mon roi! »

— Où est-il, ce Breton? s'écria Aubry.

Maurever le regarda d'un air sombre.

— Tu es jeune; tu verras cela! dit-il; une malédiction est sortie de cette tombe où dort monsieur Gilles. Tu verras cela! Nantes, la riche, et Rennes, l'illustre, et Brest, et Vannes, et le vieux Pontivy, et Fougères, et Vitré, seront des villes françaises.

— Jamais!

— Bientôt!

Il mit sa tête entre ses mains et ne parla plus.

Aubry n'osait l'interroger.

Au bout de quelques minutes, le vieillard s'agenouilla devant sa croix de bois et pria.

Quand il eut achevé sa prière, il se tourna vers Aubry qui demeurait immobile à la même place.

— Enfant, dit-il, si nous étions seuls tous les deux, je te prendrais par la main et nous irions ensemble vers notre seigneur, lui porter notre vie. Mais nous ne sommes pas seuls. Et peut-être vaut-il mieux que cela soit ainsi, car le sang ne lave pas le sang, et l'esprit de révolte s'exalterait davantage tout autour de nos têtes tranchées. Nous allons être attaqués, sans doute : fais suivant ta conscience ; moi, je laisserai mon épée dans le fourreau.

— Moi, je défendrai Reine! s'écria Aubry, fallût-il mettre en terre Méloir et tous ses hommes d'armes!

Maurever croisa ses bras sur sa poitrine.

— Nous en sommes là, dit-il, chacun pour soi!... Et qui sait si ce n'est pas la loi de l'homme!

. . . .

A ce moment, la nuit était tout à fait tombée.

Le ciel n'était point clair comme la nuit précédente. La grande marée approchait, amenant avec soi les bourrasques sur terre et les nuages au ciel.

Il faisait vent capricieux, soufflant par brusques rafales. Le firmament d'un bleu vif, semé d'étoiles qui brillaient extraordinairement, se couvrait à chaque instant de nuées noires. Les nuées allaient comme d'énormes vaisseaux, toutes voiles dehors. Elles *mangeaient les étoiles*, suivant l'expression bretonne.

A l'Orient, quand l'horizon se découvrait, on voyait le

disque énorme et rougeâtre de la pleine lune qui sortait à moitié de la mer.

Cela était sombre, mais plein de mouvement. Quand la lumière de la lune fut assez forte pour argenter le rebord des nuages, tout ce mouvement s'accusa violemment, et le ciel présenta l'image du chaos révolté.

Dans leur petite cabane improvisée, Reine et Simonnette étaient seules.

Simonnette s'asseyait aux pieds de Reine, à qui on avait fait un banc d'herbes et de goémons desséchés.

— Tu l'aimes donc bien, ma pauvre Simonnette? disait Reine en souriant.

— Oh! chère demoiselle, je ne le savais pas hier. C'est quand j'ai appris qu'on allait le pendre, que mon cœur s'est brisé. Lui, il y a longtemps, longtemps qu'il m'aime; bien souvent, je me levais la nuit pour regarder par la croisée de la ferme, et toujours je le voyais guettant sous le grand pommier qui est de l'autre côté du chemin. Le croiriez-vous, cela me faisait rire et je me disais : Le drôle de petit gars! le drôle de petit gars! Mais hier! ah! Seigneur mon Dieu! que j'ai pleuré!

Ses yeux étaient encore tout pleins de larmes.

Reine l'attira contre elle et la baisa.

— Ah! mais j'ai pleuré, poursuivait Simonnette, qui riait parmi ses larmes, j'ai pleuré! que je n'y voyais plus du tout, notre bonne demoiselle! Ce que c'est que de nous! Je n'avais pas pleuré beaucoup plus quand on nous a dit que vous étiez morte.

Elle porta la main de Reine à ses lèvres en ajoutant:

— Et pourtant je donnerais mille fois ma vie pour

l'amour de notre chère maîtresse! vous le croyez bien, n'est-ce pas?

— Je le crois, ma bonne Simonnette.

— Mais quand on ne sait pas qu'on aime, voyez-vous, et que ça vient comme ça, tout d'une fois, il paraît que c'est plus fort. Figurez-vous que c'était justement aux branches du grand pommier qu'ils voulaient pendre mon pauvre Jeannin. Et si vous n'étiez pas venue...

— Ah! mon Dieu! mon Dieu! fit-elle en s'interrompant, je le disais tantôt à Jeannin, qui fait l'homme, oui-dà, depuis qu'il a été pendu à moitié; je lui disais : Si tu ne te fais pas couper en morceaux pour notre demoiselle, toi, tu peux chercher une autre promise! Et savez-vous ce qu'il m'a répondu, car c'est étonnant comme il devient faraud!

— Que t'a-t-il répondu, ma fille?

— Il m'a répondu : Si tu ne parlais pas comme ça, toi, quand il s'agit de notre demoiselle, tu pourrais bien chercher un autre promis!

— En vérité?

— Vrai, comme je vous le dis. Ça vous change fièrement un jeune gars, de lui mettre la corde au cou. Et vous pensez si ça m'a fait plaisir de le voir vous aimer autant que je vous aime, mademoiselle Reine!

Reine était distraite.

Simonnette se tut et se prit à la regarder d'un air malicieusement ingénu.

— Notre demoiselle, poursuivit-elle tout à coup, comme si une idée lui fût venue, vous ne savez pas, quand il est arrivé, les filles et les gars disaient : Oh! le beau jeune seigneur! le beau jeune seigneur!

Reine rougit légèrement.

— De qui parles-tu, ma fille? demanda-t-elle.

Nous ajoutons pour mémoire qu'elle savait parfaitement de qui parlait Simonnette.

— Eh mais! répondit celle-ci; de messire Aubry, donc! avec son casque à plume et sa cotte brillante. Les gars et les filles disaient encore : C'est le fiancé de notre demoiselle... Est-ce vrai, ça?

— C'est vrai.

— Oh! tant mieux! s'écria Simonnette; je voudrais tant vous voir heureuse! Comme il doit vous aimer, le jeune gentilhomme! et comme ce sera beau de vous voir tous deux à la chapelle du manoir! Dieu merci, les temps durs passeront, et la joie reviendra. Voulez-vous m'accorder une grâce, mademoiselle Reine?

— Une grâce, ma pauvre enfant, répondit Reine en secouant sa jolie tête blonde; je ne suis guère en position d'accorder des grâces.

— Aujourd'hui, non, mais demain. C'est pour demain la grâce que j'implore.

Reine ne put s'empêcher de sourire, tant il y avait de caressante confiance dans la voix de Simonnette.

— Eh bien, répliqua-t-elle presque gaiement, nous t'octroyons la grâce que tu sollicites, ma fille.

Simonnette lui couvrit les mains de baisers. Elle était joyeuse autant que si ces paroles fussent tombées de la belle bouche de madame Isabeau, duchesse de Bretagne.

— Merci, ma chère demoiselle, mille fois merci, dit-elle ; la grâce que je vous demande, ce n'est pas pour moi, mais pour Jeannin, mon ami, qui ne gagnera guère à devenir mon mari, puisque notre maison est brûlée. Hélas! mon Dieu! ajouta-t-elle entre parenthèse, qui sait ce que sont devenues la Noire et la Rousse dans tous ces malheurs-là?

— Et que puis-je faire pour ton ami Jeannin, ma pauvre Simonnette?

— Quand le noble Aubry sera chevalier, répondit la jeune fille, il aura besoin d'une suite. Je sais ce que vous allez me répondre : On dit que Jeannin est poltron comme les poules. C'est menti, allez, ma bonne demoiselle! Si vous aviez vu Jeannin quand il allait mourir! Il pensait à sa vieille mère et à moi; il priait le bon Dieu bien doucement, comme s'il eût récité son oraison de tous les soirs, mais il ne tremblait pas. Oh! il est brave, mon ami Jeannin! et je n'oublierai jamais l'heure que j'ai passée avec lui; c'était moi qui pleurais; c'était lui qui me consolait.

— Quand Aubry de Kergariou sera chevalier, dit Reine, nous ferons un bel écuyer du petit Jeannin.

Simonnette, qui n'avait pourtant pas sa langue dans sa poche, ne trouvait plus de paroles pour remercier, tant elle était heureuse.

Reine se pencha et lui mit un baiser sur le front.

Les boucles légères et cendrées de ses cheveux blonds se mêlèrent à l'opulente chevelure noire de la jeune vassale.

C'était un tableau gracieux et charmant.

— Ecoutez! dit Simonnette, qui tressaillit avec violence et se leva.

Elle s'élança sur une pierre qui était en dehors du seuil, et sa tête dépassa l'enceinte.

Reine était déjà auprès d'elle.

Leurs joues, qui naguère brillaient de jeunesse et de fraîcheur, étaient pareillement pâles. Tout leur corps tremblait.

Sur le sable blanc de la grève, on voyait des objets noirs qui avançaient et semblaient ramper.

La lune passa entre deux nuages. Au pied même de l'enceinte, une forme sombre se dressa lentement.

XXVII

LE SIÉGE

Reine de Maurever et Simonnette étaient comme pétrifiées.

Au moment où Reine, qui se remit la première, ouvrait la bouche pour jeter un cri d'alarme, une main de fer la saisit par derrière.

Un homme de haute taille, que l'obscurité revenue l'empêchait de reconnaître, était debout à ses côtés.

— Silence! murmura-t-il.

— Mon père! dit Reine.

Les formes noires continuaient de ramper sur le sable.

— Où est Aubry? demanda Reine, dont le souffle s'arrêtait dans sa poitrine.

— Il dort.

— Et les gens du village ?

— Ils dorment.

L'homme qui était au bas de la muraille, en dehors de l'enceinte, commençait à escalader. On l'entendait ficher sa dague entre les pierres et monter.

— Fillette, dit le vieux Maurever à Simonnette, va éveiller les tiens, mais ne fais pas de bruit.

Simonnette se glissa le long du mur et disparut.

Elle pensait :

— Mon pauvre Jeannin qui est en dehors !

— Toi, dit Maurever à Reine, va éveiller Aubry dans la tour.

— Vous resterez seul, mon père ?

— Je resterai seul.

— Tirez au moins votre épée.

— J'ai juré par le nom de Dieu que je ne tirerais pas mon épée.

— Mais cet homme qui est dehors monte, monte ?

— Il descendra. Va, ma fille.

Reine obéit.

En ce moment, la tête de l'assiégeant dépassa la muraille.

Il jeta un regard au-dedans de l'enceinte.

La nuit était obscure à cause des nuages opaques et lourds qui couvraient la lune levante.

L'homme d'armes ne vit rien.

Il se tourna du côté de la grève et dit tout bas :

— Avancez !

Les objets noirs qui rampaient sur le sable accélérèrent aussitôt leur mouvement.

Il y avait du temps déjà que monsieur Hue de Maurever voyait ces taches noires sur le sable.

Pendant qu'il faisait sa prière, Aubry, succombant à la fatigue de trois nuits passées au travail, s'était endormi. Le vieillard, à genoux devant sa croix de bois, prolongeait son oraison, parce qu'il y avait eu en lui un doute poignant et un cruel remords.

Son œil, habitué à la vigilance, interrogeait la grève par l'une des meurtrières percées dans sa tour. Tout en priant, il veillait.

Longtemps il ne vit que l'ombre vague, du sein de laquelle s'élançait comme un géant debout la masse du monastère de Saint-Michel.

Aux croisées et meurtrières du couvent les lumières s'étaient éteintes l'une après l'autre, et le vent d'ouest avait apporté comme un écho perdu le son de la cloche du couvre-feu.

Ce fut alors que, pour la première fois, Hue de Maurever aperçut au loin, par une échappée de lune, l'approche menaçante de l'ennemi.

Car, pour un vieux soldat, il n'y avait point à s'y méprendre.

Chaque siècle a son défaut dominant. Le nôtre ne peut point, assurément, s'accuser d'un excès de courage chevaleresque. Mais en 1450, l'esprit des preux n'était point mort tout à fait. Tout homme de guerre, malgré le progrès de l'art des batailles, gardait un peu cette confiance orgueilleuse en sa vaillance isolée, qui était le fond même de l'ancienne chevalerie.

L'âge n'y faisait rien. Ces témérités n'allaient point mal aux cheveux blancs des vieillards.

Monsieur Hue de Maurever mit instinctivement la main à son épée, mais il la repoussa aussitôt à cause de son serment.

Il sortit de la tour sans songer à troubler le sommeil d'Aubry. On avait encore dix minutes. Aubry pouvait dormir.

Monsieur Hue fit le tour de l'enceinte et jeta un coup d'œil satisfait sur les défenses improvisées.

— Ce moine conteur d'histoires est un précieux soldat, pensa-t-il ; les limiers ébrécheront leurs dents contre ces pierres !

Il était arrivé ainsi derrière Reine et Simonnette au moment où les deux jeunes filles, paralysées par la terreur, cherchaient la force de crier au secours.

Maintenant, depuis que Simonnette et Reine n'étaient plus là, il restait seul, collé au mur de la cabane.

L'homme d'armes enjamba le parapet de l'enceinte, puis il chercha à s'orienter, tandis que ses compagnons montaient.

Comme il descendait le long de la cabane, Hue de Maurever lui mit brusquement la main sur la bouche. L'homme d'armes voulut crier. La main du vieux Hue était un fier bâillon : la voix de l'homme d'armes s'étouffa dans son gosier.

De son autre main, monsieur Hue le saisit à la ceinture et le souleva comme un paquet.

— Or çà, dit-il, en se montrant sur le mur avec son fardeau, et en s'adressant à ceux qui grimpaient à l'escalade : Pensez-vous avoir affaire à de vieilles femmes endormies ? J'ai juré Dieu que je ne me servirais point de mon épée contre les sujets de mon seigneur François de Bretagne ; mais avec des coquins tels que vous, pas n'est besoin d'épées : on vous chasse avec des ordures !

Ce disant, il lança le pauvre homme d'armes sur la tête des assaillants qui tombèrent pêle-mêle au pied du roc.

— Oh ! le digne et brave seigneur ! s'écria le frère Bruno qui revenait avec un sac plein de coques ; oh ! le joyeux soldat ! Voilà une histoire que je conterai longtemps !

Et faisant son travail mnémotechnique, il ajouta entre ses dents :

« En l'an cinquante, à Tombelène, Hue de Maurever, qui soutient un siége avec des ordures, contre des malandrins, lesquelles ordures sont une partie des malandrins eux-mêmes, que monsieur Hue prend à poignée et jette à la tête les uns des autres malandrins. »

L'alarme était cependant donnée. Tous les réfugiés étaient aux murailles.

Les assiégeants tirèrent quelques coups d'arquebuse et s'enfuirent en désordre.

L'homme d'armes qui avait servi de projectile fut emporté par ses compagnons.

Aubry reconnut la voix de Méloir qui disait :

— La nuit est longue. D'ici au soleil levant, nous avons le temps de leur rendre plus d'une fois la monnaie de leur pièce.

— En vous attendant, mes bons seigneurs, cria frère Bruno, qui était debout sur la muraille, nous allons passer au réfectoire.

— Je connais cette voix, dit Méloir en s'arrêtant. Conan ! un coup d'arquebuse à ce braillard.

Un éclair s'alluma, et l'arquebuse de Conan retentit.

— Oh! le vilain, gronda Bruno en colère; il a troué mon froc tout neuf. Dis donc, poursuivit-il à pleine voix, toi qu'on appelle Conan, serais-tu pas du bourg de Lesneven, auprès de Landerneau?

— Juste! répliqua Conan, qui rechargeait son arquebuse.

— Eh bien, nous sommes de vieux amis, Conan: si tu reviens, je te casserai la tête.

Second coup d'arquebuse.

Frère Bruno dégringola et tomba dans l'enceinte.

— Il a toujours bien tiré, ce Conan de Lesneven! dit-il en essuyant sa joue qui saignait; un peu plus, il me coupait l'oreille. Allons! les filles, faites bouillir les coques. Et vous, garçons, en sentinelles!

Hue de Maurever était rentré dans sa tour, refusant de prendre le commandement de la petite garnison.

Ce fut Aubry qui le remplaça.

Frère Bruno s'institua commandant en second. Il choisit pour écuyer le petit Jeannin, qui avait fourni les coques du souper et qui prit pour arme son long bâton de pêcheur, terminé par une corne de bœuf.

On établit les postes de combat. Hommes et femmes eurent de la besogne taillée en cas d'attaque. Et vraiment, il ne s'agit que de s'y mettre. Les Gothon étaient transformées en autant d'héroïnes, les Catiche frémissaient d'ardeur; Scholastique parlait de faire une sortie.

Vers une heure du matin, les assiégeants reparurent; mais ils ne venaient plus de la grève, où la mer était maintenant. Ils faisaient leurs approches par l'intérieur de l'île, du côté de la nouvelle enceinte, élevée à la hâte par le frère Bruno.

Il y avait dans le petit fort quatre ou cinq arbalétriers, dirigés par Julien Le Priol. Le vieux Simon combattait dans cette escouade.

Reine, Fanchon et Simonnette étaient seules dispensées de mettre la main à l'œuvre.

Encore, Simonnette se trouvait-elle plus souvent aux murailles que dans la cabane, parce qu'elle voulait voir travailler le petit Jeannin.

Le petit Jeannin était à côté du frère Bruno, juste en face de l'ennemi. Il avait à la main sa lance à pointe de corne et ne baissait point les yeux, je vous assure.

Méloir, bien certain de ne pouvoir surprendre désormais la place, s'approchait à découvert. Ses archers et arquebusiers commencèrent à travailler quand ils furent à cinquante pas des murailles.

— Courbez vos têtes! dit frère Bruno; les balles et les carreaux ne font pas de mal aux pierres.

Mais il ne fut bientôt plus temps de plaisanter. Méloir et ses hommes d'armes s'élancèrent furieusement aux murailles.

C'étaient de bons soldats, durs aux coups et jouant leur vie de grand cœur. Il y eut un instant de terrible mêlée. Sans Aubry de Kergariou et Bruno, qui se battaient comme de vrais diables, la place eût été emportée du premier assaut. — Au dire de Simonnette, qui raconta souvent, depuis, ce combat mémorable, Jeannin contribua beaucoup aussi au salut de la citadelle.

Mais, ô Muse! comment dire les exploits surprenants

des quatre Mathurin, qui se couvrirent, cette nuit, d'une gloire immortelle!

Gothon Lecerf, l'aînée des Gothon, la plus rousse et celle qui avait aux mains le plus de verrues, déshonora son sexe et le lieu qui l'avait vu naître, dès le commencement de l'action.

Elle déserta son poste, prise qu'elle fût de frayeur, en voyant aux rayons de la lune la figure jaunâtre de maître Vincent Gueffès, qui essayait de s'introduire dans la citadelle par les derrières.

Il n'y avait personne de ce côté. Gueffès, au contraire, était accompagné de quatre ou cinq soudards qu'il avait embauchés pour cette entreprise.

Gothon Lecerf, pâle et toute tremblante, vint se réfugier dans l'asile où étaient réunies Reine de Maurever, Fanchon, la ménagère et Simonnette. Simonnette et Fanchon se portèrent vaillamment à la rencontre de l'ennemi.

La chaudière où avaient bouilli les coques était encore sur le feu. Fanchon et sa fille la prirent chacune par une anse, et maître Vincent Gueffès fut échaudé de la bonne façon.

Cet homme adroit et rempli d'astuce reçut le contenu de la chaudière sur le crâne au moment où il s'applaudissait du succès de sa ruse. Il s'enfuit en hurlant et ne revint pas.

Simonnette et Fanchon reprirent leurs places dans la cabane avec la fierté légitime que donne une action d'éclat.

Mais les Mathurin, ô Muse! les quatre Mathurin! n'oublions pas ces intrépides Mathurin, non plus que les deux Joson, Pelo, les Catiche, Scholastique et le reste des Gothon ; car aucune autre Gothon n'imita le fatal exemple de Gothon Lecerf dont nous ne prononcerons plus jamais le nom souillé par la honte.

Frère Bruno s'était fait une jolie massue avec la tête du mât d'un bateau pêcheur qu'il avait trouvée sur la grève. Chaque fois que son esparre touchait un homme d'armes ou un archer, l'archer ou l'homme d'armes tombait.

Quand l'assaut se ralentissait et que les assiégeants se tenaient au bas des murailles, frère Bruno déposait sa massue et prenait des quartiers de roc qu'il lançait avec une vigueur homérique.

Il y avait déjà pas mal de soudards hors de combat. Aucun Mathurin, au contraire, n'avait subi le moindre accroc, et le petit Jeannin, qui manœuvrait sa lance à découvert, n'avait pas reçu une égratignure.

— Holà ! Péan ! Kerbehel ! Hercoat ! Coëtaudon ! Corson et les autres ! criait incessamment Méloir : à la rescousse ! à la rescousse !

— Holà ! Corson, Coëtaudon, Hercoat, Kerbehel, Péan et les autres ! répondait le bon frère Bruno, venez faire connaissance avec Joséphine !

A l'exemple de tous les paladins fameux, il avait baptisé son arme.

Joséphine, c'était sa jolie massue.

Il la maniait avec une aisance inconcevable. Tête nue, les manches retroussées, le sourire à la bouche, il rassemblait des matériaux pour une foule d'histoires, datées de l'an cinquante..

Il frappait, il parlait. Jamais vous ne vîtes d'homme si sincèrement occupé.

16

— Bien touché, Peau-de-Mouton, mon petit, disait-il à Jeannin ; nous ferons quelque chose de toi, c'est moi qui te le dis ! Hé ! Mathurin, le gros Mathurin ! attention à ta gauche ! Voici un routier qui grimpe comme il faut... Ma parole ! Mathurin lui a donné son compte. A toi, Mathurin, l'autre Mathurin, Mathurin-le-Roux ! On s'y perd dans ces Mathurin ! Saint Michel Archange ! ce sont des figues sèches qu'ils lancent avec leurs arbalètes. Voici un carreau qui s'est aplati sur Joséphine, et Joséphine n'a seulement pas dit : Seigneur Dieu ! Hé ! ho ! Conan de Lesneven ! Te souviens-tu de Jacqueline Tréfeu, qui nous fit une omelette aux rognons de faon en l'an vingt-deux, l'avant-veille de la Chandeleur ?

Conan, qui montait à l'assaut, lui porta un grand coup de sa courte épée ; frère Bruno para, saisit Conan par les cheveux et l'attira tout près de lui.

— Hélas ! Saint Jésus ! dit-il, comme te voilà vilain et changé, mon pauvre Conan, toi qui étais si gaillard en ce temps !

— Ne me tue pas, Bruno ! murmura Conan.

— Te tuer, mon fils chéri ! non, du tout point. J'ai le cœur trop tendre ! Et quant à l'omelette de Jacqueline Tréfeu, il n'y manquait que le beurre !

Il avait déposé Joséphine, sa jolie massue, et tenait le malheureux Conan par les deux aisselles.

— Tiens ! tiens ! s'écria-t-il ; voici Kervoz, et voici Merry,.. tous nos chers camarades ! à Merry, mon compère !

Il lui donna un *coup de Conan* : Merry tomba au pied du mur, assommé aux trois quarts.

Conan criait lamentablement.

— A toi, Kervoz ! reprit frère Bruno en lui assénant un autre *coup de Conan*, qu'il employait au lieu et place de Joséphine ; oh ! les vrais gaillards ! Et comme on est bien aise de se retrouver ensemble après si longtemps ! car il y a longtemps que nous ne nous sommes vus, mes compères !

Il déposa Conan, qui chancela comme un homme ivre.

— Ma foi de Dieu ! s'écria-t-il, employant le juron favori des Bas-Bretons, tu chancelais tout comme cela chez Jacqueline Tréfeu, mon pauvre Conan ! Mais c'était le vin que tu lui avais volé. Jacqueline est morte de la fièvre tierce en l'an trente-cinq et sa fille est la ménagère du cornet à bouquin de Saint-Pol-de-Léon. Bien des choses à nos amis : je te donne congé en souvenir de nos honnêtes ripailles du temps jadis.

Il le fit tourner comme une toupie et le lança dehors.

Les gens de Méloir disaient :

— C'est le diable déguisé en moine !

— Es-tu malade, Conan ? demanda frère Bruno.

Pour réponse, il reçut une arquebusade dans le bras gauche.

Son bras tomba le long de son flanc.

— Bien réparti, mon compagnon, s'écria-t-il, mais ce sera ta dernière réplique !

Il avait saisi de la main droite un quartier de roc qui traversa la nuit en sifflant et alla écraser la tête de l'archer dans son casque.

— C'est le diable ! c'est le diable ! répétèrent les soudards épouvantés.

— En l'an vingt-neuf, dit Bruno, je fus frappé d'un coup d'estoc par un grand coquin d'Anglais qui avait les yeux de travers. Chacun sait bien que si on répand le sang de ceux qui louchent, on devient borgne. Souviens-toi de ça, petit Jeannin... et pique de ta lance ce taupin qui monte à ta droite. Bien travaillé, mon enfançon ! Je voulais tuer l'Anglais, mais non pas devenir borgne. Gare à toi, Mathurin, le troisième Mathurin !... Où en étais-je ? Ah ! je ne voulais pas devenir borgne. Comment faire ? Et qu'aurais-tu fait, toi, petit Jeannin ?

Petit Jeannin était aux prises avec l'homme d'armes Kerbehel, qui le tenait déjà à bras-le-corps.

Bruno déchargea un coup de Joséphine sur la tête de Kerbehel, qui tomba foudroyé, puis il reprit :

— Qu'aurais-tu fait, toi, petit Jeannin ?

— Jarnigod ! s'écria Jeannin, croyez-vous que j'aie besoin de vous pour faire mes affaires ! Ce taupin était à moi !

— Je t'en donnerai un autre, mon fils... Moi, je connaissais un puits à un quart de lieue de là. Je pris mon Anglais par le cou et j'allai le noyer. Il était lourd... mais j'ai gardé mes deux yeux.

— Gare ! gare ! Mathurin ! le quatrième Mathurin ! interrompit-il précipitamment ; oh ! le fainéant ! il s'est laissé assommer.

Il s'élança vers l'angle de l'enceinte où l'un des paysans venait en effet d'être tué.

Sept ou huit hommes d'armes et soldats avaient déjà franchi le mur.

XXVIII

OU JEANNIN A UNE IDÉE

Pour le coup, la mêlée devint terrible. La place était forcée. Frère Bruno garda le silence pendant dix bonnes minutes.

Mais Joséphine, sa jolie massue, parla pour lui.

— Salut, mon cousin Aubry, dit Méloir qui était dans l'enceinte, je crois que nous voilà encore en partie !

— Je te provoque en combat singulier, traître et lâche que tu es ! s'écria Aubry en se posant devant lui.

— Provoque si tu veux, mon cousin Aubry, répondit Méloir en riant ; moi, j'ai autre chose à faire. Je vais voir si ma belle Reine pense un peu à son chevalier.

— Toi ! son chevalier ! s'écria Aubry furieux ; tu en as menti par la gorge ! Défends-toi !

Il lui porta en même temps un coup d'épée au visage,

mais Méloir avait sa visière à demi rabattue. L'épée, frappant à faux contre l'acier, se brisa par la violence même du coup.

Méloir leva le fer à son tour.

— Il faut donc te payer ma dette tout de suite, mon cousin Aubry? dit-il.

Mais au moment où son arme retombait sur Aubry sans défense, une forme blanche glissa entre les deux combattants. L'épée de Méloir se teignit de sang.

Ce n'était pas celui d'Aubry.

— Reine! s'écrièrent en même temps les deux adversaires.

Reine se laissa choir sur ses genoux.

— Tiens, Aubry, dit-elle d'une voix faible, je t'apporte l'épée de mon père!

— Reine! Reine! vous êtes blessée...

— Que Dieu soit béni, si je meurs pour toi, mon ami et mon seigneur! murmura la jeune fille.

Sa tête s'inclina, pâle, et sa taille s'affaissa.

Aubry, fou de douleur, se précipita sur Méloir. En même temps, Jeannin, Bruno, Julien et Simon Le Priol, tout le monde enfin, hommes et femmes, tentant un suprême effort, se ruèrent contre les assiégeants.

Un instant, au milieu de la nuit obscure, on n'aurait pu voir qu'une masse confuse et compacte, une sorte de monstre, agitant ses cent bras. Puis des plaintes s'élevèrent. Des râles sourds gémirent.

— Ferme! ferme! commanda Bruno, dont la tête et le bras droit s'élevèrent au-dessus de la masse, par deux ou trois fois.

Par deux ou trois fois l'acier cria, broyé sous le poids

de son esparre. Il avait fait un large cercle autour d'Aubry, dont la bonne épée ruisselait.

Aubry, dégagé, fondit à son tour sur le gros des hommes d'armes qui plièrent et se retirèrent vers l'angle de l'enceinte qui leur avait donné entrée.

— Ils sont à nous! ils sont à nous! hurlait Bruno, ivre de joie.

Et Dieu sait que les gens du village incendié n'avaient pas besoin d'être excités.

Mais au moment où les hommes d'armes et les soldats qui avaient pénétré dans l'enceinte se trouvaient acculés au mur, la grande taille de monsieur Hue de Maurever se dressa entre eux et les défenseurs de la place.

— Assez! dit le vieux chevalier, en étendant sa main désarmée.

— Ils ont tué mademoiselle Reine! s'écrièrent Jeannin, Julien et les autres.

— Assez, répéta le vieillard, dont la voix austère ne trembla pas.

Tout le monde s'arrêta, bien à contre-cœur. Les assaillants sautèrent par-dessus le mur et s'enfuirent en menaçant.

Bruno grommela :

— En l'an cinquante, le vieux Hue de Maurever qui ouvre le piège à loup et laisse échapper la bête. Mauvaise histoire!

— Jeannin, mon petit Peau-de-Mouton, ajouta-t-il, le loup qu'on laissé échapper va aiguiser ses dents, revient et mord.

Mais Jeannin était déjà, avec Simonnette, auprès de Reine évanouie.

On porta la jeune fille dans la tour. L'épée de Méloir avait entamé la chair de son épaule, et le sang coulait sur son bras blanc.

Aubry était agenouillé près d'elle et pleurait comme une femme.

Quand elle rouvrit ses beaux yeux bleus, elle tendit l'une de ses mains à son père, l'autre à son fiancé.

Son sourire était doux et heureux.

— Dieu m'a gardé tous ceux que j'aime, murmura-t-elle ; que son saint nom soit béni !

Ses yeux se refermèrent. Elle s'endormit pendant qu'on lui posait le premier appareil.

— Or ça, viens ici, Peau-de-Mouton ! dit frère Bruno ; c'est à mon tour d'être soigné un petit peu. J'ai un bras endommagé légèrement (il montrait son bras gauche où s'ouvrait une énorme blessure) ; j'ai un carreau d'arbalète dans la cuisse droite, et un coup de coutelas à la hanche. Je prie mon saint patron pour les pauvres garçons qui m'ont fait ces divers cadeaux, car ils sont trépassés à cette heure. Dis aux Gothon de m'apporter de l'eau. Ce sont d'honnêtes filles qui tapent vertueusement et mieux que bien des hommes. Quant à des herbes médicinales ou simples, comme on les appelle dans l'usage, on n'en trouverait pas une seule sur ce rocher. Sais-tu l'histoire du roi Artus, de la belle Hélène et du géant, Peau-de-Mouton ?

— Ne parlez pas tant, mon frère Bruno, répliqua Jeannin qui coupait une chemise en bandes pour faire des ligatures.

— Que je ne parle pas, graine de taupin ! s'écria Bruno en colère, tu veux donc que j'aie la male fièvre ! A présent que les malandrins sont partis et que j'ai quatre ou cinq trous dans le corps, j'espère bien que le vieux Maurever lèvera l'interdit qui pèse sur moi. Laisse ces chiffons, Peau-de-Mouton, mon ami, et va bien vite demander à monsieur Hue s'il veut me donner licence de conter quelque histoire.

— Vous vous fatiguerez, mon frère Bruno.

— Tais-toi, petit coquin, tu ne connais rien à la chirurgie. Parler fait toujours du bien. Apporte-moi cette pierre qui est là-bas et que j'ai eu grand tort de ne pas leur jeter à la tête.

Jeannin alla vers la pierre et tâcha d'obéir. Mais il ne put seulement pas le remuer.

Frère Bruno se leva en chancelant, prit la pierre avec la seule main qu'il eût libre, et la lança à sa place pour s'en faire un siége.

— Vous êtes tout de même un fier homme! dit Jeannin avec admiration.

— Oh! mon pauvre petit! répliqua Bruno plaintivement; demain, en rentrant au couvent, j'aurai la discipline double! Mais il faut dire que je l'ai bien gagnée, ajouta-t-il en riant dans sa barbe.

— Holà! les Gothon! s'écria-t-il tout à coup, voulez-vous que je meure au bout de mon sang? De l'eau et du linge, mes bonnes chrétiennes? vite! vite!

Il était devenu tout pâle, et la vaillante vigueur de son corps fléchissait.

Les Gothon, les Mathurin, les Catiche, Scolastique et le reste, s'empressèrent aussitôt autour de lui, car il était évidemment le roi de la partie plébéienne de la garnison.

Ses blessures furent lavées et pansées tant bien que mal.

— Nous voilà bien ! dit-il ; maintenant, je recommencerais de bon cœur. Oh ! oh ! mes vrais amis, j'en ai vu bien d'autres ! Savez-vous l'histoire de Tête-d'Anguille, le meunier de l'Ile-Yon, en rivière de Vilaine ? Tête-d'Anguille était père de dix-neuf enfants, huit fils et onze filles, qu'il avait eus de sa femme Monique, laquelle était du bourg d'Acigné. Une nuit qu'il ne dormait point, il entendit son moulin parler.

Son moulin disait :

— Valaô ! Valaô ! Valaô !

Comme disent tous les moulins, vous savez bien, pendant que le bluttoir fait : cot-cot-cot-cot-cot-cot !...

Tête-d'Anguille comprit bien que son moulin voulait dire :

— Va là-haut, va là-haut.

Il éveilla sa ménagère, et lui recommanda d'écouter le moulin.

La ménagère écouta.

— Que dit-il ? demanda Tête-d'Anguille.

— Il dit : Vahalô ! vahalô ! vahalô ! comme qui serait : Va à l'eau, va à l'eau, va à l'eau !

Or, Tête-d'Anguille avait eu un songe qui lui annonçait un grand trésor, et Tête-d'Anguille devait deux annuités à son seigneur, qui était justement Jean de Kerbraz, le bègue, dont je comptais vous dire l'histoire après celle-ci...

A cet endroit, une Gothon laissa échapper un ronflement timide.

Scolastique y répondit par un son de trompe mieux accusé.

Trois Mathurin prirent le diapason et sonnèrent en chœur la fanfare nasale.

Les Joson, les Catiche et les deux autres Gothon (car nous ne parlerons plus jamais de Gothon Lecerf, vouée à un opprobre éternel !) ripostèrent aussitôt et la symphonie s'organisa sérieusement.

Le frère Bruno regarda d'un œil stupéfait son auditoire endormi.

Jusqu'au petit Jeannin qui avait sa jolie tête blonde sur son épaule et qui sommeillait comme un bienheureux.

— C'est bon, gronda frère Bruno avec rancune ; ils ne sauront pas la fin de l'histoire de Tête-d'Anguille, voilà tout !

Il arrangea sa roche en oreiller et mêla sa basse-taille au sommeil général.

De tous les gens rassemblés dans la petite forteresse de Tombelène, il n'y en avait qu'un seul qui gardât ses yeux ouverts.

C'était monsieur Hue.

Pendant tout le reste de la nuit, on eût pu le voir faire sentinelle autour de l'enceinte, désarmé, tête nue, la prière aux lèvres.

Le crépuscule se leva. Le mont Saint-Michel sortit le premier de l'ombre, offrant aux reflets de l'aube naissante les ailes d'or de son archange ; puis les côtes de Normandie et de Bretagne s'éclairèrent tour à tour.

Puis encore une sorte de vapeur légère sembla monter de la mer qui se retirait et tout se voila, sauf la statue de saint Michel qui dominait ce large océan de brume.

Hue de Maurever était debout et immobile du côté de l'enceinte où l'escalade nocturne avait eu lieu.

En dedans des murailles, il y avait trois cadavres ; il y en avait cinq au dehors.

Hue de Maurever pensait :

— Huit chrétiens ! huit Bretons mis à mort à cause de moi !

Quand on s'éveilla dans la forteresse, monsieur Hue dit :

— Je ne passerai point une nuit de plus ici. Il y a eu trop de sang de répandu déjà. Quand viendra la brune, j'irai sur la côte de Normandie, qui voudra me suivra.

Hue de Maurever était de ces hommes à qui on ne réplique point.

Pourtant Aubry fit cette objection :

— Si Reine est trop faible pour le voyage ?

— On la portera, dit monsieur Hue.

— Voilà qui est bien, mon bon seigneur, reprit le frère Bruno avec respect ; vous regardez mon bras et ma cuisse, c'est de la charité de votre part. Mon bras et ma cuisse sont en bon bois, Dieu merci, comme on dit, et dans une semaine il n'y paraîtra plus. J'avais justement besoin d'une saignée contre l'apoplexie qui me guette. Quant à passer en Normandie, nous y sommes, et ces coquins, en tirant l'épée sur le territoire du roi Charles, ont soulevé un *casus belli*, comme parlerait messire Jean Connault, notre prieur, qui est un grand politique, mais ils ne s'en inquiètent guère. M'est-il permis de donner un humble conseil ?

— Donne, l'ami, répliqua monsieur Hue, quoique j'eusse aimé mieux voir l'esprit des batailles sous un autre habit que le tien.

— Eh, Monseigneur! chacun fait comme il peut, murmura frère Bruno ; je suis valet de moines et non point moine, n'ayant pas été admis encore à prononcer mes vœux. D'ailleurs, quand madame Jeanne d'Arc sacra le roi dans Reims, on ne lui reprocha point son habit, que je sache! Mon conseil, le voici : les grèves, par ce troisième quartier de la lune junienne (qui signifie de juin), sont aussi claires que le jour, et souvent davantage. En cette saison, les brouillards sont diurnes (qui signifie de jour), et si j'avais à prendre la fuite, je ne choisirais certes pas les heures de nuit.

— Quel moment choisirais-tu?

— L'heure où nous sommes.

— Où penses-tu que soit l'ennemi?

— L'ennemi n'aura pas laissé un seul traînard à Tombelène. Il est à son repaire de Saint-Jean, de l'autre côté des grèves, ou bien il se cache parmi les rochers qui sont autour de la chapelle Saint-Aubert, à la pointe du mont Saint-Michel. Si mon digne seigneur me le permet, j'ajouterai une autre considération...

— Parle, mais parle vite.

— Je peux bien dire que je n'ai point le défaut de bavardage. La considération que je voulais ajouter est celle-ci : Ils ont une meute qui fera merveille après vous par la nuit claire, tandis que chacun sait bien que les lévriers, comme les limiers et autres chiens de courre, perdent les trois quarts de leur flair dans la brume.

17

— Je n'ai jamais ouï parler de cette meute, dit monsieur Hue.

Aubry s'approcha.

— Monsieur mon père, répliqua-t-il, tout ce que vient d'avancer le brave frère Bruno est la vérité même. Il connaît les grèves mieux que nous, et je crois que nous pourrions, à la faveur du brouillard...

— Mais si le brouillard se lève? objecta Maurever.

Bruno monta sur le mur, afin d'examiner l'atmosphère attentivement.

— Le vent est tombé, dit-il ; la mer baisse, nous en avons jusqu'au flux.

— Soit donc fait suivant cet avis, conclut Maurever ; allons visiter ma fille.

Aubry n'avait pas attendu si longtemps pour cela. Quand il avait pris la parole pour soutenir l'avis du moine convers, c'est qu'il avait déjà rendu visite à Reine.

Reine était un peu pâle, mais sa blessure, assez légère, ne pouvait réellement faire obstacle au départ.

Son père la trouva souriante et gaie, faisant ses préparatifs qui ne devaient pas être bien longs.

Monsieur Hue planta la croix de bois qui lui avait servi pour ses dévotions au point culminant du roc de Tombelène. Nous ne pouvons dire qu'elle y soit encore, mais le petit mamelon qui est au versant occidental du mont porte de nos jours le nom de Croix-Mauvers.

Le frère Bruno songeait bien un peu à déjeuner, seulement, c'était peine perdue. La brume s'épaississait. Il fallait profiter de l'occasion.

Comme on allait se mettre en marche, Simonnette entra dans la tour avec son père, sa mère et le petit Jeannin, qu'elle tenait par la main.

— Que voulez-vous, bonnes gens? demanda monsieur Hue.

— Monseigneur, répondit le vieux Simon, vous nous connaissez bien, nous sommes vos vassaux fidèles, les Le Priol, du village de Saint-Jean. Notre fille Simonnette que voilà est fiancée au jeune gars Jeannin.

— Ce n'est pas le moment... commença Maurever.

— C'est étonnant, pensa le frère Bruno, comme il y a des gens qui sont verbeux!

— Je ne veux pas vous parler de fiançailles, Monseigneur, reprit Simon ; mais le jeune Jeannin est venu à nous et nous a fait part d'une bonne idée qu'il a pour le salut de mademoiselle Reine, notre maîtresse, et nous l'amenons, bien qu'il ne soit point votre vassal. Parle, mon fils Jeannin.

Jeannin était rouge comme une pomme d'api.

— Voilà, dit-il, en tournant son bonnet dans ses doigts ; on assure que c'est pour la demoiselle que le chevalier Méloir fait tout ce tapage-là. Dans le brouillard, qui sait ce qui peut arriver? Moi, j'ai pensé : j'ai les cheveux comme la demoiselle, et ma barbe n'est pas encore poussée. Je pourrais bien mettre les habits de la demoiselle, et alors, en cas de malheur, ils me prendraient pour elle...

— Et s'ils te tuaient, enfant! dit Maurever.

— Oh! ça pourrait arriver, répliqua Jeannin en souriant, car ils seraient en colère de s'être trompés. Mais ça ne fait rien.

— Je vous dis que c'est un vrai bijou, ce Peau-de-Mouton! s'écria Bruno enthousiasmé.

— La demoiselle serait sauvée, reprit Jeannin, voilà le principal.

Reine de Maurever et le vieux Huc lui-même voulurent s'opposer à ce déguisement, mais il y eut contrainte, parce qu'Aubry fit un signe.

Toutes les filles, Simonnette en tête (elle avait pourtant la larme à l'œil), s'emparèrent de Reine, Jeannin passa derrière le mur.

L'instant d'après, Reine revint vêtue de la peau de mouton.

Jeannin, lui, avait le costume de la Fée des Grèves.

Et il était joli comme un cœur, au dire de toutes les Gothon !

Il arrangea le voile de dentelles sur ses cheveu blonds, envoya un baiser à Simonnette, qui riait et qui pleurait, et franchit le premier l'enceinte pour entrer en grève.

XXIX

LE BROUILLARD

Il était environ sept heures du matin quand la mer permit de se mettre en marche.

Ces brouillards des grèves forment une couche très-peu profonde, et qui souvent n'a pas deux fois la hauteur d'un homme.

En général, moins la couche de brume a d'épaisseur, plus elle est dense et impénétrable aux regards.

Nous avons montré une fois déjà, au début de ce récit, le monastère de Saint-Michel voguant comme une gigantesque nef au milieu de cette mer de vapeurs. Nous avons montré la brume, arrondissant ses vagues cotonneuses, balançant ses sillons estompés et laissant au radieux soleil de juin, qui dorait le sommet du Mont, toutes ses éblouissantes ardeurs.

Au printemps et en automne, cet aspect, qui arrête le voyageur ébahi, se représente fréquemment. Les gens du pays, blasés sur ces merveilles, jettent au prodigieux paysage un regard distrait et passent.

Ce qui les occupe, et ils ont raison, c'est le fond de cet océan de brume.

De tous les dangers de la grève celui-là est, en effet, le plus terrible.

Le brouillard des grèves est assez compact pour former autour de l'homme qui marche une sorte de barrière mouvante, possédant à peine la transparence d'un verre dépoli. Figurez-vous un malheureux, errant parmi ces sables où nulle route n'est frayée, avec un bandeau sur la vue, avec un masque qui laisse passer les rayons lumineux, mais qui les disperse, qui les confond, qui les brouille comme ferait un épais et triple voile de mousseline.

On y voit, la lumière est même la plupart du temps vive et blessante pour l'œil, répercutée qu'elle est à l'infini par les molécules blanchâtres de la brume. Mais cette sensation de la vue est vaine ; on perçoit le vide brillant, le néant éclairé.

Les objets échappent ; toute forme accusée se noie dans ce milieu mou et nuageux.

Nous avons dit le mot, du reste, et aucune comparaison ne peut rendre plus précisément la réalité. Collez votre œil à une vitre dépolie et regardez le grand jour au travers.

Vous serez ébloui sans rien voir.

La nuit, le peu de lumière qui descend du firmament suffit toujours à guider les pas. Dans le brouillard, rien ne guide, rien, et le vertige nage dans ce blanc duvet qui provoque et lasse les paupières.

La nuit, le son se propage avec une grande netteté. Or, quand la vue fait défaut, l'ouïe peut la remplacer à la rigueur.

Dans le brouillard, le son s'égare, s'étouffe et meurt.

C'est quelque chose d'inerte et de lourd, qui endort l'élasticité de l'air ; c'est quelque chose de redoutable comme cette toile, blanche aussi, qui s'appelle le suaire. Ici, le courage même a la conscience de son impuissance. Le sang se fige, la force cède. On est à la fois submergé et fasciné.

Ceux qui ont échappé à cette terrible mort racontent des choses étranges. Ils disent que la cloche du Mont sonnant la détresse arrive parfois tout à coup à l'oreille et fait tressaillir l'agonie. Elle vibre plaintivement, et l'oreille étonnée croit l'entendre sortir des profondeurs des tangues.

Puis la cloche se tait. Un silence pesant succède à ses tristes tintements. Puis tout à coup le sable, devenu sonore comme par enchantement, apporte le bruit de la mer qui monte.

Oh ! comme elle va vite ! la mer, la mort ! Comme elle court, invisible, là-bas ! De quel côté ? On ne sait.

Près ou loin ? On ne sait.

Mais elle court, elle glisse, elle arrive.

Elle est là cachée derrière l'inconnu, au fond de ces espaces mystérieux et voilés. On l'entend qui approche et qui gronde.

Oh ! comme elle va vite !

N'est-ce pas elle déjà, ce froid qui vous glace les pieds?

On ne sait, je le dis encore, on ne sait, car le sang s'est précipité au cerveau. La fièvre tremble, puis brûle.

Et cette morne solitude, ce brouillard lugubre et gris vont se peupler de visions folles.

Écoutez! ce n'est plus la mer, c'est le rêve. On chante vêpres à la paroisse aimée. Ils sont tous là, les parents, les amis. Derrière le pilier, voici la préférée qui est là et qui prie.

Douce fille! que Dieu te fasse heureuse! — N'a-t-elle pas tourné sa tête brune, coiffée de la dentelle normande, pour lancer à la dérobée un regard au fiancé?

Un seul regard, car deux distractions annulent une prière.

Mais ce ne sont pas les vêpres, non. Matheline a des fleurs d'oranger sur le front. A-t-on des fleurs d'oranger un autre jour que le jour du mariage?

Quoi! c'est la messe des noces! le père avec ses cheveux blancs, la mère qui a les yeux mouillés de larmes heureuses.

Et la petite sœur espiègle, Rose, la fillette aux yeux malins.

Quelque jour tu te marieras, toi aussi, petite sœur.

— Merci, mes amis ; oui, je suis bien content, oui, ma fiancée est bien belle! Merci Pierre, merci René... vertubleu! puisque voici la messe finie, à table! et buvons à ma douce Matheline!

Elle est émue ; le rouge lui vient à la joue. Elle cache sa tête dans le sein de sa mère.

On n'a ces chères angoisses qu'une fois dans la vie. Une fois dans la vie seulement on porte la couronne d'oranger.

Rougis, jeune fille, et souris derrière tes larmes.

Oh!... mais la table oscille et tombe. Où sont les convives joyeux ?

Où est Matheline, l'épousée ? Pierre, René, le père avec ses cheveux blancs ? la mère pleurant et riant, Rose, la petite sœur aux yeux malins ?

Le brouillard gris, silencieux, livide...

— Au secours ! Seigneur, mon Dieu ! au secours !

Hélas ! la voix tombe à terre, brisée. Dieu n'entend pas. C'est la dernière heure.

Il y a dans la brume des éclats de rire lointains. Des gémissements leur répondent.

Le sable gonflé pousse ces bizarres soupirs qui semblent l'appel des victimes d'hier à la victime d'aujourd'hui.

Et ne voyez-vous pas ici, — ici ! — ces danseurs pâles qui mènent tout à l'entour leur ronde insensée ?

Les bras enlacés, les cheveux au vent, des lambeaux de linceul qui flottent, des yeux profonds et vides...

— Au secours ! Seigneur Dieu ! au secours !

Personne ne vient. La mer monte. Ou bien la lise molle cède sous les pieds avec lenteur.

Ils sont rares ceux qui racontent ce rêve du malheureux perdu dans les brouillards.

Bien peu sont revenus pour dire ce qu'invente la fièvre à l'instant suprême.

. . . .

Les réfugiés du village de Saint-Jean qui avaient passé la nuit à Tombelène n'auraient pas même dû hésiter à fuir, car il était mille fois probable que Méloir et ses soldats profiteraient du brouillard pour renouveler leur attaque.

Or, la partie du rocher où Bruno et sa petite armée s'étaient défendus si vaillamment sortait presque tout entière de la brume, qui l'entourait comme une ceinture. Les assaillants eussent attaqué cette fois à coup sûr, car ils auraient vu et seraient restés invisibles.

Au contraire, en se mettant résolûment en grève, les assiégés qui connaissaient, pour la plupart, les cours d'eau et tous les secrets des tangues, n'avaient contre eux que le brouillard.

Le brouillard devait, suivant toute vraisemblance, les protéger contre la poursuite de leurs ennemis.

La route la plus sûre, par rapport aux dangers de la chasse, aurait été celle qui mène directement à Avranches et au bourg de Genest; mais cette partie de la grève, sillonnée par d'innombrables ruisseaux, affluents de la Sée et de l'Hordée, présente des difficultés si graves qu'on s'y hasarde à regret, même par le grand soleil. Par la brume, c'eût été folie.

Le petit Jeannin, qui avait pris d'autorité l'emploi de guide marcha sans hésiter à l'est du mont Saint-Michel, dans la direction du bourg de Ardevon, limite extrême de la Normandie.

Nous sommes bien forcés d'avouer que le petit Jeannin avait les jambes un peu trop longues pour la robe de Reine, et que ses mouvements hardis et découplés n'allaient pas au mieux avec le chaste voile qui descendait sur ses cheveux blonds.

Mais, à part ces détails, le petit Jeannin faisait une Fée des Grèves très-présentable, et d'ailleurs il n'est pas mauvais qu'une fée ait en sa personne quelque chose d'excentrique. Ce serait bien la peine d'avoir un charme dans son petit doigt et de chevaucher sur des rayons de lune, si on ressemblait trait pour trait à une demoiselle de bonne maison !

Jeannin avait de beaux cheveux bouclés, de grands yeux bleus et un sourire espiègle. C'était plus qu'il ne fallait.

N'eût-il rien eu de tout cela, le brouillard, en ce moment, aurait encore suffi à déguiser la supercherie.

C'était un vrai brouillard, un brouillard *à ne pas voir son nez*, comme on dit entre Avranches et Cherrueix.

A peine les gens qui composaient la caravane eurent-ils quitté le sommet de Tombelène pour entrer dans cet immense nuage, qu'ils cessèrent incontinent de s'apercevoir les uns et les autres.

Ils marchaient côte à côte cependant. Chacun d'eux pouvait entendre le pas de son voisin et sentir le vent de son haleine. Mais l'œil était pour tous un organe désormais inutile.

On ne distinguait rien. Pour apercevoir le sol vaguement et comme à travers une gaze, il fallait s'agenouiller.

Frère Bruno étendit son bras et sa main disparut dans la brume.

— Allons ! dit-il, voilà qui est bon ! ça me rappelle l'aventure du bailli de Carolles et de son âne. Ils se cherchaient tous deux dans le brouillard, devant le rocher de Champeaux. L'âne et le bailli firent soixante-dix-huit fois le tour de la pierre, jusqu'à ce que M. le bailli s'avisa de faire : Hi ! han...

— Silence ! ordonna la voix de Maurever.

— Seigneur Jésus ! où se tait, on se tait ! répliqua le moine convers ; je pense que je ne suis pas un bavard !

Et il ajouta en se penchant à l'oreille d'un Mathurin quelconque :

— Devinez ce que répondit l'âne ?

Mais le Mathurin n'était pas en humeur de rire.

— Nous approchons de la rivière, dit en ce moment le petit Jeannin ; prenez-vous par la main et ne vous quittez pas.

Les mains se cherchèrent et se réunirent au hasard.

Il y avait à peine dix minutes qu'on avait abandonné Tombelène, et déjà les rangs étaient intervertis. On fut obligé de parler pour se reconnaître.

Voici comment la caravane était disposée :

Après le petit Jeannin, qui marchait en tête avec sa gaule à corne de bœuf, venaient monsieur Hue de Maurever et Aubry de Kergariou, escortant Reine.

Derrière ce groupe c'étaient les Le Priol, Simon, Fanchon, Simonnette et Julien, qui avait l'arbalète sur l'épaule.

Suivaient les Gothon, dont trois avaient eu une belle conduite, tandis qu'il nous faudra pleurer éternellement sur la faiblesse de la quatrième. Les Gothon étaient accompagnées de Scholastique, des Suzon et des Catiche.

Les Mathurin, les Joson, etc., formaient l'arrière-garde avec le frère Bruno, qui s'était placé là dans l'espoir de conter à l'occasion quelque bonne aventure. Mais son espérance se trouvait cruellement déçue. Le silence était de rigueur.

La caravane marcha dans cet ordre pendant un quart d'heure environ.

Au bout d'un quart d'heure, chacun sentit l'eau à ses pieds.

En même temps, un bruit sourd se fit entendre sur le sable.

— Les hommes d'armes ! dit tout bas le petit Jeannin. Halte !

On s'arrêta, et il y eut un moment d'anxiété terrible, car c'était ici un coup de dés. Les hommes d'armes pouvaient passer à droite ou à gauche de la caravane, comme ils pouvaient y donner en plein sans le savoir.

La petite troupe se tenait immobile et silencieuse.

Les chevaux approchaient.

On entendit bientôt la voix de Méloir qui disait :

— De l'éperon, mes enfants, de l'éperon ! Ce brouillard-là nous la baillé belle ! Nous allons prendre notre revanche cette fois !

— Excepté Reine, qui est votre dame, et le traître Mauréver que nous mènerons à Nantes pieds et poings liés, répondit un homme d'armes, il ne faut pas qu'il en reste un seul pour voir le soleil de midi !

Reine tremblait.

Les filles de Saint-Jean se serraient les unes contre les autres.

Frère Bruno fit claquer les doigts de sa main droite et grommela :

— Ça me rappelle plus d'une histoire, mais chut ! il y a temps pour tout. Quand ils seront passés, on pourra délier un peu sa pauvre langue.

— Allons ! Bellissan ! criait Méloir ; découple tes lévriers, ils vont quêter dans le brouillard ; et qui sait ce qu'ils trouveront !

Aubry serra la main de Maurever et tira son épée.

Chacun crut que l'heure était venue de mourir.

Bellissan répondit :

— Je ferai tout ce que vous voudrez, sire chevalier ; mais du diable si les chiens ont du nez par ce temps-là ! Ils détaleraient à dix pas d'un homme ou d'un renard sans s'en douter.

La cavalcade passait.

Elle passa si près que chacun, dans la petite troupe, crut sentir le vent de la course.

Bruno affirma même depuis qu'il avait vu glisser un cavalier dans la brume, mais Bruno aimait tant à parler !

Chacun retint son souffle,

— Holà ! cria Méloir, ceci est la rivière ; dans dix minutes, nous serons à Tombelène... Mais j'ai entendu quelque chose !

La cavalcade s'arrêta brusquement à vingt pas des fugitifs.

Frère Bruno caressa Joséphine, sa jolie massue, qu'il n'avait eu garde de laisser dans le fort.

— C'est un de mes lévriers qui est parti, dit Bellissan ; je n'en ai plus que onze en laisse. Ho ! ho ! ho ! Noirot ! ho !

Une sorte de gémissement lui répondit :

— Ho ! ho ! ho ! Noirot ! ho ! cria encore le veneur.

Cette fois, il n'eut point de réponse.

— Si nous restons là, dit Méloir, nous nous ensablerons ; les pieds de mon cheval sont déjà de trois pouces dans la tangue. En avant !

La cavalcade reprit le galop.

Les gens de notre petite troupe étaient absolument dans la même situation que le cheval de Méloir. Partout, le long de ces grèves, mais surtout dans le voisinage des cours d'eau, où se trouvent les *lises* ou sables mouvants, l'immobilité est périlleuse.

Le sable cède sous les pieds, l'eau souterraine monte par l'effet de la pression, et l'on enfonce avec lenteur.

Rien ne peut donner l'idée de cette substance tremblante et molle qu'on appelle la *tangue*.

La surface présente une assez grande résistance, pourvu que la pression soit instantanée et rapide.

Notre boue terrestre, les corps gras, toutes choses que nous connaissons et qui tiennent le milieu entre les matières solides et les matières liquides, ont un caractère commun ; le pied y enfonce au moment même où il s'y pose.

Ici, non. Le pied marque à peine au premier instant, il soulève une manière d'ourlet sablonneux et relativement sec, tandis qu'à l'endroit même où la pression s'opère, l'eau monte et remplace le sable.

Si le pied quitte lestement le sol, comme cela a lieu dans une marche légère, on voit sa trace peu profonde former une petite mare qui s'efface bientôt parce que la tangue reprend aisément son niveau.

Mais si le pied reste, il enfonce indéfiniment et plus vite à mesure que l'*immersion* (la langue n'a pas d'autre mot) a lieu.

On dit qu'un homme met bien un quart d'heure à disparaître entièrement dans les lises.

XXX

OU MAITRE VINCENT GUEFFÈS EST FORCÉ D'ADMETTRE L'EXISTENCE DE LA FÉE DES GRÈVES

Un quart d'heure à disparaître !

Certes, il est difficile de se représenter une plus terrible agonie !

Car une fois que les jambes sont prises à une certaine hauteur, les efforts de l'homme le plus robuste sont vains et ne servent qu'à hâter l'immersion complète.

Le corps fait son trou lentement... lentement !

Le sable monte, emprisonnant les membres, moulant chaque pli de la chair, les jambes, le torse, la tête.

On dit encore, car il y a bien des on-dit sur ces côtes, qu'il suffirait d'étendre ses deux bras en croix pour arrêter la submersion à la hauteur des aisselles. Mais la mer est là-bas. Un demi-pied de mer va noyer cette pauvre tête qui respire encore au-dessus des sables.

Ce bruit qui avait arrêté le chevalier Méloir dans sa marche, les fugitifs l'avaient entendu tout comme lui.

Quand la cavalcade se fut éloignée, le petit Jeannin prit la parole avec précaution.

— Jamais je n'avais vu d'animal pareil ! dit-il.

— Quel animal ? demanda Aubry.

— Voyez ! répliqua Jeannin.

Mais il n'était pas facile de voir.

Aubry s'approcha en tâtonnant, et sa main rencontra le corps tout chaud d'un énorme lévrier blanc et noir qui était étendu sur le sable.

— Maître Loys était plus grand et plus beau que cela, murmura-t-il.

— Quand Méloir a dit à son veneur de découpler les chiens, reprit Jeannin, celui-là qui était sous le vent de moi n'a fait qu'un bond et m'a pris à la gorge en grondant, mais je me méfiais. J'avais la main sur mon couteau que je lui ai plongé entre les côtes.

— Et tu n'a pas poussé un cri, petit homme ! dit Aubry en lui frappant sur l'épaule ; c'est bien, tu feras un maître soldat !

Jeannin rougit de plaisir.

Quelque part, dans le brouillard, Simonnette était là qui devait entendre.

— Oui, oui, dit frère Bruno, Peau-de-Mouton sera un fier soldat, c'est vrai. Il a tué un chien, à ce que je comprends, mais il en reste onze, et si monsieur Hue veut me permettre de parler, je vais donner un bon conseil.

— Parle, répliqua le vieux Maurever, que ces divers événements semblaient préoccuper très-peu.

— Parle ! grommela Bruno ; le vieux seigneur est dans

ses méditations jusqu'au cou. Et les méditations, c'est comme les tangues, on s'y noie ! mais il ne m'appartient pas de juger un seigneur.

— Eh bien ? fit monsieur Huc.

— Voilà ! maintenant il s'impatiente parce que je ne parle pas assez vite. Eh bien ! messire, reprit-il tout haut, je déclare que je vous regarde comme notre chef, tant à cause de votre âge respectable que pour le titre de chevalier banneret que vous avez...

— Incorrigible bavard ! interrompit Maurever.

— Ah ! par exemple ! s'écria Bruno en colère, depuis cinquante-deux ans que je vis, et je pourrais dire cinquante-trois ans, vienne la Saint-Matthieu, car je suis né trois ans avant le siècle, oui dà ! et mes dents ne branlent pas encore, voici la première fois qu'on m'appelle bavard ! Mais c'est égal, je n'ai pas de rancune : mon bon conseil, je vous le donne *gratis et pro Deo*, comme disait Quentin de la Villegille, porte-lance de M. le connétable. Les soudards et cavaliers de ce Méloir sont maintenant à Tombelène ou bien près, pas vrai ? Eh bien ! quand ils vont voir les oiseaux dénichés, ils seront de méchante humeur. Ils ont des chiens et les chevaux vont plus vite que les hommes. Les chiens n'ont guère de nez dans le brouillard, c'est le veneur lui-même qui l'a dit ; mais on leur mettra le museau dans nos traces fraîches, et alors...

— C'est vrai ! s'écria Aubry.

— Bon ! bon ! fit Bruno ; maintenant, chacun va me couper la parole, je m'y attendais !

— Que faire ? demanda Maurever.

— Voilà ! J'ai vu plus d'une poursuite dans les grèves.

Olivier de Plugastel, chevalier, seigneur de Plougaz, échappa aux Anglais tenant garnison à Tombelène, pas plus tard qu'en l'an quarante-deux, en suivant le cours de cette rivière où nous sommes. L'eau qui coulait sur le sable effaçait, à mesure, la trace de ses pas.

— Suivons donc la rivière ! dit Aubry.

— La rivière, en descendant, est pleine de *lises*, fit observer Jeannin ; en remontant, elle nous mène dans la partie la plus dangereuse des grèves. Et si nous ne nous hâtons pas de gagner la terre, ce brouillard se lèvera. Nous resterons à découvert au milieu des grèves.

Cela était si complétement évident, que personne n'y trouva de réplique.

Le frère Bruno lui-même se gratta l'oreille et ne répondit point.

— Marchons à reculons, reprit Jeannin, le plus vite que nous pourrons. Le veneur collera son œil contre terre et voudra connaître nos traces. Ils font toujours comme cela. Quand le veneur aura connu nos traces, il voudra mettre sa raison à la place de l'instinct des chiens, et nous serons sauvés.

— Oh ! Peau-de-Mouton ! Peau-de-Mouton ! s'écria Bruno, tu ne vivras pas : tu as trop d'esprit ! Allons ! vous autres, à reculons !

On se remit en marche, selon l'avis du petit coquetier.

— Dix ou douze minutes se passèrent, — Maurever avait de nouveau commandé le silence.

Au bout de ce temps, Bruno quitta son poste d'arrière-garde, et, sans dire un mot cette fois, traversa toute la troupe pour se rapprocher de Jeannin.

Sans le brouillard, on aurait pu voir sur la figure du frère convers une inquiétude grave.

Et il ne fallait pas peu de chose pour produire cet effet-là !

— Où es-tu, petit ? demanda-t-il à voix basse, quand il se crut auprès de Jeannin.

— Ici, répliqua ce dernier.

Bruno s'avança encore jusqu'à ce qu'il pût lui prendre la main.

— Es-tu bien sûr du chemin que tu suis ? dit-il.

— Non, répondit Jeannin, dont la main était froide et la respiration haletante ; depuis deux ou trois minutes je vais à la grâce de Dieu.

— Où crois-tu être ?

— A l'orient du Mont.

— Moi, je crois que nous sommes à l'ouest ; la tangue mollit ; le vent vient de l'ouest, et si nous étions de l'autre côté, nous ne le sentirions guère.

— C'est vrai. Tournons à gauche.

— Avertis, au moins, avant de tourner.

— Tournons à gauche ! répéta Jeannin à haute voix.

Il n'y eut point de réponse.

Jeannin pâlit et se prit à trembler.

— Monsieur Hue ! dit-il doucement d'abord.

Puis il cria de toute sa force :

— Monsieur Hue !

Le silence !

Sa voix tombait comme si elle eût rencontré au passage un obstacle inerte et sourd.

Il était arrivé ceci : Tout en parlant et sans y songer,

le frère Bruno et Jeannin s'étaient arrêtés. Pendant cela, les fugitifs, continuant leur route, avaient passé à droite où à gauche, et ils étaient loin déjà.

Les bras de Jeaninn s'affaissèrent le long de ses flancs.

— Simonnette ! et la demoiselle ! murmura-t-il.

— Allons, petit ! du courage ! reprit Bruno ; si l'un de nous les retrouve, cela suffira ; prends à gauche ; moi, j'irai à droite. Et des jambes !

Ils s'élancèrent chacun dans la direction indiquée.

Deux minutes après, il leur eût été impossible de se retrouver mutuellement.

Vers ce même instant, Méloir et ses hommes d'armes arrivaient à Tombelène qu'ils avaient manqué plusieurs fois dans le brouillard.

Bruno avait deviné juste. Dès que Méloir reconnut que les fugitifs avaient quitté leur retraite, il mit ses lévriers sur leur trace, et ouvrit la chasse gaiement.

— Par mon patron, dit-il ; j'aime mieux la chose ainsi ! nous allons les forcer comme des lièvres en plaine.

Péan, Kerbehel, Hercoat, Corson, Coëtaudon, suivis des archers et soudards à pied, s'élancèrent dans la voie. Bellissan, le veneur, tenait son meilleur lévrier en laisse et ouvrait la marche.

Le brouillard était toujours aussi intense, les hommes d'armes, montés sur leurs chevaux, ne voyaient point le sol ; mais chacun d'eux tenait la laisse d'un lévrier et ils allaient en ligne droite, comme s'il eût fait beau soleil.

Les chiens s'arrêtèrent sur les bords de la rivière qui

passe entre le mont Saint-Michel et Tombelène. Bellissan n'était pas homme à s'embarrasser pour si peu. Il passa l'eau et connut les traces nouvelles comme s'il se fût agi d'un cerf ou d'un sanglier, puis il caressa doucement son lévrier en disant :

— Vellecy ! allez !

Le chien donna de la voix à bas bruit.

La chasse recommença.

Mais bientôt un obstacle d'un nouveau genre se présenta. Nous ne voulons point parler de la marche à reculons. Ceci eût été bon peut-être pour tromper des hommes, mais les chiens vont au flair et ne raisonnens guère, les heureux !

A cause de quoi, ils ne commettent point d'erreurs.

L'obstacle dont il s'agit, c'était la divergence des routet suivies par le petit Jeannin d'abord, frère Bruno ensuite, et enfin le gros de la caravane.

Les chiens quêtèrent un instant, soufflant au vent, éternuant, reniflant, et attendant l'indication bonne ou mauvaise qui leur vient de l'homme, quand leur instinct fait défaut.

Mais ici les hommes étaient encore plus empêchés que les chiens.

Tout le monde mit pied à terre. On s'accroupit sur le sable, on regarda la tangue de près ; on fit de son mieux.

On ne fit rien de bon.

La brume semblait se rire de tout effort.

Maître Vincent Gueffès, car il était là, maître Vincent Gueffès fut le premier qui se releva.

Il avait le nez tout barbouillé de sable, tant il avait approché de la tangue ses yeux clignotants et gris.

— M'est avis qu'ils se sont séparés en trois troupes, dit-il, volontairement ou par l'effet du hasard.

— Après? demanda Méloir.

— Après, mon bon seigneur? on prétend que le sire d'Estouteville a reçu ordre du roi de France de s'opposer à toute poursuite armée sur le territoire du royaume.

— Qui prétend cela?

— Des gens bien informés, mon cher seigneur. Le vieux Maurever est un matois. Il aura pris à gauche du Mont pour se trouver tout de suite le plus près possible de la protection française.

— Oh! hé! cria Bellissan, le gros de la bande a pris à droite du mont Saint-Michel. Allez, chiens, allez!

Il pouvait y avoir du bon dans l'avis de maître Vincent Gueffès; mais le lévrier de Bellissan le veneur entraîna tous les autres, et maître Gueffès resta seul. Il s'arrêta un instant indécis.

Dans les sables, par le brouillard, il n'est pas permis de réfléchir.

Quand maître Vincent Gueffès se ravisa et voulut suivre la troupe de Méloir, il n'était déjà plus temps. Aucun bruit n'arrivait à son oreille.

Il tourna sur lui-même pour s'orienter! Seconde imprudence.

Par le brouillard, dans les sables, il ne faut jamais tourner sur soi-même, à moins qu'on n'ait dans sa poche une boussole.

On perd, en effet, absolument le sens de la direction, et dès qu'on l'a perdu, rien ne peut le rendre.

Il n'y a là aucun objet extérieur qui puisse servir de guide.

Les gens du pays égarés dans la brume se dirigent quelquefois, quand ils se voient réduits à ces extrémités, par l'inclinaison des *paumelles* ou petites rides de sable que le reflux laisse sur la grève. Ils ont remarqué que ces paumelles s'élèvent à pic du côté de la terre, et gardent au contraire du côté de l'eau une pente douce et presque insensible.

Mais outre que cette règle est fort loin d'être générale, il n'y a que certains endroits des grèves où le sable soit assez pur pour former ces paumelles.

La marne, qui est presque partout un des éléments de la tangue, résiste au flot et garde son plan.

Maître Gueffès était justement en un lieu où il n'y avait point de paumelles.

Il se baissa pour examiner les traces. Les traces se mêlaient maintenant en tous sens ; chaque pas formait un trou arrondi dans ce sable mou et prompt à s'affaisser.

Maître Gueffès était absolument dans la position d'un homme qui joue à colin-maillard.

La bravoure n'était pas son fait.

Il eut peur, et se prit à courir en suivant au hasard une des lignes de pas qui partaient du centre où les deux troupes, les fugitifs d'abord, puis les hommes de Méloir, s'étaient successivement arrêtées.

Oh! le pauvre Normand! s'il avait su ce qui l'attendait au bout du chemin, il n'aurait pas couru si vite !

Il est notoire que la Fée des Grèves n'aime pas ceux qui doutent d'elle.

18

Il est connu que la Fée des Grèves étrangle volontiers dans un coin ceux qu'elle n'aime pas.

Les fées sont du reste presque toutes comme cela, les fées bretonnes surtout.

Or, la Fée des Grèves glisse dans le brouillard comme dans la nuit.

La trace que suivait maître Vincent Gueffès se trouvait être par hasard celle du petit Jeannin, Fée des Grèves par intérim.

Tout en marchant, maître Vincent se rassurait un peu et il se disait :

— C'est une journée de cent écus nantais, plus Simonnette, sans parler du petit scélérat de coquetier, qui sera pendu cette fois pour tout de bon ! Le chevalier Méloir m'a promis tout cela. Laissons faire, l'heure du déjeuner vient. Si je gagne le Mont, j'ôterai mon bonnet, et je mangerai la soupe des bons moines pour l'amour de Dieu.

Justement, un son grave et vibrant perça le brouillard.

Maître Vincent poussa un cri de joie.

C'était la cloche du monastère. Il était à cent pas du Mont.

— Laissons faire ! laissons faire ! reprit-il, en se frottant les mains : Jeannin pendu, Simonnette que voilà devenue ma femme, et cent écus d'or !

Une forme indécise passa près de lui, si près qu'il sentit comme un frôlement.

Une robe de femme ! il n'y avait pas à s'y tromper !

On peut fuir un homme, quand on a le caractère prudent. Mais une femme !

Maître Gueffès, devenu brave tout à coup, s'élança en

avant. Ce pouvait être Simonnette, ce pouvait être mademoiselle Reine.

Bonne prise, dans tous les cas !

Au bout d'une vingtaine d'enjambées, il vit le brouillard s'ouvrir. Le roc noir de Saint-Michel était devant lui.

C'était hors des murailles de la ville, en un lieu sauvage et sombre que surplombent les contre-forts du monastère.

Sous les fondations, entre les roches énormes, il y avait une femme, la forme que maître Gueffès avait vue passer dans la brume.

Bonne prise ! oh ! bonne prise ! maître Vincent Gueffès reconnut les vêtements de Reine de Maurever.

Et derrière son voile, il reconnut aussi ses cheveux blonds bouclés, qui brillaient au soleil.

Il s'approcha tortueusement.

De l'autre côté des rochers, il y avait de pauvres pêcheurs qui faisaient sécher leurs filets. Ils avaient bien reconnu la Fée des Grèves pour l'avoir vue souvent glisser, la nuit, sur le sable, depuis que monsieur Hue était caché à Tombelène.

Ils se dirent :

— Voilà le Normand Gueffès qui va attaquer la Fée. Sorcier contre lutin : voyons la bataille !

La bataille ne fut pas longue. Il paraît que les fées sont plus fortes que les Normands.

Dès le commencement du combat, maître Gueffès devint fou, car on l'entendit crier :

Qu'avait-il à faire là-dedans Jeannin, le petit coquetier des Quatre-Salines ?

La Fée prit, cependant, Gueffès par le cou et l'entraîna dans le brouillard.

Il se débattait, le malheureux ! La Fée et lui disparurent derrière la brume.

Quand le brouillard se leva, vers midi, les pêcheurs trouvèrent maître Vincent Gueffès étendu sur le sable, la Fée lui avait tordu le cou.

Il faut se méfier. Chacun savait que maître Gueffès, quand il avait les pieds dans les cendres, et le *piché* au coude, parlait trop à son aise de la Fée des Grèves.

Il faut se méfier. Se taire est le mieux. Mais si vous avez à parler d'elle, dites toujours *la bonne fée*, ou ne passez jamais en grève...

— Jeannin, petit Jeannin ! pitié ! pitié !

XXXI

OÙ L'ON VOIT REVENIR MAITRE LOŸS, LÉVRIER NOIR

C'est à peine si nous avons le temps de verser une larme sur le sort malheureux de Vincent Gueffès, Normand. Il était maquignon comme ceux de son pays; il avait une mâchoire mémorable; il ne disait jamais ni oui ni non; il possédait quelque teinture de philosophie éclectique, bien que cette gaie science ne fût point encore inventée.

Il était païen à l'instar de tous les beaux esprits.

Il était même un peu voleur.

En le quittant pour jamais, nous aimons à jeter ces quelques fleurs sur la tombe d'un homme qui, devançant le progrès, secoua si vite les préjugés idiots où croupissait son siècle.

Cela dit, Vincent Gueffès, adieu !

A deux ou trois reprises différentes, Méloir et ses hommes d'armes furent obligés de s'arrêter dans leur chasse devant des obstacles absolument pareils à celui que nous avons décrit naguère, et qui fut la cause du tant regrettable trépas de maître Vincent Gueffès.

Deux ou trois fois la troupe fugitive s'était divisée, soit de parti pris, soit par l'effet du hasard. Suivant toute apparence, les émigrés du village de Saint-Jean et monsieur Hue avaient essayé de marcher ensemble et quelque incident les avait séparés.

Ils s'étaient perdus dans la brume et se cherchaient peut-être.

Mais le proverbe : *Chercher une aiguille dans une charretée de foin* est de beaucoup trop faible pour exprimer la folie qu'il y aurait à courir après un homme dans ces immenses ténèbres.

Méloir et sa troupe avaient leurs lévriers.

Encore ne trouvaient-ils rien.

Ils continuaient néanmoins la chasse. Désormais Méloir ne pouvait plus reculer.

Méloir avait passé la moitié de sa vie à se battre comme il faut. C'était une brave lance ; mais ce n'était que cela. Les gens de cette espèce arrivent tout à coup au mal, parce que leur bonne conduite ne fut jamais le résultat d'un principe.

Si le hasard les sert, ils peuvent fournir la plus honorable carrière du monde et demeurer fermes jusqu'au bout dans le droit chemin, parce qu'ils ne sont essentiellement ni vicieux ni méchants.

Mais comme ils ne sont pas essentiellement bons et qu'ils n'ont d'autre mobile que l'intérêt humain, vous les voyez glisser aussitôt que leur pied touche une pente facile.

Et dès qu'ils glissent, ils aident la pente. Leur sagesse menteuse érige en système le hasard de leur chute.

S'ils ont déjà de la fange jusqu'à la ceinture, ils s'écrient : On a calomnié la fange! La fange est un bon lit! C'est exprès que je suis dans la fange!

Vive la fange!

Les chiens se détournent quand ils s'aperçoivent qu'ils font fausse route ; les hommes, non.

Il y avait, au temps des druides, dans l'Armor, un fou qui mettait une citrouille au bout d'une pique, et qui se prosternait devant cet emblème auguste en disant :

— Ceci est le soleil.

Les druides, qui n'entendaient pas la plaisanterie, invitèrent ce fou à rentrer dans le giron de Belenus. Le fou ne voulut pas.

Les druides le placèrent sur un tas de fagots qu'ils allumèrent.

Le fou mourut comme un héros en criant à tue-tête :

— Imposteurs, vous pouvez tuer mon corps, mais ma citrouille était bien le soleil!

Méloir avait regardé un jour ses cheveux qui grisonnaient.

Il s'était dit : Je veux un manoir, une femme, des vassaux, etc.

Et il avait fait choix de ce triomphant moyen, expliqué par lui à Aubry de Kergariou, au début de ce récit : la terreur.

Au fond, ce n'était qu'un épouvantail : l'escopette du mendiant espagnol qui n'a ni poudre ni balles.

Mais à l'heure où nous sommes, Méloir avait chargé

son arme jusqu'à la gueule. Il ne demandait pas mieux que de tuer. C'était un parfait coquin.

Tant la logique est une irrésistible et belle chose !

Posez les prémisses, le diable tirera la conséquence.

Ceci étant accepté qu'il fallait se venger d'Aubry, faire disparaître le vieux Maurever et s'emparer de Reine à tout prix, le temps pressait. Méloir sentait que le terrain politique tremblait sous ses pas. Son zèle qui lui valait aujourd'hui la faveur du prince régnant pouvait, demain, le mener au supplice.

Mais, en 1450, comme de nos jours, les esprits pratiques connaissent le mérite du fait accompli.

Ce qui est fait est fait, dit l'odieux proverbe.

Et croyez-nous bien, sur douze proverbes, il y en a onze d'abominables ; de même que sur cent almanachs, ces évangiles de l'ignorance impie, il y a quatre-vingt-dix-neuf turpitudes.

Méloir pensait : Si je me hâte, tout sera fini avant la mort du duc François. Je serai en possession de l'héritière et de l'héritage. On me montrera les dents peut-être, mais on ne mordra pas !

— Et allons ! Rougeot, Tarot ! Allons ! Nantois, Grégeois, Pivois, Ardois ! Allons, Léopard et Finot !

Le pauvre Noirot était couché là-bas sous la tangue, on ne l'appelait plus.

— Allons, bons chiens, dressés à secourir les naufragés, en chasse ! en chasse !

Ils allaient, en vérité ! les chevaux ne quittaient pas le petit trot. Les soudards couraient derrière.

Les fugitifs ne pouvaient se soustraire désormais bien longtemps à cette poursuite acharnée.

Il est même probable que, sans les retards occasionnés par l'hésitation des lévriers, aux endroits de la grève où les traces se bifurquaient tout à coup, quelques traînards fussent tombés déjà au pouvoir des hommes d'armes.

Voici cependant ce qui était advenu de monsieur Hue et de sa suite.

Aubry s'était mis à la tête de la caravane lorsqu'il avait reconnu l'absence du petit Jeannin. Aubry ne savait guère son chemin dans les sables ; il allait droit devant lui, ce qui est quelquefois le mieux.

Au bout d'une heure de marche, le bruit de la mer se fit entendre si distinctement qu'il n'y eut point à douter. Ils avaient fait fausse route. Reine souffrait de sa blessure. La fatigue et le découragement venaient.

Et le brouillard ne diminuait point.

La troupe se trouvait engagée dans cette partie des grèves qui est au nord-ouest du Mont, et où les mares abondent.

En retournant sur ses pas, Aubry laissa fléchir vers le sud la ligne qu'il suivait. Ce n'était plus du sable, c'était de la marne délayée que la troupe avait sous les pieds.

Pour éviter les mares, à fond de lises, on faisait de nombreux circuits. Les uns passaient à droite, les autres à gauche.

De temps en temps, un homme ou une femme se perdait.

Une fois, Maurever appela Reine qui ne répondit pas.

Une horrible angoisse serra le cœur du vieillard.

Et à dater de cet instant, tout fut confusion parmi les fugitifs.

Chacun voulut chercher Reine.

On tourna ; on perdit la voie. Puis, les groupes se détachèrent. Il y avait maintenant impossibilité de se rallier.

Hue de Maurever marchait avec son vieux vassal Simon Le Priol qui tenait sa femme par la main.

Fanchon pleurait à chaudes larmes, la pauvre femme, parce que ses deux enfants, Julien et Simonnette, n'étaient plus là pour répondre à sa voix.

Aubry allait tout seul, fou de douleur, courant dans cette nuit éclairée, sans but, sans direction, presque sans espoir.

Les filles et les gars de Saint-Jean erraient çà et là à l'aventure.

Dans la brume, tous ces différents groupes se croisaient maintenant sans se voir. Tout était à la débandade. Et la besogne des hommes d'armes du chevalier Méloir n'en valait pas mieux pour cela. Cette foule dispersée des fugitifs n'était bonne qu'à donner le change aux chasseurs.

Aubry avait quitté ses compagnons depuis un quart d'heure, lorsqu'il crut ouïr un bruit léger derrière lui.

Il s'arrêta et colla son oreille contre la tangue.

Son cœur battait bien fort.

Mais quand il se releva, le rayon d'espoir qui brillait naguère à son front avait disparu.

Ce bruit qu'il entendait, c'était le pas des chevaux de Méloir.

Aubry chercha de quel côté il prendrait la fuite, car son premier besoin était de vivre, afin de protéger Reine.

Les pas approchaient.

Aubry pouvait ouïr déjà la voix des hommes d'armes.

— Holà ! disait Péan, qu'a-t-il donc ce brigand d'Ardois, il va rompre sa laisse !

— Et Rougeot ! répliquait Goëtaudon ; Ah ça, ils deviennent enragés, Bellissan, vos lévriers !

— Chut ! fit le veneur ; ne voyez-vous pas qu'ils rencontrent ? J'ai de la peine à tenir ce grand diable de chien que j'ai acheté sur la route. Bellement, Reinot, coquin, bellement ! Le chevalier Méloir est-il là ?

— Messire Méloir ! appelèrent discrètement plusieurs voix.

Messire Méloir était ailleurs, car il ne donna point de réponse.

— Voilà qui est grand dommage ! dit encore Bellissan, car je suis bien sûr que nous allons avoir un relancé. Bellement, Reinot, coquin, bellement !

— Hé bien ! hé bien ! cria Corson, le héraut, voilà Pivois qui m'entraîne. A bas, Pivois ! à bas, de par le ciel ! Bon ! sa laisse s'est rompue dans ma main et Dieu sait où est le chien à cette heure.

Pivois s'était élancé en poussant cet aboiement court et plaintif des lévriers de race, qui ressemble au cri d'un sourd-muet.

Les autres chiens se démenèrent avec fureur.

Deux ou trois d'entre eux parvinrent successivement à rompre leurs laisses et se précipitèrent en avant sur les traces de Pivois.

Pivois était une belle et noble bête, nourrie dans l'héroïque chenil de Rieux : gris de fer foncé, le museau pointu comme un poignard, le corps musculeux, les griffes tranchantes.

En trois bonds, il fut auprès d'Aubry.

C'était une sorte de tumulus ou renflement à pein[e] sensible. Le brouillard y était moins opaque que dans le fonds. On distinguait parfaitement le sol ; on voya[it] même à trois pieds à la ronde.

Au centre du mamelon, il y avait un poteau humid[e] et gluant, couvert de mousse marine et qui, à maré[e] haute, indiquait le bas-fond aux petites barques des p[ê]cheurs montois.

Aubry s'était adossé contre ce poteau.

Il avait à la main son épée nue.

Dès l'instant où il avait entendu la conversation de[s] hommes d'armes et senti, en quelque sorte, la fringa[le] des chiens qui le flairaient, il avait dû renoncer à tout[e] idée de fuir.

Une seule ressource restait : le combat.

Le combat se présentait, certes, bien inégal ; mais Au[-] bry avait foi en sa force, et ces soldats du vieux temp[s,] un contre dix, ne désespéraient pas de la victoire.

Tant que leurs doigts d'acier pressaient la croix d'un[e] épée, ils taillaient de leur mieux.

Il y avait ici quelque chose de plus terrible que le[s] hommes, c'étaient les lévriers. Mais Aubry devinait [...] des hommes d'armes qui serraient la laisse de chaqu[e] chien au lieu de lâcher à la fois la meute toute entière[.]

Il se disait :

— Ah ! si j'avais seulement avec moi maître Loys ! vr[ai] Dieu ! ce serait une belle équipée ! Dix chiens pour ma[î]tre Loys, dix hommes pour moi : c'est notre mesure.

— Mais, se reprenait-il en soupirant ; pauvre ma[ître] Loys !... où est-il ?

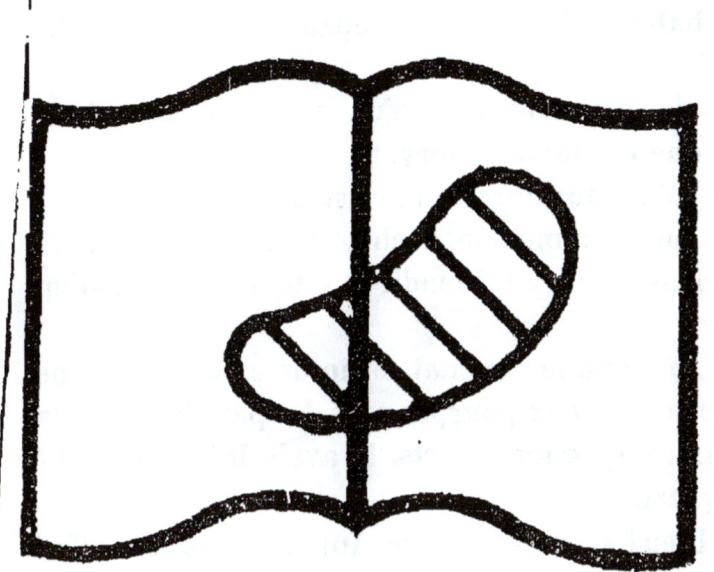

Illisibilité partielle

Une masse sombre saillit hors du brouillard. Aubry sentit une haleine de feu et son épaule saigna sous la griffe de Pivois.

Mais Pivois tomba éventré d'un coup d'épée à bras raccourci, que lui donna Aubry.

— Belle bête ! murmura-t-il ; c'est dommage !

Ardois, lancé comme une flèche, passa par-dessus le corps de Pivois. Aubry lui fendit la tête à la volée d'un coup de revers.

Rougeot, magnifique animal, brun de cotte à pèlerine rousse, avec deux feux pourpre sous la paupière, roula sur ses deux compagnons morts. Il avait le col tranché aux trois quarts.

— Vrai Dieu ! grondait maître Aubry qui s'échauffait à la besogne ; les hommes ne viendront-ils pas à la fin !

Les hommes venaient.

On entendait parfaitement le pas sourd des chevaux.

Aubry vit la silhouette d'un cavalier qui passait à sa gauche sans l'apercevoir.

Comme il ouvrait la bouche pour l'appeler, car il était en train et il avait hâte de sentir une épée grincer contre la sienne, un quatrième lévrier sortit du brouillard et fondit sur lui.

Énorme, celui-là ! noir de la tête aux pieds ! beau comme on se représente les chiens fabuleux qui mènent l'éternelle course de Diane chasseresse.

L'Achille des chiens !

Il bondit littéralement par-dessus l'épée d'Aubry, tomba de l'autre côté, rebondit avant qu'Aubry eût le temps de faire volte-face, et le saisit à la gorge.

Mais non point pour l'étrangler, oh! non! Pour le caresser plutôt, doucement et tendrement, comme l'épagneul favori vient mêler ses longues soies aux longs cheveux de la châtelaine aimée.

Pour le chérir, pour le baiser en gémissant de joie.

Loys! maître Loys! le grand, le fier, l'intrépide!

L'Achille des chiens, on vous le dit.

C'était lui que Bellissan avait acheté à Dinan, par hasard, pour remplacer le pauvre Ravot, mort de la poitrine.

C'était lui qu'on appelait Reinot, c'était maître Loys!

Écoutez, Aubry le baisa sur le museau, comme un enfant, comme un ami. Aubry avait une larme à la paupière.

— Seigneur Dieu! vous êtes avec moi! s'écria-t-il sans plus se cacher, grand merci! Hardi, Loys!

Puis, donnant sa voix qui vibra comme un clairon dans la brume :

— A moi, taupins! ajouta-t-il, à moi, traîtres maudits! Méloir! Péan! Coëtaudon! Corson et d'autres, s'il y en a! Venez! venez! venez!

Une clameur, lointaine déjà, répondit à cet appel.

Aubry était dépassé ; il aurait pu éviter la lutte.

Mais ce n'était pas ce qu'il voulait.

Pendant qu'il allait combattre, qui sait si Reine n'aurait pas le temps de se sauver? C'était quelques minutes de gagnées : le salut peut-être!

Et puis, avec maître Loys, Aubry se croyait sûr de vaincre.

Les pas des chevaux se rapprochaient. Loys se mit à côté de son maître, les jarrets ramassés, le museau dans le sable.

Le nom de Reine vint encore une fois aux lèvres d'Aubry, puis il serra sa bonne épée.

— Hardy, Loys !

Il y eut tout à coup un grand cliquetis de fer. Le sable se rougit autour du vieux poteau, vert de goëmon.

Les chiens étranglés hurlèrent.

Les hommes d'armes repoussés blasphémèrent.

— Hardi, Loys ! maître Loys ! ils sont à nous !

XXXII

LE TUBE MIRACULEUX

C'était un étrange combat.

Aubry, à pied, avait, il faut le dire, tout l'avantage sur les hommes d'armes à cheval.

Leste et jeune, il se servait du brouillard comme d'une machine de guerre.

Il avait quitté le mamelon où la brume était trop claire, et les hommes d'armes l'avaient suivi dans un fond, sur la tangue molle, où les sabots de leurs montures enfonçaient à chaque pas.

Aubry était pour eux comme un fantôme qui paraissait à l'improviste, qui disparaissait tout à coup pour reparaître encore.

Mais l'épée d'Aubry n'était pas un fantôme d'épée; elle taillait bel et bien, Péan le savait, Corson aussi, Kerbehel de même, car ils avaient tous les trois de profondes blessures.

Le pauvre héraut Corson grommelait :

— Le buffle de mon justaucorps est devenu de *gueules !*

— L'épée haute, Corson ! lui dit Kerbehel, ou bien on pourra blasonner le lieu où nous sommes : « De sable au corps de héraut, couché, de carnation... »

— « ... Accompagné de quatre malandrins de même, » acheva Corson plaintivement.

Kerbehel voulut répondre ; mais Loys, qui en avait fini avec Nantois, Léopard, Varot et les autres, s'élança sur lui, la gueule rouge, et le malmena cruellement.

En même temps, Péan tombait, la gorge traversée par l'épée d'Aubry.

— Hardi, Loys ! maître Loys ! ils sont à nous !

— Cet homme est le diable ! s'écria Coëtaudon qui donnait de grands coups de lance dans le vide.

— Non pas ! c'est le chien qui est le diable ! balbutia Kerbehel, désarçonné à demi.

— O mes compagnons ! pleura Corson, il n'y a pour nous ici ni profit, ni gloire ! Ce n'est pas celui-là que nous cherchons. Sus au vieux Maurever ! et laissons ce ragot qui nous donne le change.

L'avis était bon.

— Sus ! sus ! clama Kerbehel, enchanté de ce biais.

— Sus ! sus !

Et les éperons s'enfoncèrent dans le cuir des chevaux.

En ce temps déjà, les mots prenaient, à l'occasion, des signification très-subtilement détournées.

Sus ! voulait dire ici : sauve qui peut !

Mais la gloire était sauvegardée.

Maître Loys fournit encore une charge ; Aubry se lança une dernière fois dans le brouillard, puis ils s'étendirent fraternellement, l'un près de l'autre, haletants, harassés, — mais vainqueurs !

Il était neuf heures du matin. Le soleil prenait de la force et pompait lentement le brouillard.

Un vent léger venait du large, annonçant le flux.

Le moment approchait où ce rideau immense, qui cachait les grèves allait se déchirer.

Soit qu'il s'évanouît subitement avec la prestesse d'un changement à vue, soit qu'il dût s'éclaircir peu à peu, faisant sa gaze de plus en plus transparente, découvrant les objets un à un, et luttant jusqu'à la dernière seconde contre le jour enfin victorieux.

Dans l'un et l'autre cas, les différentes troupes, dispersées sur les tangues, allaient se chercher, à coup sûr, se voir et se combattre.

Sur les rochers qui bordent le mont Saint-Michel, du côté de la Bretagne, une troupe d'hommes armés était rangée en bon ordre.

A la tête de cette troupe, se trouvait un chevalier banneret, portant à son haubert l'écusson vairé-contre-vairé d'or et de sable des sires de Ligneville en Cotentin.

Son petit bataillon et lui demeuraient immobiles, comme s'ils eussent été chargés de garder le Mont contre une attaque prochaine.

Vers cette heure, Corson, Coëtaudon et les autres, qui avaient rallié une douzaine de soudards, suivaient, dans la brume éclaircie, la piste de monsieur Hue de Maurever.

Derrière la troupe cantonnée sur les rochers, l'étendard de Saint-Michel était planté en terre, au-dessous de la bannière de France.

Un coup de vent chassa la brume qui enveloppait encore la base du roc.

On vit dans les sables un vieillard entouré de quelques femmes et de quelques paysans. Presque au même instant, les hommes d'armes de Méloir sortirent de la brume refermée.

— En avant ! dit le sire de Ligneville.

La bannière de France fit flotter au soleil ses longs plis d'argent.

La troupe descendit sur la grève. Elle se mit entre les fugitifs et les hommes d'armes.

— Que venez-vous quérir sur les domaines du Roi ? demanda monsieur de Ligneville.

— Nous venons, par la volonté de notre seigneur le duc, répondit Corson, quérir monsieur Hue de Maurever, coupable de trahison.

— Et portez-vous licence de franchir la frontière ?

— De par Dieu ! monsieur de Ligneville, riposta Corson, quand notre seigneur François a sauvé votre sire des griffes de l'Anglais, il a franchi la frontière sans licence.

Ligneville fit un geste. Ses soldats se rangèrent en bataille.

Hue de Maurever perça les rangs.

— Messire, dit-il, si ces gens de Bretagne veulent s'en retourner chez eux en se contentant de ma personne et en laissant libres tous les pauvres paysans de mes anciens domaines, je suis prêt à me livrer en leurs mains.

— Donc, pour ce, franchissez la rivière de Couesnon, messire, répliqua Ligneville ; sur la terre du Roi, on ne se rend qu'au Roi.

Le sire de Ligneville demanda ensuite aux Bretons :

— Qui est votre chef ?

Kerbehel, Corson et Coëtaudon se consultèrent.

— Notre chef est le chevalier Méloir dirent-ils.

— J'ai entendu parler de ce chevalier Méloir, répondit M. de Ligneville ; dites-lui, pour l'honneur de la chevalerie, qu'il évite de passer à portée de ma lance, car monsieur l'abbé du mont Saint-Michel m'a donné l'ordre de le faire pendre.

Le rouge vint au front du vieux Maurever.

— Par mon salut ! messire, s'écria-t-il ; le duc François l'a fait chevalier. Je vous prie de me faire raison de ce qui est une insulte à la duché de Bretagne tout entière.

— Allons ! disaient en riant les soldats du monastère ; voici le vieux chevalier qui va se mettre avec ses assassins contre nous.

Mais Ligneville avait pris la main de Maurever et l'avait serrée avec respect.

— Si mes paroles vous ont causé de la colère, monsieur mon digne ami, avait-il dit, de grand cœur je rétracte mes paroles.

Mais je ne vous laisserai point, ajouta-t-il en souriant, faire de l'héroïsme avec de pareils coquins. Ce serait jeter des perles aux animaux que vous savez. Monsieur Hue de Maurever, vous êtes le prisonnier du Roi !

Avant que le vieillard pût répondre, on l'avait saisi et conduit derrière les rangs.

— Holà ! maraudaille ! s'écria Ligneville, avec rudesse ; maintenant, hors d'ici et vitement !

Il s'adressait ainsi aux hommes d'armes de Méloir.

Ceux-ci pouvaient être en effet des gens de conscience large et peu délicats sur le choix de leur besogne. Mais c'étaient des Bretons.

Ligneville n'avait pas fini de parler, qu'un carreau d'arbalète faisait sonner l'acier de son casque. Les Bretons chargèrent résolûment et se firent tuer ou prendre tous jusqu'au dernier.

Monsieur Hue, cependant, avait demandé aux soldats du monastère si quelques fugitifs n'avaient point déjà touché le Mont. Les réponses des soldats l'avaient à peu près rassuré sur le sort de sa fille, qui devait être en ce moment dans l'enceinte des murailles avec Aubry et les enfants de Simon Le Priol.

On monta la rampe..

Aubry et le petit Jeannin, arrivés, en effet, les premiers au monastère, attendaient avec anxiété. Ils espéraient que Reine et Simonnette étaient avec le gros de la troupe.

Hélas ! le pauvre Bruno avait l'oreille basse.

Il était rentré au bercail et s'était mis à la disposition du frère pénitencier. Ils avaient causé tous deux discipline et bien sérieusement.

Frère Bruno avait le bras gauche cassé, ce qui retardait l'exécution.

— Mon frère Eustache, disait-il au pénitencier, cela me rappelle l'histoire de Jacob Malteste du bourg de Cesson, auprès de Rennes. Il était bien malade quand il fut condamné à la peine de la hart. On lui fit prendre de bons remèdes, on le guérit, et puis on le pendit.

Heureusement pour Bruno que l'influence du duc de Bretagne était fort mince au monastère en ce moment, et que le secours apporté à monsieur Hue de Maurever lui fut compté comme œuvre pie.

Ce fut lui qui aperçut le premier monsieur Hue gravissant la rampe.

Il courut avertir Aubry qui s'élança au devant du vieillard.

— Reine! prononcèrent tous deux, en même temps, monsieur Hue et Aubry.

— Elle n'est pas au monastère? demanda le vieux chevalier.

— Vous ne la ramenez pas? demanda Aubry à son tour.

Ce fut un moment d'angoisse cruelle.

Jeannin, l'heureux petit Jeannin, avait Simonnette dans ses bras.

Mais quand il entendit que mademoiselle Reine était perdue, il s'arracha des bras de Simonnette.

— Je vais rentrer en grève, dit-il; la mer monte, il faut se hâter!

Maurever et Aubry avaient du froid dans les veines.

Ce mot: « *la mer monte* » les frappait au cœur.

Aubry serra la main de Jeannin, et lui dit:

— Viens avec moi!

Mais, au lieu de descendre à la grève, il gravit précipitamment la rampe et s'élança dans l'escalier de la salle des gardes. Jeannin et Bruno le suivaient.

De la salle des gardes à la plate-forme, il y a bien

des marches. Aubry fut sur la plate-forme en quelques secondes. Jeannin ne l'avait pas quitté d'une semelle, mais le frère Bruno soufflait encore dans les escaliers.

— Ouf! disait-il; ou... ouf! cela me rappelle l'histoire de Jean Miolaine, le maître gantier, qui paria de monter au beffroi de Coutances pendant que Perrin Langérier, son compère, boirait une double pinte de vin d'Anjou... ou-ou-ouf!

Quand il arriva sur la plate-forme, Aubry et Jeannin dévoraient déjà l'espace du regard.

Le brouillard s'était levé. L'œil planait sur l'immensité des sables. Au nord-ouest, on voyait la ligne bleue de la mer qui montait. Sur la grève, rien.

Rien, sinon un point sombre et perceptible à peine qui se montrait de l'autre côté du Couesnon, à la hauteur du bourg de Saint-Georges.

Aubry le désigna du doigt à Jeannin.

— C'est trop loin, dit le petit coquetier; on ne peut pas savoir...

Puis il ajouta:

— Dans dix minutes, la mer couvrira ce point noir.

Aubry avait au front des gouttes de sueur glacée.

— Messer Jean Connault, le prieur des moines, qui est un savant physicien murmura le frère Bruno, a ici près, dans le clocher, un tube de bois garni de verres. J'ai mis mon œil une fois dans ce tube, et j'ai vu, — n'est-ce point magie? — j'ai vu les femmes de Cancale avec leurs coiffes et leurs gorgerettes plissées, comme si Cancale se fût avancé vers moi tout à coup, jusqu'au pied du mur à travers la mer.

— Ce bonhomme rêve ! s'écria Aubry qui frappa du pied.

Bruno s'élança vers le clocher et redescendit l'instant d'après avec une sorte de bâton creux, formé d'anneaux cylindriques qui s'emboîtaient les uns dans les autres.

Aubry mit son œil au hasard à l'une des extrémités.

Il vit distinctement les vaches qui passaient sur le Mont-Dol, à quatre lieues de là.

Un cri de stupéfection s'étouffa dans sa poitrine.

Le tube fut dirigé vers le point sombre qui tranchait sur le sable étincelant.

Cette fois, Aubry laissa tomber le tube et saisit sa poitrine à deux mains.

— Reine ! Reine ! dit-il ; Julien et Méloir !!!

Au risque de se briser le crâne, il se précipita à corps perdu dans l'escalier de la plate-forme.

Ceux qui le virent passer dans le réfectoire et traverser la salle des gardes en courant, le prirent pour un fou.

Le cheval du sire de Ligneville était attaché au bas de la rampe.

Aubry sauta en selle sans dire une parole et piqua des deux.

Bientôt, on put le voir galoper à fond de train sur la grève. Il tenait à la main la lance de Ligneville. Devant lui, un grand lévrier noir bondissait.

Ils allaient, ils allaient. — C'était un tourbillon !

Jeannin avait dit :

— Dans dix minutes, la mer couvrira ce point noir.

Ce point noir, c'était Reine.

Du sang aux éperons ! hope ! hope !

Reine — et Méloir !

Car pour Julien, Aubry avait vu, à l'aide du tube, l'épée de Méloir se plonger dans sa chair. Pauvre Julien !

Hope ! hope ! Hardi, maître Loys !

Sur la plate-forme, il y avait maintenant grande foule.

Grande foule autour de monsieur Hue de Maurever qui était agenouillé sur la pierre et qui levait au ciel ses mains tremblantes.

On suivait du regard la course d'Aubry.

Arriverait-il à temps ?

Jeannin se demandait :

— Mais pourquoi le chevalier et la demoiselle restent-ils immobiles, si près de la mer qui monte ?

Il prit le tube à son tour et devint plus pâle qu'un mort.

— Ils sont *enlisés !* balbutia-t-il ; le chevalier a du sable jusqu'à la ceinture, et demoiselle Reine disparaît... disparaît...

La cloche du monastère tinta le glas.

Une voix tomba des galeries supérieures.

Cette voix disait :

— Il y a deux malheureux en détresse dans les tangues. Priez pour ceux qui vont mourir !

XXXIII

LES LISES

Quand le brouillard avait enfin cédé la place aux clairs rayons du soleil de juin, le chevalier Méloir s'était trouvé seul, aux environs de la rivière de Couesnon, à deux lieues au moins de la terre ferme.

Ce que son escorte était devenue, le chevalier Méloir ne le savait point.

Il était de terrible humeur.

Quelque chose comme un remords grondait au fond de sa conscience, car rien n'appelle si bien le remords que l'insuccès.

Or, le chevalier Méloir était un homme trop sage pour ne pas s'avouer qu'il avait échoué honteusement.

Siége et chasse avaient eu un résultat pareil.

Sarpebleu ! comme il disait le bon Méloir ; damner

son âme, encore passe s'il s'agit d'un bon prix ! Mais se donner à Satan gratis, quelle école ! et que ce maître Satan devait bien rire !

En vérité, dans ce moment de fatigue et de défaite, sa philosophie fléchissait. Il n'était pas très-éloigné d'avouer sa faute et de dire son *meâ culpâ*.

D'autant qu'il pensait à l'avenir, où il voyait des nuages formidables.

L'occasion était manquée. Un crime qui n'a pas réussi se punit double.

Et c'est bien fait !

Hélas ! hélas ! tout n'est donc pas rose dans la vie d'un brave homme qui veut la tranquillité pour ses vieux jours, un ou deux manoirs, quelques rentes, une femme à son gré, l'*aurea mediocritas* enfin, et qui dévie un peu de la ligne droite pour atteindre ce joyeux résultat ?

Hélas ! il y a tant de coquins, pourtant, qui réussissent ! Le ciel était injuste envers ce pauvre chevalier Méloir !

Tout à coup, de l'autre côté du Couesnon, il aperçut deux paysans qui cheminaient.

Il s'était trop hâté de désespérer.

L'un de ces paysans, en effet, avait une arbalète sur l'épaule, et l'autre portait un costume qui réveilla quelques vagues souvenirs dans l'esprit du chevalier Méloir.

Une peau de mouton, nouée en écharpe et qui semblait avoir fourni de longs services.

Méloir se rappela ce jeune guide aux blonds cheveux qu'il avait interrogé en vain quelques jours auparavant, et que maître Vincent Gueffès voulait si bien faire pendre.

Le pauvre enfant marchait avec peine. La fatigue paraissait l'accabler.

Son compagnon et lui étaient évidemment des fugitifs du village de Saint-Jean-des-Grèves. Méloir songea qu'ils pourraient le renseigner. Il leur ordonna d'arrêter.

L'enfant à la peau de mouton et le paysan qui portait une arbalète n'eurent garde d'obéir. Ils pressèrent, au contraire, leur marche.

Méloir choisit un endroit où le Couesnon *étalait* sur le sable, c'est-à-dire coulait sur une large surface, sans rives et à fleur de grève.

Ces passages sont les gués les plus sûrs.

Méloir lança son cheval.

Le jeune garçon et son compagnon semblèrent se consulter. Le premier fit un geste de lassitude désespérée. Ils s'arrêtèrent.

Le paysan banda son arbalète et se mit au devant du jeune garçon.

— Que diable veut dire ceci? gronda Méloir.

Puis il ajouta tout haut :

— Bonnes gens, je ne vous ferai point de mal.

Un careau d'acier vint frapper le front de son cheval, qui se leva sur ses pieds de derrière et retomba mort.

— Maintenant fuyons! s'écria Julien Le Priol ; ses armes le gênent ; il ne nous atteindra pas.

Oh! certes, sans sa blessure, Reine de Maurever, qui avait trompé naguère si longtemps la poursuite du petit Jeannin, Reine eût échappé en se jouant au chevalier Méloir.

Mais elle souffrait cruellement, mais elle était accablée

Elle essaya de suivre Julien. Elle ne put et s'affaissa sur le sable.

— Sarpebleu ! s'écria Méloir exaspéré ; est-ce comme cela, manant endiablé ? Dix drôles comme toi ne payeraient pas mon bon cheval ! Attends !

Il prit son élan et vint l'épée haute sur Julien.

C'était à ce moment qu'Aubry de Kergariou mettait l'œil au télescope élémentaire, fabriqué par Messer Jean Connault, prieur des moines et amateur de physique.

Julien attendit le chevalier de pied ferme et le blessa d'un second coup d'arbalète.

Mais il n'avait que son couteau court pour détourner la longue épée de Méloir. Il fut renversé du premier choc.

— Adieu, mademoiselle Reine, dit-il en mourant ; que Dieu vous protége ! moi, j'ai fait ce que j'ai pu.

— Reine ! s'écria Méloir qui n'en pouvait croire ses oreilles.

Il regarda le prétendu jeune garçon, et reconnut en effet la fille de Maurever.

— Oh ! oh ! dit-il, voilà donc pourquoi ce rustre prétendait résister à un chevalier !

— Damoiselle, ajouta-t-il en s'inclinant courtoisement, vous ne faites que changer de serviteur.

En ce moment Aubry entrait en grève, monté sur le cheval du sire de Ligneville.

Maître Loys volait, le ventre sur le sable

Vers le nord-ouest, la ligne bleue courait aussi. Elle galopait. C'était la mer.

Le chevalier Méloir s'était approché de Reine et cherchait à la relever. Bien qu'il ne connût pas exactement les dangers de ces grèves, il ne pouvait pas manquer de voir et d'entendre la mer.

Reine était presque évanouie.

Le chevalier, dans les efforts qu'il fit pour la remettre debout, ne s'aperçut point d'abord que la tangue cédait sous ses pieds.

Il était armé lourdement.

Quand il s'en aperçut, le sable humide touchait les agrafes de ses genouillères.

Il lâcha Reine et voulut se dégager.

Comme il arrive toujours, ses efforts ne servirent qu'à creuser davantage le trou qui allait être son tombeau.

Il vit le sable au-dessus de ses genoux et devint livide.

— Est-ce qu'il me faudra mourir ici! pensa-t-il tout haut.

Reine l'entendit.

Elle se redressa galvanisée.

Couchée comme elle l'était, et occupant une grande surface, son poids avait à peine attaqué le sable.

Pour se lever et s'enfuir, elle n'avait qu'un effort à faire, car ses pieds n'étaient point emprisonnés comme ceux du chevalier dans la tangue lourde et molle.

L'espoir lui monta au cœur avec violence.

La pensée d'Aubry, qui tout à l'heure la navrait, vint lui donner une force nouvelle.

Elle jeta un coup d'œil sur Méloir qui enfonçait à vue d'œil.

— Je ne peux pas le sauver, murmura-t-elle.

Et sa belle main blanche s'appuya sur le sable pour aider le mouvement de son corps.

Mais une autre main, une main de fer, se referma sur sa belle main blanche.

Méloir avait aux lèvres un sourire sinistre. Il dit :

— Ceci est notre couche nuptiale, Reine de Maurever, dit-il ; j'avais juré que tu serais ma femme.

Reine poussa un cri d'horreur.

Ce fut en ce moment que, du haut des galeries supérieures, une voix tomba sur la plate-forme du monastère et dit :

— Priez pour ceux qui vont mourir !

Sur la plate-forme tout le monde s'était agenouillé.

Le glas tinta.

Le vieux Maurever, plus pâle qu'un mort, mais les yeux secs et la voix ferme, répondait l'oraison dite par les moines pour les condamnés du *periculum maris*.

Jeannin, Simonnette, son père et les autres vassaux de Maurever pleuraient silencieusement.

Au nord-ouest, la grande ligne bleue avançait, étincelante, sous les rayons du soleil.

Le cheval d'Aubry dévorait les sables, précédé toujours par maître Loys, le grand lévrier noir.

Qui de la mer ou du cavalier, de la mort ou de la vie, allait arriver le premier ?

Reine n'avait poussé qu'un cri.

Puis sa charmante tête blonde s'était renversée, tandis que ses grands yeux bleus se tournaient vers le ciel.

Elle aussi priait.

Elle priait pour son père et pour Aubry avant de prier pour elle-même.

Méloir la couvrait d'un regard de damné.

Méloir avait du sable au-dessus de la ceinture.

Une fois le vent apporta le son lointain de la cloche de Saint-Michel.

Méloir sourit.

Reine détourna la tête.

Elle jeta un regard aux rives bretonnes. Un léger renflement du terrain lui indiqua le lieu où le manoir de Saint-Jean-des-Grèves se cachait derrière les arbres.

C'était là que son enfance heureuse s'était écoulée. C'était là qu'elle avait vu Aubry pour la première fois.

— Vous pensez à lui, damoiselle ? dit Méloir qui voulait railler, mais dont les dents grinçaient.

— Pensez à Dieu ! répliqua la jeune fille, sereine et calme, en face de la dernière heure.

On entendait le sourd grondement du flot.

Méloir avait du sable jusqu'aux seins.

Sa main de fer se rivait sur le bras de Reine...

Il tourna la tête tout à coup à un bruit qui se faisait. Maître Loys bondissait dans le cours du Couesnon, où était déjà la mer.

Et Aubry était derrière maître Loys.

— Aubry ! Aubry ! à moi ! cria Reine.

Par un effort désespéré, Méloir essaya de l'attirer à lui.

Ses yeux hagards disaient quel était son dessein horrible.

La vengeance qui lui échappait, il voulait la ressaisir, et jeter à son rival vainqueur un cadavre pour fiancée.

— A moi, Aubry! à moi! répéta la jeune fille qui résistait, mais qui se sentait entraînée invinciblement.

— Je ne mourrai pas seul! cria Méloir.

Au moment où son autre main allait toucher le col de Reine, Aubry passa, plus rapide qu'une flèche.

Sa lance avait traversé de part en part la gorge de Méloir.

Méloir blasphéma et lâcha prise.

Le sable cacha sa blessure. Il n'avait plus que la tête au-dessus de la tangue.

Et la mer mouillait déjà les vêtements de Reine qui, elle aussi, s'*enlisait* lentement.

Aubry sauta sur le sable, et mit sa lance en travers pour assurer ses pieds.

— Tu n'auras pas le temps! dit Méloir en souriant au flot qui vint lui baigner le visage.

Un visage de réprouvé!

Le cheval, dès qu'il sentit l'eau à ses pieds, souffla et mit le nez au vent, cherchant la direction de sa fuite.

Aubry se sentit défaillir, car l'imagination ne peut rêver un danger plus terrible et plus prochain que celui qui l'écrasait de toutes parts.

Si le cheval partait, Reine était perdue sans ressource.

Aubry la quitta, saisit la bride du cheval et la mit dans la gueule de maître Loys en commandant :

— Ne bouge pas!

Le cheval révolté fit un bond.

— Hope! hope! cria Méloir d'une voix étranglée et mourante.

Maître Loys se pendit à la bride.

Le flot passa par-dessus la tête de Méloir.

Aubry tenait Reine dans ses bras. Il sauta en selle avec son fardeau.

Et maître Loys de bondir, fou de joie, dans la mer montante.

— Hope! hope! cria Aubry à son tour.

L'eau jaillit sous le sabot du bon cheval.

Du chevalier Méloir, il n'était plus question. Son dernier soupir mit une bulle d'air à la surface du flot. La bulle creva. Ce fut tout.

Reine souriait dans les bras de son fiancé.

Elle remerciait Dieu ardemment.

Sauvée! sauvée par Aubry! Deux immenses joies!

Sur la plate-forme de Saint-Michel, monsieur Hue de Maurever remerciait Dieu, lui aussi, car grâce à la lunette miraculeuse, il assistait réellement à ce drame lointain et rapide que nous venons de dénouer.

Pas par ses yeux à lui, les larmes l'aveuglaient, mais par les yeux du petit Jeannin, qui avait saisi d'autorité le tube de Messer Jean Connault, et qui ne l'eût pas cédé au roi de France en personne.

Le petit Jeannin avait dit toutes les péripéties de la course et de la lutte.

Seigneur Jésus! au moment où les doigts crispés du réprouvé avaient touché le cou de la pauvre Reine, le petit Jeannin avait failli tomber à la renverse.

Mais la lance d'Aubry! oh! le bon coup de lance!

Et le lévrier noir, qui tenait dans sa gueule la bride du cheval! c'était cela un chien!

Frère Bruno se disait, le matois : « En l'an cinquante, le lévrier de messire Aubry, qui est plus avisé que bien des chrétiens, etc., etc. »

Une histoire de plus, enfin, dans le grenier d'abondance de sa mémoire !

Et à mesure que le petit Jeannin parlait, l'assistance écoutait, bouche béante.

Quand Reine et Aubry furent en selle, ce fut un long cri de joie.

Jeannin trépignait et la fièvre le prenait, car un ennemi restait à combattre : la mer.

— Oh ! disait-il, comme si Aubry eût pu l'entendre ; à droite, messire, à droite, au nom de Dieu ! Devant vous est le fond de Courtils. Saint Jésus ! le chien a deviné ! Ils tournent à droite !

— Allons, vous autres, reprenait-il en s'adressant à l'assistance, un *Ave*, vite, vite, pour qu'ils passent les lises du Haut-Mené. Mais vous n'aurez pas le temps... Oh ! le brave chien !... il les conduit tout droit, comme s'il avait pêché des coques toute sa vie dans les tangues. Tenez ! tenez ! les voilà qui sortent du flot... s'ils peuvent tourner la mare d'Anguil, tout est dit... Bonne Vierge ! bonne Vierge ! le flot les reprend !... mais piquez donc, messire Aubry ; de l'éperon ! de l'éperon !

Il essuya la sueur de son front.

— Eh bien, enfant ? murmura Maurever qui ne respirait plus.

Jeannin fut une seconde avant de répondre.

Puis il quitta la lunette et se prit à cabrioler comme un fou sur la plate-forme.

— La mare est tournée, dit-il. Oh! le brave chien! Maintenant, vous pouvez bien aller à l'église remercier le bon Dieu.

Une demi-heure après, Reine était sur le sein de son père.

Petit Jeannin embrassa maitre Loys d'importance et lui jura une éternelle amitié.

— Voilà qui est bien, dit le frère Bruno, tout le monde est content, excepté moi. Messire Aubry sera chevalier, et Peau-de-Mouton sera écuyer de messire Aubry.

— Que demandes-tu? s'écria monsieur Hue, qui avait ses lèvres sur le front de Reine; tu es un vaillant homme!

— Je ne suis qu'un pauvre moine, messire; et cela me rappelle l'aventure de Domineuc, le fouacier du Vieux-Bourg, qui chantait à sa femme, Francine Horain, la cousine du petit Tiennet de la ferme brûlée (qui avait les yeux en croix comme Barrabas), qui lui chantait... Mais ne vous fâchez pas, messire. Je fais réflexion que vous n'aimez point les histoires, et je ne vous dirai pas ce que Domineuc chantait à sa femme. Seulement, pour le silence rigoureux que j'ai gardé depuis vingt-quatre heures, je vous pris d'intercéder auprès du Messer Jean Connault, afin qu'il me tienne quitte de la discipline.

Frère Bruno eut sa grâce.

En montant l'escalier de l'infirmerie, il se disait :

— Je me suis bien battu pour un seul bras cassé! Saint Michel archange! la bonne nuit! Si on avait pu conter, par-ci par-là, une petite aventure, je dis que la fête n'aurait pas eu sa pareille! Et cela me fait souvenir de l'histoire d'Olivier Jicquel, le bossu de Plestin, que je vais narrer par le menu au frère infirmier pour me refaire un peu la langue!

EPILOGUE

LE REPENTIR

Le dix-huit juillet de l'an 1450, vers neuf heures du matin, une cavalcade suivait la route d'Ancenis à Nantes, le long des bords de la Loire.

Il faisait un temps sombre et pluvieux. La magnifique rivière coulait morne et sans reflet sous le ciel noir. La cavalcade se composait d'un chevalier, d'un homme d'armes et d'une jeune dame. Quelques gens de service suivaient.

Quand la cavalcade arriva aux portes de Nantes, les gardes inclinèrent leurs hallebardes avec respect devant le chevalier, qui était d'un grand âge.

La cavalcade passa.

Les gardes se dirent :

— Voici monsieur Hue de Maurever qui vient prendre sa revanche contre le duc François.

Et le moment était bien favorable, en vérité. Le duc François se mourait d'un mal inconnu, dont les premières atteintes s'étaient déclarées en la ville d'Avranches, le soir du service funèbre célébré dans la basilique du mont Saint-Michel, pour le repos et le salut de l'âme de monsieur Gilles de Bretagne.

Le 6 juin de la même année de grâce, quarante jours en ça.

Le duc François avait tenu cour plus brillante que jamais prince breton.

Mais par la ville on disait que la cour du duc François entourait maintenant monsieur Pierre de Bretagne, son frère et son successeur.

Quelques vieux serviteurs restaient auprès du lit où le malheureux souverain se mourait, avec madame Isabelle d'Ecosse, sa femme et ses deux filles.

Par la ville, on disait encore que le doigt de Dieu était là.

Devant la justice du châtiment, l'ingratitude des courtisans disparaissait aux yeux de la foule.

Nantes était alors la capitale de ce rude et vaillant pays qui gardait son indépendance entre deux empires ennemis : la France et l'Angleterre.

Nantes était une ville noble, mirant dans la Loire ses pignons gothiques, et fière d'être reine parmi les cités bretonnes.

La cavalcade allait sous la pluie, dans les rues bordées de riches demeures.

Monsieur Pierre de Bretagne habitait l'hôtel de Richemont, ancien fief de son frère Gilles.

A la porte de l'hôtel, il y avait foule d'hommes d'armes et de seigneurs, qui se tournaient, comme il convient à la sagesse humaine, du côté du soleil levant.

Hommes d'armes et seigneurs se dirent aussi en voyant passer la cavalcade ;

— Voici monsieur Hue de Maurever qui vient prendre sa revanche contre le duc François.

Et n'était-ce pas justice ?

Le duc François l'avait traqué comme une bête fauve. Le duc François avait mis sa tête à prix !

La ville était triste. Les ruisseaux fangeux roulaient à flots une eau grisâtre. Les murs des maisons, détrempés par la pluie, donnaient aux rues un aspect lugubre.

Les cloches de la cathédrale tintaient un carillon à basse volée qui prolongeait ses vibrations monotones et funèbres.

A peine voyait-on, à de larges intervalles, un pauvre homme ou un bourgeois emmitouflé se risquer sur le pavé mouillé.

Mais, sur le pas des portes et sous les porches, les commérages allaient leur train, et partout on entendait, comme si ç'avaient été les *paroles* de ce chant dolent radoté par les cloches :

— Le duc se meurt ! le duc se meurt !

Monsieur Hue pressait la marche de sa monture.

A ses côtés chevauchait Reine, qui était bien pâle encore de sa blessure, mais qui était belle comme les anges de Dieu.

Aubry suivait Reine.

A deux jours de là, l'église d'Avranches s'était illuminée pour une douce fête : le mariage d'Aubry de Kergariou avec Reine de Maurever.

Mais la bénédiction nuptiale n'avait point été prononcée.

Une heure avant la messe, un religieux du couvent de Dol avait dit à monsieur Hue :

— J'arrive de Bretagne. Notre seigneur le duc François attend sa fin pour le dix-huitième jour de juillet, terme de l'appel qui lui fut donné par vous au nom de feu son frère. Notre seigneur souffre bien pour mourir. Ses amis l'ont abandonné. Sa dernière heure sera dure.

Monsieur Hue ordonna qu'on éteignit les cierges, et fit seller son cheval.

— Enfants, dit-il à Reine et à Aubry, vous avez le temps d'être heureux.

Il partit.

Et il arrivait à Nantes juste le dix-huitième jour de juillet, terme de l'appel.

Il était dix heures du matin quand la cavalcade passa devant le palais ducal.

Monsieur Hue mit pied à terre au bas du perron avec sa fille et Aubry de Kergariou.

Il entra sans prononcer une parole et prit tout droit le chemin connu de la chambre ducale.

Sur les marches de l'escalier où jadis sonnait, tout le jour durant, le pied de fer des sentinelles, il y avait un petit enfant qui pleurait.

Le petit enfant pleurait, parce que deux beaux chiens de courre, de ceux qu'on appelait *fidéliens*, et dont les statues de marbre sont aux pieds des ducs de Bretagne, couchés sur leurs tombeaux, refusaient de jouer avec lui.

Les deux chiens étaient étendus, le col allongé, la tête renversée, et hurlaient plaintivement.

Hue de Maurever s'arrêta. Son cœur se serrait. Cette solitude avait quelque chose de poignant et de terrible, pour l'homme qui avait vu à d'autres époques le palais ducal encombré d'or et d'acier, retentir de bruits si joyeux.

— Monseigneur le duc est-il en son réduit ordinaire? demanda-t-il à l'enfant.

— Monseigneur le duc est à l'hôtel de Richemont, répondit celui-ci sans hésiter ; quand il va venir ici, les chiens sauteront et l'on pourra jouer. Je parle du duc Pierre, qui se porte bien, oui !

— Le duc François est-il donc déjà mort?

— Oh! non! répliqua l'enfant avec un soupir ; on disait qu'il mourrait ce matin, mais il ne meurt pas encore !

Monsieur Hue monta les degrés.

Aubry et Reine le suivirent, la tête baissée.

L'enfant disait :

— Oui, oui, le duc Pierre se porte bien ! Il amènera des soudards ; il leur donnera du vin. Les soudards chanteront ; les chiens sauteront, et l'on rira !

Tout ragaillardi par cette pensée, le blond chérubin fit la cabriole sur les dalles du vestibule et cria :

— Maître Guinguené ! as-tu bientôt fini de souder le cercueil ?

Maître Guinguené était plombier juré de la cour.

Monsieur Hue le trouva sur le palier, soudant avec soin le cercueil où l'on allait mettre le duc François.

Le duc François, de sa chambre, pouvait entendre le marteau de maître Guinguené, plombier de la cour.

Monsieur Hue poussa la porte des appartements.

Les ducs de Bretagne étaient des souverains puissants, plus puissants que ces fameux ducs de Bourgogne, dont le roman historique et l'histoire romanesque ont enflé à l'envi l'importance.

La cour de Bretagne était une des plus brillantes cours du monde.

Ce palais silencieux et désert, où le plombier soudait sa boîte mortuaire en fredonnant, parlait si haut des vanités humaines que toute réflexion serait superflue.

Dans les appartements, ornés avec magnificence, il n'y avait personne.

Seulement, trois femmes priaient devant l'autel du petit oratoire gothique.

C'étaient Isabelle d'Écosse, la duchesse régnante, et ses deux filles.

Au bruit que firent en entrant monsieur Hue, Reine et Aubry, madame Isabelle se retourna.

Elle laissa échapper un geste d'effroi.

— Oh! messire Hue, dit-elle en pleurant, c'est le quarantième jour. Vous n'aurez pas besoin de répéter votre appel impitoyable!

Les deux jeunes filles se cachaient derrière leur mère.

Cet homme était pour elles le messager de la colère de Dieu.

Hue de Maurever prit la main de la duchesse et la baisa respectueusement.

— Madame, répliqua-t-il, j'ai suivi les ordres de mon maître mourant. Maintenant, je suis l'ordre de Dieu, qui m'a dit par la voix de ma conscience : Va vers ton seigneur abandonné. Fais avec ta famille une cour à son agonie.

— Est-ce vrai, cela, messire ? s'écria Isabelle, qui se redressa.

— Je suis bien vieux, madame, et je n'ai jamais menti.

Par un mouvement plus rapide que la pensée, la duchesse, se baissant à son tour, mit ses lèvres sur la rude main du chevalier.

— Allez ! allez, dit-elle ; notre seigneur a grand besoin d'aide à l'heure de sa mort.

Dans la pièce qui précédait la retraite du malade, Jacques Huiron, médecin, composait des vers latins en l'honneur de Françoise d'Amboise, femme du duc Pierre.

— Il en a bien encore pour une heure avant de trépasser, grommela-t-il ; c'est long ! La fin de l'hexamètre est évidemment *Francesca, coronam... Fran-cesca co-ro-nam !* Tout le monde s'appelle Françoise, Françoise de Dinan, Françoise d'Amboise, Françoise la Chantepie... C'est égal :

Ille ego qui medicus, primum, Francesca, coronam,
Carmine cantabam...

C'est contourné, subtil, joli. « Je suis, ô Françoise, le premier médecin dont les vers aient chanté votre couronne ! » *Francesca coronam.* Ca, co... Enfin n'importe !

Monsieur Hue, Aubry et Reino étaient auprès du lit de leur souverain.

François ouvrit les yeux. Son meilleur ami ne l'eût pas reconnu.

— Gilles, mon frère, prononça-t-il d'une voix brève et haletante ; c'est à l'heure de midi que votre appel me fut dénoncé. A l'heure de midi, je serai à votre face, sous la main de notre Seigneur Dieu !

Aubry et Reine s'agenouillèrent. Monsieur Hue resta debout.

— Gilles, mon frère, reprit le moribond, je te le jure sur le restant d'espoir que je garde de fléchir la justice divine : Je t'aimais. Ce sont les méchants conseillers qui m'ont perdu, Olivier de Méel, Arthur de Montauban et d'autres... et d'autres... car ils fourmillent autour des princes !

— Holà ! s'écria-t-il en apercevant monsieur Hue ; gardes ! à moi !

Monsieur Hue inclinait en silence sa tête vénérable.

François tremblait. Ses draps se mouillaient de sueur.

— Que veux-tu ? murmura-t-il.

— Faire hommage à mon seigneur, répondit Maurever, et lui apporter ma vie.

François se souleva sur le coude.

— Je te connais... tu es un chrétien et un chevalier ; tu ne mens pas, toi ! parle-moi de mon frère !

— Je vous parlerai de vous, s'il vous plaît, mon seigneur, et de la miséricorde infinie du ciel.

— Approche, dit le duc avec brusquerie ; quand je vais mourir, veux-tu sauver mon âme ?

— Oui, sur le salut de la mienne !

— Donne-moi ta main.

Maurever obéit. Les doigts de François étaient de marbre.

— Qui est ce jeune soldat ? demanda-t-il en regardant Aubry.

Puis, avant qu'on eût le temps de lui répondre, il ajouta en fronçant le sourcil :

— Je le reconnais ! je le reconnais ! J'entends encore

le bruit de son épée tombant sur les dalles de la basilique. C'est le premier qui m'ait abandonné !

— C'est le dernier qui vous abandonnera, monseigneur, murmura Reine doucement.

Aubry avait la main sur son cœur. Il ne répondit point.

— Lève-toi, lui dit le duc.

Aubry se leva.

— De par Dieu et monsieur saint Michel, reprit le mourant, je te fais chevalier, Aubry de Kergariou !

— Monseigneur... voulut s'écrier Aubry.

— Silence ! Soulève cette draperie qui est au-dessus du prie-Dieu.

Le rideau glissa sur sa tringle, et l'on vit le portrait en pied de Gilles de Bretagne en costume de guerre.

Le duc fit le signe de la croix.

Tout le monde restait muet.

— Écoute-moi, messire Hugues, dit le duc, dont la voix s'affermit ; il t'aimait parce que tu l'aimais. Quand mon dernier souffle s'arrêtera sur ma lèvre, et ce sera bientôt, va ! tu iras à ce portrait et tu diras : Gilles de Bretagne, au nom de Dieu, je t'adjure de pardonner à ton frère. Le feras-tu ?

— Je le ferai.

François remit sa tête sur l'oreiller.

Reine lui passa au cou son reliquaire.

Monsieur Hue et Aubry priaient à haute voix.

Les prêtres vinrent, puis le médecin, qui cherchait son second distique. Puis la duchesse Isabelle avec ses deux enfants.

Au premier coup de midi, François poussa un long soupir.

— Gilles de Bretagne! prononça Maurever, avec force, au nom de Dieu, je t'adjure de pardonner à ton frère !

Le mort eut comme un sourire. . . . .

. . . .

On disait aux abords de l'hôtel de Richemont :
— Monsieur Hue aura ce qu'il voudra du duc Pierre.

Mais monsieur Hue ne voulait rien.

Trois jours après, Reine de Maurever était dame de Kergariou.

Le festin de noces eut lieu au manoir de Saint-Jean, dans cette salle où la Fée des Grèves avait enlevé l'escarcelle du Chevalier Méloir, entouré de ses hommes d'armes.

Simonnette devint, le même jour, la femme du petit Jeannin.

Et le frère Bruno fut de la noce, par licence spéciale.

Cela lui rappela tant et tant de bonnes aventures, que les oreilles des convives en tintaient encore au bout de deux semaines.

FIN DE LA FÉE DES GRÈVES

TABLE

I.	La cavalcade	1
II.	Deux porte-bannières	10
III.	Fratricide	17
IV.	Veillée de la Saint-Jean	29
V.	Un Breton, un Français, un Normand	39
VI.	Ce que Julien avait appris au marché de Dol	49
VII.	A la guerre comme à la guerre	60
VIII.	L'apparition	70
IX.	Maître Gueffès	81
X.	Douze lévriers	92
XI.	Course à la fée	101
XII.	Les mirages	112
XIII.	Où l'on parle pour la première fois de maître Loys	123
XIV.	Prouesses de maître Loys	132
XV.	A quand la noce?	143
XVI.	Amel et Penhor	153
XVII.	La faim	163
XVIII.	Jeannin et Simonnette	174
XIX.	Le départ	182
XX.	Deux cousins	193
XXI.	La rubrique du chevalier Méloir	204
XXII.	Frère Bruno	215

XXIII. — Comment Joson Drelin but la rivière de Rance.	223
XXIV. — Dits et gestes de frère Bruno	238
XXV. — Gueffès s'en va en guerre.	250
XXVI. — Avant la bataille	257
XXVII. — Le siége	269
XXVIII. — Où Jeannin a une idée.	284
XXIX. — Le brouillard	293
XXX. — Où maître Vincent Gueffès est forcé d'admettre l'existence de la Fée des Grèves.	305
XXXI. — Où l'on voit revenir maître Loys, lévrier noir.	317
XXXII. — Le tube miraculeux	328
XXXIII. — Les lises.	338
Epilogue. — Le repentir.	356

Saint-Amand (Cher). — Imp. de DESTENAY.

www.ingramcontent.com/pod-product-compliance
Lightning Source LLC
Chambersburg PA
CBHW050308170426
43202CB00011B/1819